Andreas Cieslik-Eichert, Heike Dunker, Claus Jacke

Lernfeld Kunst

**Lernsituationen zur ästhetischen Bildung
in sozialpädagogischen Berufen**

1. Auflage

Bestellnummer 04162

Bildungsverlag EINS

Haben Sie Anregungen oder Kritikpunkte zu diesem Produkt?
Dann senden Sie eine E-Mail an 04162_001@bv-1.de
Autoren und Verlag freuen sich auf Ihre Rückmeldung.

www.bildungsverlag1.de

Bildungsverlag EINS GmbH
Sieglarer Straße 2, 53842 Troisdorf

ISBN 978-3-427-**04162**-7

Inhaltsverzeichnis

Vorwort 7

1   Kunst und Medien 9

1.1   Einführung: Gestaltung des Lernprozesses zu „Kunst und Medien" 9

1.2   Lernsituation: Wohngruppe für Jugendliche 11
1.2.1   Die Darstellung der Lernsituation 11
1.2.2   Impulse zur Bearbeitung 13

1.3   Quellentexte zur Bearbeitung 16
1.3.1   Aufwachsen heute 16
1.3.2   Ist das deutsche Fernsehen Blödsinn? 19
1.3.3   Die „Bildschirmwahrheit" als produzierte Wahrheit 22
1.3.4   Die Glaubwürdigkeit der Medien 24
1.3.5   Was ist Medienkompetenz? 25
1.3.6   Original und Reproduktion 27
1.3.7   Kunstwerke im Internet 29
1.3.8   Die Entwicklung der Videokunst 32
1.3.9   Das Geheimnis moderner Kunst 33
1.3.10   Kunst und Museum 34

1.4   Arbeitsmaterialien: Künstlerinnen und Künstler im Umgang mit Medien . . . 37
1.4.1   Das Bild von der Künstlerin und vom Künstler 37
1.4.2   Beispiele bildnerischer Produktion 40
         Fragmentierung und Offenbarung: Collage – Montage – Décollage 40
         Übertragung und Verarbeitung: Fotografie als Bildanlass 49
1.4.3   Beispiele elektronischer Produktion 58
         Videokunst als Herausforderung: Neue Bildmedien betrachten 58
         Kleiner Überblick über die Entwicklung der Medienkunst 66
         Fluxus und die Videokunst 66
         Neue Tendenzen: Videoprojektionen und -installationen 72
1.4.4   Ausblick: Netzkunst im www 75
1.4.5   Bedeutung für die Lernsituation 79

1.5   Arbeitsanregungen und Präsentation: Vielfalt der Möglichkeiten 80

1.6   Reflexion über Analyse, Bewertung und Evaluation 86

1.7   Weitere Lernsituationen 88
1.7.1   Lernsituation: Computerraum 88
1.7.2   Lernsituation: Ausstellungsbesuch 89

Inhaltsverzeichnis

| 2 | Ästhetisches Biografieren | 92 |

2.1	**Einführung: Die eigene Biographie im Zentrum künstlerischer Verarbeitung**	92
2.2	**Lernsituation: Praktikumserfahrungen mit kreativer Gestaltung**	93
2.2.1	Die Darstellung der Lernsituation	93
2.2.2	Gedanken zur Umsetzung der Lernsituation:	94
2.3	**Wissenschaftlicher Zugang zum ästhetischen Biografieren**	96
2.3.1	Biografisches Lernen	96
2.3.2	Ästhetische Forschung	99
	Das Lerntagebuch	99
	Die Bezugsfelder der ästhetischen Forschung	100
2.3.3	Ästhetisches Biografieren	103
2.3.4	Kahrmann: „Die Rückkehr der vergessenen Bilder …"	104
2.4	**Biografische Strategien in der Kunst**	106
2.4.1	Künstlerinnen und Künstler und ihre biografischen Strategien	106
	Anna Oppermann	106
	Exkurs: Wie nähere ich mich einem Kunstwerk?	111
	Nikolaus Lang: Spurensicherung	118
	Exkurs: Was ist die documenta?	121
	Hu Xiaoyuan	123
	Nedko Solakov	125
2.4.2	Methoden des ästhetischen Biografierens	127
	Orte der Erinnerung	129
	Objekte aus der Kindheit	130
2.5	**Arbeitsanregungen und Präsentation**	131
2.5.1	Verfahren zum ästhetischen Biografieren	132
	Bezugsfeld Alltag	132
	Bezugsfeld Kunst	138
	Bezugsfeld Wissenschaft	141
	Selbstreflexion und Ich-Erfahrung	145
2.5.2	Präsentation: Umgang mit dem Intimen und Persönlichen	147
2.6	**Reflexion über das Projekt und den Einfluss auf die eigene Biografie**	149
2.7	**Weitere Lernsituationen**	149
2.7.1	Lernsituation: Offene Ganztagsschule (OGS)	150
2.7.2	Lernsituation: Kindergarten	151

Inhaltsverzeichnis

| 3 | Afrikanische Kunst | 153 |

3.1 **Einführung: Ungefilterter Zugang zur Kunst Afrikas** 153

3.2 **Lernsituation: Kindergarten und afrikanische Kultur** 154
3.2.1 Darstellung der Lernsituation 154
3.2.2 Impulse zur Bearbeitung 155

3.3 **Arbeitsmaterialien zur Afrikanischen Kunst** 158
3.3.1 Zur Geschichte Afrikas 158
    Vor- und Frühgeschichte Afrikas 158
    Entwicklung in neuerer und neuster Zeit 159
    Erschließung Afrikas durch die Europäer 163
3.3.2 Alte Kulturen 165
    Ägypten 165
    Die Nok 167
    Sokoto – Katsina – Ife 168
    Djenné – Kumbi-Saleh – Hemang 168
    Benin 169
3.3.3 Religion und Glauben in Schwarzafrika 171
    Die mündliche Überlieferung 172
    Zentrale Rolle des Abbilds 173
    Mami Wata – die Gottheit aus den Fluten 177
3.3.4 Objekte im Kult und Alltag 179
3.3.5 Afrikanische Handwerker 183
    Beispiel: Schnitzer 184
    Wer wird Handwerker 186
    Herkunft der Objekte am Beispiel der Kpelié-Masken 187
3.3.6 Patina und Farben 188
3.3.7 Proportionen der afrikanischen Figur 191
3.3.8 Kunst, Fälschung, Kopie und Kitsch 193

3.4 **Quellen: Beispiele afrikanischer Kunst** 197
3.4.1 Gebrauchsobjekte 197
3.4.2 Masken 200
3.4.3 Kultobjekte 205
3.4.4 Sammelnde Künstler – Einflüsse und Auswirkungen 220
    Picasso und Afrika 220
    Sammelnde Künstlerinnen und Künstler 222

Inhaltsverzeichnis

3.5	**Arbeitsanregungen und Präsentation: Eintauchen in afrikanische Kultur** ...	227
3.6	**Reflexion: Öffnung zur Welt und weitere Auseinandersetzung mit Afrika**...	231
3.7	**Weitere Lernsituationen**	232
3.7.1	Lernsituation: Galerie und Fachschule	232
3.7.2	Lernsituation: Kinder treffen einen Experten...........................	233

Verzeichnis der Museen 234

Literaturverzeichnis... 235

Personenverzeichnis 241

Sachwortverzeichnis 243

Bildquellenverzeichnis 246

„Kunst muss ein Bestandteil des
alltäglichen Lebens sein, oder sie
ist nicht der Rede wert."

Bill Viola

Wo liegt das Lernfeld Kunst?

Zunächst müssen wir einen Begriff klären. Wenn man die Richtlinien und Lehrpläne der Fachschulen des Sozialwesens – Fachrichtung Sozialpädagogik aufschlägt, wird man kein *Lernfeld Kunst* entdecken. Die kreativen Aspekte im Sinne der Ästhetischen Bildung, als Teil der Ausbildung zur Erzieherin oder zum Erzieher, sind dort unter der Bezeichnung „Musisch-kreative Gestaltung/Spiel" aufgeführt. Wenn wir dennoch den Titel *Lernfeld Kunst* für ein Unterrichtsbuch der Erzieherinnen- und Erzieherausbildung gewählt haben, dann soll dies ausdrücken, dass wir künstlerische Inhalte – Kunst im Allgemeinen – mit einer deutlichen Verbindung zum sozialpädagogischen Handlungsfeld vermitteln wollen. Wir denken, dass der Stellenwert des Ästhetischen, des Kreativen, der Kunst in der Ausbildung zur Erzieherin oder zum Erzieher und in der Arbeit mit Kindern und Jugendlichen nicht hoch genug eingeschätzt werden kann. Kunst ist ein Lernfeld für Künstler, Kunstinteressierte, Museumsbesucher, Kinder, Jugendliche, sowie für Erzieherinnen und Erzieher – mit der permanenten Aufforderung, ihm zu allen Jahreszeiten Beachtung zu schenken.

Lernfeld Kunst ist sowohl ein Lehrbuch als auch ein Arbeitsbuch. Vorgestellt werden im Folgenden verschiedene Lernsituationen zu drei künstlerischen Themen; entsprechende Arbeitsmaterialien werden angeboten, die Ihnen ausreichende Hintergrundinformationen zur selbstständigen Bearbeitung geben sollen. Benutzen Sie dieses Buch aber auch als „Steinbruch", oder – um im Bild zu bleiben – erkunden Sie das Lernfeld auch auf eigene Faust, ohne sich dabei an den angebotenen Lernsituationen zu orientieren, gehen Sie auf Entdeckungsreise und erforschen Sie diese drei Themen der Kunst:

1 Das Kapitel **Kunst und Medien** ist eine Reise in die City unseres Alltags, auf den Transportwegen moderner Medienkunst. In allen Lebensbereichen werden Medien benutzt, so dass sie kaum noch wegzudenken sind. Sie sind allgegenwärtig und werden für vieles verantwortlich gemacht. Medien zerstreuen, beeinflussen und manipulieren uns. „Die Pragmatiker akzeptieren das als neue Normalität" sagt der Philosoph Norbert Bolz.[1] Viele versuchen dagegenzuhalten und meinen, mit einem Mehr an Medienkompetenz die ständig hereinbrechende Bilderflut wenigstens etwas aufhalten zu können. Kunst kann das unterstützen, sie kann ein Weg, eine Möglichkeit auch im sozialpädagogischen Hand-

---

1 Bolz, S. 130

lungsfeld sein, sich den Medien kreativ, gestaltend und vor allem kritisch zu nähern und sie für die eigenen Ausdrucksformen zu nutzen – anstatt das Feld den anderen zu überlassen.

2 **Ästhetisches Biografieren:** Studierende in der Ausbildung zur Erzieherin oder zum Erzieher stehen unter anderem vor der Aufgabe, ein Konzept ihrer zukünftigen Berufsrolle zu entwickeln. Dieses Berufsrollenverständnis entwickelt sich stark aus den persönlichen Erfahrungen heraus, die ein Mensch selbst mit seiner Erziehung gemacht hat, die ihm aber häufig nicht bewusst sind. Trotzdem prägen diese Erfahrungen die Erziehungstätigkeit ganz entscheidend mit.

In der Lernsituation „Ästhetisches Biografieren" sollen solche persönlichen Erfahrungen mit ästhetischen Mitteln zugänglich gemacht werden, um sie bewusst und kommunizierbar zu machen. Dieser Prozess soll mit dem Konzept der ästhetischen Forschung im Lernfeld Kunst durchgeführt werden. Es wird eine Verflechtung von Kunst, Alltag und Wissenschaft zur Selbstreflexion und Förderung der Ich-Erfahrung vollzogen. Das Ergebnis ist ein ästhetisches Handlungsprodukt, dessen Erarbeitung zur Entwicklung eines tragfähigen Berufsrollenkonzepts beitragen soll.

3 **Afrikanische Kunst:** Über Länder, die weit außerhalb des eigenen Kulturraumes liegen, weiß man meistens nur wenig. In einer Zeit des Lernens und der Aneignung von Wissen über Kunst wird afrikanische Kunst wohl höchst selten thematisiert, obwohl sie in breit gefächerter Form das künstlerische Schaffen eines ganzen Erdteils repräsentiert. Wenn man afrikanische Kunst verstehen will, muss man sich von einer europäisch geprägten Denkweise und Erwartungshaltung gegenüber Kunstobjekten lösen, da die Objekte afrikanischer Stammeskunst immer einen konkreten Sinn und Zweck haben.

Es waren vor allem die bildenden Künstler, welche zu Beginn des 20. Jahrhunderts die den zahlreichen Kultobjekten innewohnende Kraft, Magie und Qualität schon sehr früh erkannten und zu eifrigen Sammlern wurden. In der sozialpädagogischen Arbeit geht es um die Beschäftigung mit dem Fremden und Unbekannten, um bei Kindern (oder Jugendlichen) ein Verständnis für ferne Kunst und Kulturen zu entwickeln.

Die Autoren
September 2009

www.lernfeldkunst.de

Kunst und Medien

1

1.1 Einführung: Gestaltung des Lernprozesses zu „Kunst und Medien"

Kunst und Medien hatten schon immer ein enges Verhältnis. Die Medien haben der Kunst im Laufe der Zeit technische Möglichkeiten gegeben, die sie differenzierter, anspruchsvoller und formal aufwendiger gemacht haben – nicht ohne Einfluss auf die Beziehung zwischen Kunst und Medien. Es gab immer auch Spannungen: Die Frage, ob denn auch Fotografie, Video und Internet Kunst seien, wird auch heute noch diskutiert. Kunst war schon immer Medienkunst könnte dagegen gehalten werden: Leinwand oder Bildschirm sind inzwischen gleichberechtigt. Haben die Künstlerinnen und Künstler früher mit Farbe und Pinsel gearbeitet, sind es heute Software und PC. In jeder Epoche haben die technischen Mittel die Ausdrucksweise der Kunst verändert und gesteigert. Vor mehr als 160 Jahren war es die Fotografie, die das Bildermachen revolutionierte, damit auch die Kunst veränderte. Erst spät hat die Fotografie in Kunstmuseen die Anerkennung oder Wertschätzung erfahren, die ihr eigentlich schon viel früher zugestanden hätte. Jetzt ist es die rasante Entwicklung und globale Verbreitung der digitalen Kommunikationstechnologie, die den Rahmen der künstlerischen Produktion ausweitet oder gar sprengt: Von Happening, Performance oder Videokunst in den 1960er-Jahren reicht der Spagat bis in den virtuellen Raum des Internets – in den Kunstraum des „Globalen Dorfes" unserer Zeit. Von *YouTube* hätten alle Medienutopien der Vergangenheit wahrscheinlich geträumt: Demokratisierung der Einwegkommunikation, indem jede/-r Empfänger/-in auch zugleich zur/-m Autor/-in und Sender/-in wird.

Die Bearbeitung des Themas Kunst und Medien könnte sich von folgenden Grundfragen leiten lassen:

- Welche Auffassung von Kunst habe ich? Was ist Kunst?
- Welche Vorstellung von künstlerischer Produktionsweise habe ich? Wie arbeitet ein Künstler?
- Wie lassen sich einerseits Entwicklungs- und Selbstbildungsprozesse in einer förderlichen Umgebung gestalten, damit andererseits Neues über Kunst und Medien erfahren werden kann?
- Wie können Kinder und Jugendliche motiviert werden, sich selbstbildend und kreativ mit Kunst und Medien auseinanderzusetzen und Neues auszuprobieren?
- Wie lässt sich sowohl die vorhandene Medienkompetenz als auch ästhetische Kompetenz durch die kritische und produktive Beschäftigung mit Kunst und Medien steigern?

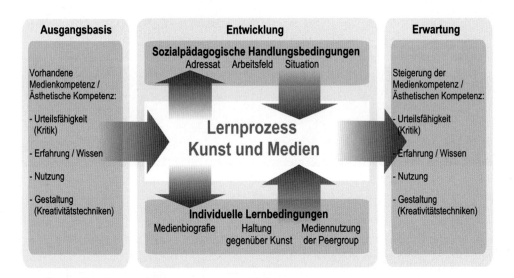

Bedingungsgefüge des Lernprozesses Kunst und Medien

„Bildung umfasst nicht nur Kenntnisse und Fähigkeiten sondern insbesondere auch die Bereitschaft, die Welt selbstbestimmt und verantwortlich zu gestalten. Bildung ist Eigenaktivität. Bilden muss man sich selbst. Den Selbstbildungs-Potenzialen von Kindern und Jugendlichen geben Erzieherinnen und Erzieher Rahmen und Raum."

Ministerium für Schule und Weiterbildung des Landes Nordrhein-Westfalen, 2006, S. 38

Medienkompetenz ist die Voraussetzung, um sich aktiv in eine Welt einzubringen, deren Kommunikation hauptsächlich durch die Vielfalt unterschiedlicher Medien beherrscht wird. Die Fähigkeit, Medienprogramme beurteilen, technische Apparate bedienen und sich Wissen über Medieninstitutionen aneignen zu können, gehört ebenso zu den Dimensionen des Begriffs Medienkompetenz als auch der selbstbestimmte Zugriff auf die ästhetischen Möglichkeiten, diese gestaltend zu nutzen.

Ästhetische Kompetenz bezieht sich zunächst auf den Bereich der Kunst und meint die kritische Auseinandersetzung (Urteilsfähigkeit), die Fähigkeit, sich eigenständig Wissen über Kunst anzueignen, reflektiert und produktiv kreativ zu betätigen (Gestaltung) – als Orientierung in der digitalen Medienwelt.

Im Folgenden besteht die Möglichkeit, anhand der aufgeführten Lernsituationen und einem umfassenden Angebot an Arbeitsmaterialien, Strategien für einen Lernprozess Kunst und Medien exemplarisch zu entwickeln, auszuprobieren und zu reflektieren.

1.2 Lernsituation: Wohngruppe für Jugendliche

1.2.1 Die Darstellung der Lernsituation

Der Berufspraktikant Daniel arbeitet seit einigen Wochen in einer Wohngruppe der Erziehungshilfe. In der Einrichtung, die in einem geräumigen Haus in der Innenstadt untergebracht ist, leben sieben Jugendliche im Alter von 12 bis 16 Jahren.

Daniel hat sich in der Wohngruppe in der kurzen Zeit schnell eingefunden, zu den Jugendlichen Kontakt aufgenommen und dabei festgestellt, dass für sie Medien eine ganz besondere Rolle spielen. Daniel beobachtet häufig, dass Fernsehen, Video, Handys und Computer für die Jugendlichen immer wieder eine große Faszination und Anziehung ausüben. Obwohl der Gebrauch von elektronischen Medien im Haus durch Absprachen geregelt ist, ist der Gebrauch der Medien in auffällig hohem Maße Gegenstand vieler Alltagsgespräche zwischen den Jugendlichen und ihren Erzieherinnen.

„Wann kann ich mein Handy wieder haben?", „Ich habe heute noch nicht am Computer gearbeitet!", „Wann können wir uns endlich dieses Video ansehen?" oder „Ich möchte etwas am Computer spielen!" sind einige immer wiederkehrende Äußerungen, mit denen der Berufspraktikant konfrontiert wird.

Daniel empfindet die neuen Medien in der heutigen Zeit selbst als sehr wichtig und nützlich, ist ihnen gegenüber also sehr aufgeschlossen. In der Ausbildung in der Fachschule für Sozialpädagogik des Berufskollegs hat er sich mit den Bildungsbereichen Medien und musisch-kreative Gestaltung gern auseinandergesetzt und dabei erfahren, wie wichtig das Kennenlernen und der richtige Umgang mit Medien in der heutigen Gesellschaft ist, aber auch, dass dazu eine hinreichend kritische Distanz gehört – die Vermittlung von Medienkompetenz. Insofern sieht sich Daniel in einem Konflikt: Einerseits möchte er den Jugendlichen den Umgang mit den neuen Kommunikationstechniken nicht verwehren und ihnen mehr Handlungsmöglichkeiten anbieten, andererseits beobachtet er immer wieder mit Sorge und ist mitunter auch verärgert über ihre teilweise vordergründige Faszination und passive Haltung gegenüber der elektronischen Medienwelt; er kann es einfach nicht verstehen, wie man sich in vielen Situationen beispielsweise mit Ohrhörern in den Ohren jeglicher Kommunikation entziehen kann.

An einem Abend sitzen vier der Jugendlichen wieder einmal im Gruppenraum und sehen fern; eher beiläufig verfolgen sie eine Magazinsendung mit Filmbeiträgen aus der Region: Politische oder kulturelle Themen werden in der aktuellen Sendung präsentiert. Das Programm scheint die Jugendlichen nicht zu interessieren. Gelangweilt stecken sie ihre Ohrhörer in die Ohrmuscheln und suchen auf ihrem MP3-Player-Display nach einem Musiktitel, der zumindest akustisch für etwas Aufregung und Zerstreuung sorgen könnte. Als der richtige aus den nahezu 300 gespeicherten Titeln gefunden scheint und mit einem leichten Druck der Playtaste in Startposition gebracht wird, beginnt im Abendmagazin eine Reportage über eine Ausstellung eines Videokünstlers im Sprengel Museum Hannover. Für eine Weile scheinen die Jugendlichen interessiert zu sein, nehmen um besser zuhören zu können auch einen der Ohrhörer aus dem Ohr und verfolgen zunächst skeptisch abwartend den Fernsehbeitrag. Mit dem plötzlich in den Raum hineingerufenen Satz „Wie sieht das denn aus?" eröffnet einer der Jugendlichen eine Serie von Kommentierungen: „Das sind ja alles nur flimmernde Bildschirme – was soll das?" sagt ein anderer. „Ach, das ist bestimmt wieder so eine Kunst von einem dieser modernen Künstler; Blödsinn, das kann ich auch – ist doch Schrott." Und weiter: „Wenn da wenigstens vernünftige Filme laufen würden! Das soll Kunst sein?" Diese und weitere Vorbehalte gegenüber dem Gezeigten werden zunächst ohne erkennbaren Grund deutlich artikuliert. „Guckt Euch das doch erstmal in Ruhe an!", entgegnet Daniel ärgerlich. Es fällt ihm offensichtlich schwer, gelassen und verständnisvoll auf die spontan und unbedacht vorgetragenen Meinungen der Jugendlichen zu reagieren. Etwas scheint ihn zu stören. Er kennt weder die Ausstellung, den Künstler, noch würde er sich als Kunstexperte bezeichnen. Er will die Jugendlichen zwar verstehen, andererseits aber stört ihn deren vordergründig ablehnende Haltung gegenüber der modernen, zeitgenössischen Kunst.

Die Situation macht ihn ratlos. „Was ist hier eigentlich los? Was soll ich jetzt tun?", fragt sich Daniel. „Welche Auffassung von Kunst haben die Jugendlichen eigentlich? Wie denke ich über Kunst? Sie beschäftigen sich doch so viel mit Medien. Ist das denn gut oder sollte man den Gebrauch einschränken?", Daniels Interesse ist geweckt. Er weiß nur noch nicht, wie er vorgehen kann. Deshalb macht er sich darüber Gedanken, wie er mehr über Videokunst, über diese Ausstellung, über das Verhältnis von Kunst und Medien erfahren und an die Jugendlichen der Wohngruppe weitergeben könnte. Er fragt sich, wo er genaue Informationen bekommt, wen er eventuell fragen sollte. „Ich müsste eigentlich ein Buch kaufen oder in eine Bibliothek gehen und nach Texten zum Thema Kunst und Medien suchen", überlegt Daniel. „Wie heißt es immer: Was ich nicht kenne, das sehe ich auch nicht. Aber was mache ich mit den Jugendlichen in meiner Wohngruppe? Vielleicht mögen sie die Texte nicht. Könnte man nicht auch etwas Praktisches machen? Kann man sich nicht auch künstlerisch mit Medien auseinandersetzen – und dabei seine Medienkompetenz entwickeln?"

Daniel ist gedanklich schon ganz in das Thema Kunst und Medien eingetaucht. Während er an die vielen Möglichkeiten denkt, wie er an geeignete Informationen zu Kunst und Medien kommen kann, drängt sich ihm auch immer deutlicher die Frage auf, warum er sich denn überhaupt jetzt damit beschäftigen will und soll, was der eigentliche Sinn seines Interesses ist: Was möchte er den Jugendlichen vermitteln? Klar ist ihm schon jetzt, dass er das Verständnis der Jugendlichen der Wohngruppe zur Kunst bzw. zur Medienkunst positiv verändern möchte. Um sich fundierter und sprachlich differenzierter über Kunst zu äußern, muss man sich genügend Hintergrundwissen dazu aneignen. Daniel beginnt sein Vorhaben zu planen ...

1.2.2   Impulse zur Bearbeitung

Versetzen Sie sich jetzt in die Lage des Berufspraktikanten Daniel. Vergleichen Sie sie mit einer realen Praxissituation, in der Sie nun vor der Aufgabe stehen, eine angemessene Lösung für dieses Problem zu finden und eine Idee für ein pädagogisches Handeln zu entwickeln.

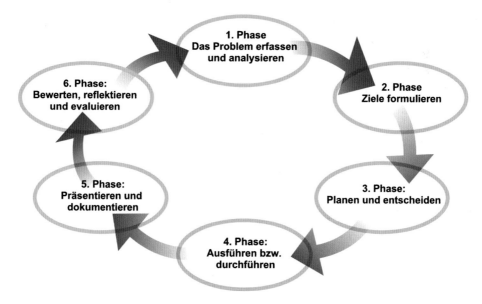

Handlungsphasen zur Erarbeitung der Lernsituation[1]

---

1 Grafik nach Küls, 2006, S. 12 f.

Arbeitsanregungen

1. Orientieren Sie sich für die Bearbeitung der Lernsituation an dem Modell der Handlungsphasen. Es soll Ihnen helfen, die Handlungsschritte in Ihrer Arbeitsgruppe zu formulieren.

2. Erstellen Sie einen detaillierten Arbeitsplan für das Beispiel aus dem Themenbereich Kunst und Medien. Berücksichtigen Sie dabei, dass die Vorgehensweise in der Praxis andere Anforderungen an die Planungs- und Durchführungsarbeit stellt als im schulischen Zusammenhang.

3. Übertragen Sie also im Sinne einer Praxisübung diese exemplarische Lernsituation in Ihre Ausbildungssituation und überlegen Sie in Ihrer Arbeitsgruppe, welche theoretischen und praktischen Handlungsanweisungen Sie treffend und angemessen finden. Führen Sie diejenigen Schritte real durch, die sich in Ihrem Ausbildungszusammenhang als sinnvoll erweisen und vermitteln Sie die Ergebnisse der Gesamtgruppe.

In der ersten Arbeitsphase wird es darum gehen, den Problemzusammenhang der Lernsituation genau zu erfassen, die genannten Personen und die Dimensionen ihres Handelns, soweit es die Situationsschilderung vermittelt, zu verstehen. Versuchen Sie deshalb, durch Fragen den gesamten Kontext zu erschließen. Folgende Fragen könnten dabei unter anderem gestellt werden:

- Um welchen Konflikt geht es in diesem Szenario?
- Was äußern die Jugendlichen genau über den Fernsehbericht?
- Welche Haltung der Jugendlichen gegenüber der modernen Kunst beobachtet der Berufspraktikant Daniel bei den Jugendlichen?
- Was wird in den Äußerungen der Jugendlichen deutlich?
- Welche Haltung gegenüber den Medien vertritt der Berufspraktikant Daniel?

Arbeitsanregungen

4. Formulieren Sie weitere Fragen und erstellen Sie eine Mind Map, welche Ihnen die verschiedenen Dimensionen der Situation verdeutlichen soll.

Nachdem Sie sich nun umfassend mit der Problemsituation beschäftigt haben, geht es in der zweiten Phase darum, Ziele für das Handeln zu entwickeln. Zielformulierungen sind notwendig, weil sie den Blick auf das Wesentliche richten und zum entsprechenden Handeln verpflichten. Für diese Phase ist es in einer realen Praxissituation wichtig, eine Beobachtungsphase einzuplanen. Im Unterricht müssen die Beschreibungen der Lernsituation ausreichen. Ungeachtet dessen ist zu fragen, in welcher Gewichtung und Reihenfolge Ziele festgesetzt werden können:

1. Welches Ziel kann als Leit- oder Richtziel für das Thema Kunst und Medien angesehen werden?

2. Was entspricht eher einem Grob- und einem Feinziel?

3. Welche Kompetenzen sollen gestärkt werden:
   - *Selbstkompetenz*: Wahrnehmung und Ausdrucksvermögen, Wissen über sich selbst, Urteilsfähigkeit, Selbstbildungsfähigkeit
   - *Sozialkompetenz*: Fähigkeit, soziale Beziehungen aufnehmen und in einer Gruppe einbringen zu können, andere Meinungen und Haltungen wertschätzen zu können
   - *Sachkompetenz*: Sachwissen und Kenntnisse über einen bestimmten Bereich, instrumentelle Fertigkeiten im Umgang mit Verfahren und Materialien

4. Mit welchen Angeboten oder Aktionen können diese Kompetenzen in Bezug auf
   - Fertigkeiten (Umgang mit Techniken und Materialien)
   - Fähigkeiten (Wahrnehmung und sprachlicher Ausdruck)
   - Erkenntnissen (Wissen und Erfahrung)
   - Einstellungen (Wissen und Erkennen von Gewohnheiten)
   erworben und gestärkt werden?

Arbeitsanregungen

5. Diskutieren und formulieren Sie für die vorliegende Lernsituation Ziele, die der Berufspraktikant Daniel erreichen möchte.

Sie haben nun den Problemkontext hinreichend untersucht und Ziele für Ihr weiteres Handeln formuliert. Aus den bisher gewonnenen Erkenntnissen müssen Sie sich jetzt (bzw. der Berufspraktikant Daniel muss sich jetzt) entscheiden, welche Informationen für die Erarbeitung eines Handlungskonzeptes benötigt werden:

- Welche Bereiche werden mit dem Thema Kunst und Medien angesprochen?
- Woher bekommen Sie weiterführende Informationen?
- Welche Bibliothek verfügt über eine Sammlung an Kunstbüchern?
- Wen könnte man zu diesem Thema befragen?
- Gibt es eine Ausstellung, die man besuchen könnte?

Zur Planung des Arbeitsprozesses gehört auch, die Methoden der Zusammenarbeit festzulegen:

- Wie sollen in der Arbeitsgruppe die gewonnenen Kenntnisse ausgetauscht werden?
- Wie werden die Ergebnisse der Arbeitssitzungen dokumentiert?
- Wie wird die Gesprächsführung geregelt?

Am Ende der Zusammenarbeit werden die Arbeitsergebnisse präsentiert (5. Phase). Schon jetzt sollte die Präsentationsform diskutiert oder eventuell auch schon festgelegt werden.

Arbeitsanregungen

6. Überlegen Sie nach einer ersten Durchsicht, ob das im Kapitel angebotene Material für Ihre Bearbeitung ausreichend ist oder ob Sie weitere Fachtexte, Abbildungen und Informationen benötigen.

7. Klären Sie, welche Quellen Sie dafür verwenden können und organisieren Sie die Beschaffung der Materialien.

8. Besprechen Sie ebenfalls, mit welcher methodischen Vorgehensweise Sie dann den aufgestellten Arbeitsplan bewältigen wollen. Wer übernimmt welche Aufgaben?, usw.

9. Wählen Sie für die Präsentation Ihrer Bearbeitungsergebnisse abwechslungsreiche Methoden aus, damit die Zuhörer Ihrem Vortrag möglichst aufmerksam folgen.

10. Versetzen Sie sich in die Lage des Berufspraktikanten Daniel und überlegen Sie, für welche pädagogische Aktion er sich entscheiden würde.

1.3 Quellentexte zur Bearbeitung

Bearbeiten Sie nun intensiv die folgenden Quellentexte und Künstlerbeschreibungen. Treffen Sie ggf. eine Auswahl oder legen Sie Schwerpunkte fest. Benutzen Sie die bekannten Methoden wie Thesenpapier, Mind Map usw. Es werden bewusst nur wenige Arbeitsanregungen vorgegeben, damit eine weitgehend selbstständige Bearbeitung erfolgen kann.

1.3.1 Aufwachsen heute

Veränderte Erziehungs- und Sozialisationsbedingungen in Familie, Schule, Beruf, Freizeit und Gleichaltrigengruppe

Wilfried Ferchhoff: Jugend ist Multi-Media-Jugend

„Die Bilderwelten der Medien" ersetzen immer mehr die „ehemaligen Weltbilder". [...] Die traditionelle Massenkommunikation scheint mit dem „Ich-Kanal" ihrem Ende entgegenzugehen. Multimedia und Internet haben zu neuen Konstellationen geführt, die nicht nur zu einer Ausweitung und Ausdifferenzierung des Medienbereichs beigetragen, sondern vor allem Transformationen ermöglicht haben. Der digitale Schein wird auch das Prinzip der Kommunikation verändern sowie eine neue, ortsungebundene Form, eine virtuelle Realität, eine „Unwirklichkeit" von Gemeinschaft entstehen lassen [...]. Medien aller Art sind also gegenwärtig und ein lebensweltlich zentrales Element im Prozess des Heranwachsens. Und heutige Kinder- und Jugendwelten sind von daher differenzierte, variantenreiche, alltagskulturell-veralltäglichte Medienwelten, in denen Kinder und Jugendliche nicht nur Rezipientinnen bzw. Rezipienten von Medien-Botschaften und ohnmächtig den Medien ausgeliefert sind, sondern durchaus (manchmal bereits im Vorschulalter) aktive Mediennutzerinnen und „nutzer. [...] In der Regel besitzen und konsumieren Jugendliche im Rahmen einer medienparkähnlichen Ausstattung im „elektronischen Paradies" schon relativ frühzeitig neben den traditionellen Medien wie Printmedien, Kommunikationsmedien, Audio-Medien, Programmedien (TV-Programme, Digitalfernsehen) eine Anzahl weiterer Medien (Computer) [...]. Es ist zu kulturellen Verschiebungen gekommen, deren Ambivalenz offenkundig ist. Die situationsgebundenen Ausdrucksformen wie Sehen, Hören und Sprechen sind auf dem Vormarsch, während in bestimmten Lebensmilieus vor allem männliche Jugendliche in und jenseits der Schule immer weniger lesen [...] und immer weniger schreiben (nur bei Mädchen steht das Lesen und (Tagebuch)Schreiben nach wie vor relativ hoch im Kurs). [...]

Im letzten Jahrzehnt ist insbesondere der Walkman zu einem konstitutiven Medienelement des Jugendalltags geworden. Dieses Medium scheint nun in spezifischer Weise den Stoff zu besorgen, aus dem heute Individualität geschneidert wird; denn prinzipiell kann jeder Ort [...] zum individuellen, ich-bezogenen Medienort werden. [...] Im Gegensatz zu vielen Älteren haben (vornehmlich männliche) Jugendliche in der Regel keine Berührungsängste mit den neuen Technologien und Medien. Sie gehen mit diesen, insbesondere auch jenseits der Arbeitswelt, außerordentlich flexibel, virtuos und souverän um, und verwenden sie zu unterschiedlichen Zwecken. Man kann zweifelsohne von einer außerordentlich hohen Mediennutzungskompetenz bei vielen Jugendlichen sprechen. Zu einer flexibel gestalteten Rezeptions- und Bedienungskompetenz tritt zusehends auch eine Handlungskompetenz qua Medien.

Mit der Mediatisierung des Alltags werden auch Wahrnehmungs- und Bewusstseinsstrukturen verändert. Dies betrifft nicht nur den „Verlust der Primärerfahrung", die Verarbeitung, Geschwindigkeit und Dynamisierung von Informationen und Bildern aus aller Welt und die Selektion aller berichteten Geschehnisse (simultative und synthetisierte „Wirklichkeit aus zweiter bzw. dritter Hand"). [...] Mit den rasanten Bildwechseln und Fragmentierungen in den Medien dominieren spothaft intensive und

verdichtete Wahrnehmungen. Fiktionen und Wirklichkeit mischen sich und verschwimmen wie Echtheit und Künstlichkeit. [...] Die Allgegenwart der Medien veroberflächlicht die Wahrnehmungen, intensiviert die Gegenwartsorientierung, kann
45 Science-fictionhaftes, Fantastisches, Imaginationen und Fiktionen anbieten, die es in der vertrauten „irdischen" Erscheinungswelt so gar nicht gibt, fügt in der sozialen Wirklichkeit Getrenntes und Widersprüchliches mehrdeutig zusammen [...]. Viele Jugendliche sind längst auf Multi-, aber auch auf „Fast-food-Sensualität" eingestellt und als kurzatmige „Instant-Konsumenten" den rasanten Wechsel von Sinn-, Ton- und
50 Bildwelten gewohnt. Sie nutzen häufig mehreres gleichzeitig und sind Virtuosen der simultanen Vernetzung verschiedener, auch nicht-medialer Beschäftigungen, [...] indem etwa allein oder mit anderen gespielt, debattiert oder gestritten, dabei ferngesehen, zwischendurch gelesen und gleichzeitig Musik qua CD gehört wird. Viele Jugendliche sind mit dem „alles, und zwar sofort" aufgewachsen und dulden in der Regel
55 keinen längeren Schwebezustand zwischen Wunsch und Erfüllung. [...] Diese an Fragmentierungen, Segmentierungen, Abbrüchen, Überblendungen, Unvollendungen und der Zusammenballung von Augenblicksmomenten orientierten vielfältigen Wahlmöglichkeiten heutiger Bilderfluten und audiovisueller Räusche sind freilich das blanke Gegenprogramm zum geduldigen Abwarten-Können, zur gelassenen Lebenspla-
60 nung [...] sowie zur inneren Konzentrationsfähigkeit, verbunden mit der Diskursivität der Sprache, der Begriffsbildung und des Lesens, was zum unerlässlichen Kanon pädagogisch bearbeiteter kontinuierlicher und geduldiger Lern- und Bildungsprozesse gehört(e). An die Stelle der Tiefendeutung, die in einem subjektbezogenen Bildungsprozess zugleich den Zusammenhang und die Differenz zwischen „Erscheinung" und
65 „Wesen" entschlüsseln, damit auch das „Besondere", das „Eigentliche" und das „Wesentliche" vom „Unwesentlichen" vermeintlich treffsicher unterscheiden konnte, „tritt immer mehr das multimediale Signalentziffern". Die schnellen Schnitt-, Szene- und Bildfolgen der Filme [...] besitzen nur noch Reste tiefenstruktureller Sinnmuster und Deutungsangebote. [...]
70 Schnelles Signalentziffern findet heute vornehmlich symbolträchtig an der Oberfläche statt. So gesehen scheint sich nichts mehr oder nichts Wesentliches mehr „hinter" dem Gezeigten zu verbergen [...]. Während Deutung stets noch tiefenstrukturelles Nachdenken und analytische Rekonstruktionen erfordert und somit Reflexivität auf die eigene Person mitliefert und beibehält, können und müssen die häufig durchein-
75 ander gewirbelten Gags, Signale, Zitate und Anspielungen in der Situation blitzschnell und augenblicksorientiert erkannt und in einer, unterschiedliche Elemente treffsicher zusammenfügenden Kombinatorik entziffert werden. Dies können wiederum nur jugendliche Insiderinnen bzw. Insider, die mit solchen medienkonstruierten, raffinierten ästhetischen (Oberflächen)Montagen und Zitat-Verweisen auch etwas anfangen
80 können.
Ein komplexes, zuweilen aber auch inflationär präsentiertes „Überangebot an Zeichen und Zeichenwelten" (BAACKE 1993) kann zwar multimediale Faszinationskraft entwickeln, beschleunigt und potenziert allerdings auch den permanenten Wechsel, putscht

in der rastlosen Hektik gegen sich selbst und kann von daher sehr schnell auch im Irrgarten des Hin- und Hertaumelns in Langeweile und „Überdruss umschlagen". 85

Ferchhoff, 1999, S. 210f.

WILFRIED FERCHHOFF ist Professor für Pädagogik an der Universität Bielefeld und an der evangelischen Fachhochschule Rheinland-Westfalen-Lippe in Bochum.

Arbeitsanregungen

11. Arbeiten Sie heraus, unter welchen Medieneinflüssen Jugendliche heute aufwachsen. Fassen Sie die wichtigsten Aussagen des Textes zusammen.

12. Diskustieren Sie FERCHHOFFS Positionen bezüglich des Medienkonsums durch die Jugendlichen im Zusammenhang mit BAACKES Definition von Medienkompetenz (vgl. S. 25).

13. Versuchen Sie, die zentralen Aussagen des Textes mit Praxisbeispielen oder eigenen Erfahrungen zu konkretisieren.

1.3.2 Ist das deutsche Fernsehen Blödsinn?

Christof Siemes: Die TV-Grabbelkiste ist eine Schule des Sehens. Von Dieter Bohlen lernt man darin genauso viel wie von Marcel Reich-Ranicki

Reich-Ranicki sorgt für Eklat

Der Literaturkritiker Marcel Reich-Ranicki hat die Verleihung des Deutschen Fernsehpreises am Samstagabend in Köln gehörig aufgemischt. Der 88-Jährige weigerte sich, den Ehrenpreis für sein Lebenswerk anzunehmen.

„Ganz offen gesagt, ich nehme den Preis nicht an", sagte der 88-Jährige bei der Verleihung des Deutschen Fernsehpreises. Vielleicht hätte er dies früher sagen müssen, räumte er ein, aber: „Ich habe nicht gewusst, was mich hier erwartet." Er fügte hinzu: „Ich finde es auch schlimm, dass ich das erleben musste."

Er habe viele schöne Fernsehabende, zum Beispiel bei Arte, verbracht. „Aber nicht diesen Blödsinn." Die drei Stunden in Köln seien „überflüssig" gewesen. Auch früher hätte er diesen Preis abgelehnt und hätte – wenn damit Geld verbunden gewesen wäre – den Betrag nicht angenommen.

AP/DPA/hai/SC, 2008, o. S.

Er hat ja recht: Die Gala zur Verleihung des Deutschen Fernsehpreises anzuschauen war in etwa so unterhaltsam, wie einer Schüssel Frittenfett beim Kaltwerden zuzuse-
5 hen, und die Trophäe haben die Preisverleiher ARD, ZDF, RTL und Sat.1 offenbar günstig bei Rudis Resterampe erworben. Doch darüber hinaus ist Marcel Reich-Ranickis Gene-ralkritik des Fernsehens genauso plump, wie es viele seiner TV-Urteile über Bücher waren.

Aber warum sollte man auch einem TV-Kritiker trauen, der zum Schluss seiner Philip-
10 pika[1] dem größten Widersacher das Du anbietet? Denn wenn einer den angeblich so beklagenswerten Zustand des Fernsehens perfekt verkörpert, ist es Thomas Gott-schalk. Die Zeitungen sind noch nicht im Altpapiercontainer, in denen der Moderator für seine letzte *Wetten, dass ..?*-Sendung als blondierter Herrenwitz geprügelt wurde. Die größte Prüfung bei der Kölner Preisgala waren auch nicht der Auftritt der von
15 Reich-Ranicki so geschmähten Köche, sondern Gottschalks Laudatio auf den Ehren-preisträger, bei der man mit dem Fremdschämen gar nicht hinterherkam. Wenn dies das Fernsehen ist, dem der große Alte den Ritterschlag seiner Gunst erweist, muss man seine weiteren Einlassungen auch nicht ernst nehmen.

Damit könnte die Sache erledigt sein – wenn sich in den kulturell verbrämten Atta-
20 cken auf das Fernsehen nicht ein seltsam bildungsautoritärer, von keiner genauen Kenntnis des Mediums getrübter Gestus Bahn brechen würde. Die Handbewegung, mit der Reich-Ranicki zum TV-Star wurde, ist das wilde Herumfuchteln mit dem erho-benen Zeigefinger. Er missversteht das Fernsehen als Bildungsanstalt der Nation, in der er der Unterschicht die Leviten liest. Doch das Medium hat sich von solchen
25 volkspädagogischen Vorstellungen, die es in seiner Frühzeit mal befeuert haben, längst emanzipiert. Zum Glück. Im Jahre 24 nach der Erfindung des Privatfernsehens ist die Macht über das Programm längst in den Händen der Zuschauer, die mit jedem Drücken der Fernbedienung ihr Geschmacksurteil fällen. In anderen Zusammenhän-gen nennt man das Demokratie.
30 Nach dem simplen Gesetz von Angebot und Nachfrage bekommt jeder das Programm, das er verdient. Deshalb gibt es *das* Fernsehen genauso wenig wie das *deutsche* Fern-sehen. Es ist eine Grabbelkiste, vollgestopft mit Produkten made in USA und vielen anderen Ländern, in der sich unterschiedlichste Zielgruppen mitunter wahllos bedie-nen. Natürlich gibt es darin erbärmliche Ramschware – wie in jedem anderen Super-
40 markt auch. Aber daneben findet sich auch mehr Hochwertiges, als man je schauen könnte, Serien (vor allem die aus Amerika!), Filme, Dokumentationen, die eine Schule des Sehens sind in den Fächern Witz, Dramaturgie, Schauspiel und sogar Gesell-schaftskunde. Bei dieser Vielfalt führt eine simple Schwarz-Weiß-Kritik wie gut – schlecht, anspruchsvoll – blöd zu gar nichts. Wer die Qualität einer Sendung beurtei-
45 len will, braucht zunächst einmal sinnvolle Kriterien, und da ist die Quote nur eines unter vielen (für das öffentlich-rechtliche Fernsehen sollte sie eigentlich gar keines sein, aber das ist ein anderes Thema). Dieter Bohlen hätte in der Tat was falsch ge-

---

1 Philippika = gr.-lat.: Kampfrede

Hier werden Sie ins Grab geschunkelt!

Nur fünf Prozent unter 30 – Die öffentlich-rechtlichen Sender sind für junge Menschen ungefähr so relevant wie Treppenlifter oder Blasentee. Die Hälfte der Zuschauer von ARD und ZDF sind älter als 65, nur fünf Prozent unter 30. Dass die Zuschauer des Zweiten im Schnitt noch ein Fitzelchen älter sind, 60 statt 59,3 Jahre, vermag die Kollegen vom Ersten kaum zu trösten. Denn was die Geschwindigkeit der Vergreisung angeht, ist das Erste Deutsche Fernsehen nicht zu schlagen: In den vergangenen 15 Jahren stieg der Altersschnitt der Zuschauer um elf Jahre.

Eines Tages, so hatte man sich das lange schöngeredet, wenn die jungen Menschen an Jahren und Einsicht gereift seien, würden sie zurückkehren in den Schoß der Öffentlich-Rechtlichen. Aber was heißt zurück? Bereits der von ARD und ZDF betriebene Kika erreicht weit weniger Kinder als der private Konkurrent Super RTL. Jugendliche wachsen nicht mit drei Programmen auf, sondern mit 300. Ihre Heimat sind Pro Sieben, RTL, mehr noch Youtube und Studi-VZ. Sie richten ihr Abendessen nicht nach dem 20-Uhr-Gong im Ersten aus; bei Zuschauern unter 50 ist Peter Kloeppel mit „RTL Aktuell" längst auf Augenhöhe mit der „Tagesschau".

Kühn, 2008, o. S.

macht, wenn Marcel Reich-Ranicki seine Sendung gut fände. Das sagt aber gar nichts über die tatsächliche Güte von *Deutschland sucht den Superstar*. Denn in der als »Migrantenstadl« liebevoll verspotteten Castingshow erfährt man mitunter mehr über die 50
Sehnsüchte und Lebenswirklichkeiten in diesem Land als in manchem Politmagazin.
Man muss das nicht mögen, gut gemacht ist es trotzdem. Das kann man von den wenigen Kultursendungen im deutschen Fernsehen zum Beispiel nicht ohne Weiteres behaupten – weil sie ihrem eigenen Gegenstand oft misstrauen und keine TV-taugliche Form für dessen Sperrigkeit suchen. Heraus kommt ein Etikettenschwindel, der 55
auf beiden Seiten die Preise verdirbt: Die echte Kultur-Aficionado[1] fühlt sich veralbert, und der Kulturferne merkt gleich, dass ihm hier ein Kuckucksei untergeschoben werden soll.
Das hat im Übrigen kaum einer besser begriffen als Marcel Reich-Ranicki selbst, dessen *Literarisches Quartett* [...] mit echter Literaturkritik so viel zu tun hatte wie *Deutsch-* 60
land sucht den Superstar mit guter Musik. Letztlich hat der Zeigefinger der Nation nichts anderes gemacht als Dieter Bohlen oder einer der Löffelschwinger in der Kocharena: Er hat aus einer Herzensangelegenheit, in seinem Fall den Büchern, eine Show gemacht, deren oberste Gebote weder Wahrhaftigkeit noch hohes Reflexionsniveau waren, sondern Effekt und Unterhaltung. Es war halt gutes Fernsehen. Marcel Reich- 65
Ranicki hat sich den Preis, den er nicht haben will, redlich verdient.

Siemens, 2008, o. S.

---

1 Aficionado (engl.) = Liebhaber, Genießer

CHRISTOF SIEMES wurde 1964 in Mönchengladbach geboren. Er studierte Germanistik, Kunstgeschichte und Philosophie. Heute arbeitet er als Feuilleton-Redakteur bei der *Zeit*.

1.3.3 Die „Bildschirmwahrheit" als produzierte Wahrheit

Joseph Weizenbaum mit Gunna Wendt: Fernsehen und Internet

Das Nebeneinander von fortgeschrittener Hochtechnologie und lächerlichem Inhalt ist ein nicht zu unterschätzendes Phänomen in unserer Gesellschaft. Es bestimmt unsere Realität. Es bestimmt unseren Alltag. Das Fernsehen hat darin eine ungeheure
5 Präsenz. In der amerikanischen „upper middle class" ist die Anzahl der Fernseher in einem Haushalt normalerweise n+1, wobei n für die Anzahl der Menschen steht, die im Haus wohnen. Jeder hat also seinen eigenen Fernseher. Die Kinder natürlich eingeschlossen.

Und was bedeutet +1?

10 Dass es in den meisten Familien zusätzlich noch einen Extra-Fernseher gibt, für die großen Sportereignisse oder ähnliches.
Für alle Familienmitglieder ist jedenfalls der Fernseher die Quelle der Wahrheit. Er zeigt ihnen, was in der Welt passiert, in sogenannter Echtzeit, sodass sie den Eindruck haben, selbst dabei zu sein. Ich erinnere mich an eine Nachrichtensendung, die es vor
15 langer Zeit in Amerika gab und in der der Moderator jedes Mal zum Schluss sagte: „And that's the way it is! Und genau so ist es!" Dann wurde nur noch das jeweilige Datum genannt. Also, die Botschaft war klar: Jetzt wusste man, was wirklich in der Welt passiert war. Was verschwiegen oder verdrängt wurde und wird: Die „Bildschirmwahrheit" ist eine hergestellte, produzierte Wahrheit, die bestimmten Zwecken un-
20 terliegt. Sie ist die Wahrheit desjenigen, der sie ausgewählt und zusammengestellt hat. Man ist heute in der Lage, Bilder, Fernsehbilder so zu manipulieren, dass wir nicht mehr erkennen können, ob sie echt sind oder nicht. Wir können eben nicht sicher sein, ob das, was wir auf dem Bildschirm sehen, die Realität ist, oder ob uns nur etwas vorgegaukelt wird, das wir dafür halten sollen.
25 Ich nenne Ihnen ein auf den ersten Blick ganz unspektakuläres Beispiel: 1989 gab es eine amerikanische Intervention in Panama. Staatspräsident Noriega wurde entmachtet und inhaftiert. Angeblich, um die Demokratie einzuführen. Das amerikanische Fernsehen zeigte jeden Tag Massendemonstrationen aus Panama. Was dabei auffiel: Es demonstrierten fast nur Weiße, obwohl der überwiegende Teil der Bevölkerung Pa-
30 namas bekanntlich nicht weiß ist. Für die Akzeptanz der amerikanischen Politik in der Panama-Frage war das jedenfalls sehr günstig, ich meine innerhalb der amerikanischen Bevölkerung. Das ist noch ein vergleichsweise harmloses Beispiel, es gibt bekanntlich viel dramatischere.

Welche Chancen bietet demgegenüber das Internet?

Zum Fernsehbildschirm als Quelle der Wahrheit hat sich nun auch noch der Compu-   40
terbildschirm gesellt. Die beiden Bildschirme verstärken einander. Das World Wide
Web scheint alle Dinge zu enthalten, die auf dieser Welt wichtig sind. Es liefert eine
unüberschaubar große Datenflut ins Haus, die einen zum Staunen bringt. Aber in ihrer
Konsequenz bedeutet sie eher eine Desinformationsflut.
Außerdem – und das darf nicht übersehen werden – bedeutet auch diese riesige Datenflut, ähnlich dem riesigen Angebot an Fernsehprogrammen, eine Auswahl, die von   45
demjenigen getroffen wurde, der sie ins Netz gestellt hat. Es ist also beinahe dasselbe.
Das Internet ist ein großer Müllhaufen – zugegeben mit einigen Perlen darin, aber die
muss man erst einmal finden.
Aber das Internet bietet schließlich vielen Menschen die Möglichkeit, eine Vielzahl
und Vielfalt von Informationen zu bekommen. Menschen, die aus verschiedenen   50
Gründen lange davon ausgeschlossen waren.

In gewissen Zusammenhängen sollte man sehr vorsichtig sein mit dem Wort Information, denn es wird nicht nur inflationär, sondern auch falsch angewendet. Die Signale
im Computer sind keine Informationen. Es sind „nur" Signale. Und es gibt nur einen
Weg, aus Signalen Informationen zu machen, nämlich die Signale zu interpretieren.   55
Dazu muss man das menschliche Gehirn benutzen, denn Interpretation bedeutet natürlich geistige Arbeit.
Um noch einmal auf den Müll im Internet zu kommen: Wir dürfen nicht vergessen,
dass das Internet mittlerweile ein Massenmedium ist. Und es scheint beinahe ein
Naturgesetz zu sein, dass jedes Massenmedium zu fünfundneunzig Prozent Unsinn   60
produziert. Wir haben ja gerade über das Fernsehen gesprochen. Es ist immer dasselbe: Am Anfang waren mit den Massenmedien – Radio, Fernsehen – Wünsche, Visio-
nen und Hoffnungen verbunden. Man war allgemein optimistisch, sogar euphorisch.
Man erwartete beispielsweise, dass die allgemeine Bildung der Menschen verbessert
würde.   65

Weizenbaum, Wendt, 2006 S. 23 f.

Joseph Weizenbaum (1923 – 2008), emigrierte 1936 mit seiner Familie in die USA. Nach dem
Mathematikstudium war er Professor für Computer Science am Massachusetts Institute
of Technology (MIT), er veröffentliche das Computerprogramm ELIZA, das als Meilen-
stein der „künstlichen Intelligenz" angesehen wurde. Joseph Weizenbaum starb im Alter
von 85 Jahren am 5. März 2008 in Berlin.

1.3.4   Die Glaubwürdigkeit der Medien

Norbert Bolz: Wirklichkeit ohne Gewähr

Je perfekter die Medientechniken werden, desto riskanter wird der Ritt über den Bodensee[1], den wir Welterfahrung nennen. Gerade weil jeder spürt, dass die Medien mit ihrer Inszenierungsmacht immer tiefer in die Wirklichkeit eindringen, wächst die
5 Sehnsucht nach dem „wirklich Wirklichen" und die wird dann prompt von den Medien befriedigt. Das ist das Erfolgsgeheimnis von Reality-TV, Shockumentaries und Voyeur-TV wie „Big Brother": In der Welt der Simulation wird das Reale zur Obsession.

Nun ist die Geschichte der Manipulation so alt wie die Geschichte der Medien selbst. Aber in der Online-Welt stellt sich das Problem doch ganz anders. Fälschung gab es
10 schon immer, aber Digitalität ist das Reich der spurlosen Fälschung. Hier gibt es kein Wasserzeichen der Echtheit mehr. Wenn das White House als Hintergrundbild eines TV-Live-Kommentars ein paar Meter zu breit ist, kann man das Computerbild mit ein paar Mausklicks passend machen. Wenn die amerikanische Fernsehgesellschaft CBS ein Bild vom Times Square zeigen will und sich dabei vom riesigen Logo des Konkur-
15 renten NBC gestört fühlt, ersetzt sie es einfach durch das eigene, so geschehen bei der Live-Übertragung der Millennium-Silvesterfeier. Die Zeitung „Die Woche" hat das einen „perfiden Computertrick" genannt. Diese Formulierung ist genau so richtig wie sinnlos. Perfide heißt ja unredlich, und das sind digitale Bilder prinzipiell.

Der Glaube an die Redlichkeit der Bilder geht auf die Technik einer Fotografie zurück,
20 die einer ihrer Erfinder, Fox Talbott, als „pencil of nature" bezeichnen durfte. Die Natur schreibt sich selbst auf als Foto. Diesem Vertrauen hat die digitale Bildtechnik den Boden entzogen. Jetzt ist jedes Bild nur noch das Resultat von Rechenoperationen. Dieser Sachverhalt lässt wohl nur drei Reaktionsformen zu. Die Hightech-Paranoiker zelebrieren den großen Verdacht: Die Medienwirklichkeit sei das von den Mächtigen
25 der Welt verteilte Opium fürs Volk. Die Pragmatiker akzeptieren Manipulation als neue Normalität, an der man – Stichwort „Medienkompetenz" – selbst nach Kräften mitwirken sollte. Und die Postmodernen[2] deuten die Erfahrung der technischen Manipulierbarkeit unseres Weltbildes positiv, sofern uns die Techniken der Simulation eine Befreiung vom Götzen Wirklichkeit bringen.

30 Was gewiss ist, ist nicht informativ; was informativ ist, ist nicht gewiss. Und deshalb gilt: je mehr Information, desto weniger Akzeptanz. Die Informationsflut steigert die Unsicherheit und damit die Legitimität der eigenen Meinung. Man muss entscheiden, weil die Informationen nicht ausreichen. In fast allen Lebenssituationen ist es nämlich

---

1 *Ritt über den Bodensee* = eine (erst im Nachhinein erkannte) gefährliche Situation
2 Postmoderne = (von lat. *post* = hinter, nach) Epoche der Gesellschaft, Kultur und Kunst „nach" der Moderne.

viel zu kostspielig und zeitaufwendig, sich mit ausreichenden Informationen zu versorgen. [...]

35

Das wichtigste Wissen besteht heute darin zu wissen, was man nicht zu wissen braucht. Was ist wichtig? Und jede Bewertung steht unter dem stillschweigenden Vorbehalt: Morgen ist es anders! [...] Unsere großen Probleme resultieren nicht aus einem Mangel an Wissen, sondern an Orientierung; wir sind konfus, nicht ignorant. Aber genau das wird durch den Enthusiasmus des „Informationszeitalters" und seiner Fakten, Fakten, Fakten verdeckt. Unter dem Druck der neuen Informationstechnologien neigt man dazu, alle Probleme als Probleme des Nichtwissens zu deuten. Aber Sinnfragen lassen sich nicht mit Informationen beantworten. Wer verstehen will, muss Informationen vernichten. Und so kommen wir zu einem paradoxen Resultat. In der Datenflut der Multimedia-Gesellschaft kann „Mehrwert" nur heißen: weniger Information.

40

45

Bolz, S. 130f.

NORBERT BOLZ , Jahrgang 1953, ist Medien- und Kommunikationswissenschafter. Er lehrt als Professor an der Technischen Universität Berlin.

Arbeitsanregungen

14. Diskutieren Sie in Ihrer Arbeitsgruppe über Ihre eigenen Rezeptionserfahrungen und -gewohnheiten mit dem Medium Fernsehen und kommentieren Sie die Aussagen des ZEIT-Artikels von CHRISTOF SIEMES.

15. Analysieren Sie WEIZENBAUMS Aussagen zum Thema Fernsehen und Internet aus einer medienkritischen und ideologiekritischen Perspektive und stellen Sie eine Beziehung zu BOLZ' Kernpositionen her.

1.3.5   Was ist Medienkompetenz?

Dieter Baacke: Dimensionen eines Begriffs

Medienkompetenz ist eine moderne Ausfaltung der kommunikativen Kompetenz, über die wir alle schon verfügen. Kommunikative Kompetenz meint, dass Menschen durch Sprechen und andere Ausdrucksgebärden sich Wirklichkeit aneignen und gestaltend verändern können. Medienkompetenz betont diesen neuen, hinzukom-

5

menden Aspekt, dass Kommunikation heute auch über technische Mittel, vom Druck-
medium über das Fernsehgerät bis zum Computer geschieht. [...]

Ich will dies am Beispiel eines 15-jährigen Mädchens akzentuierend deutlich machen.
Eine erste, zentrale und darum an erster Stelle genannte Dimension der Me-
10 dienkompetenz ist die Medienkritik. Damit meine ich, dass ein Mädchen mit 15 Jahren
sich darüber Gedanken machen könnte, ich will nicht notwendig sagen sollte, warum
Werbung eigentlich immer noch so ist, dass sie, wenn sie sich an Mädchen richtet, mit
leiser zarter Musik und in rosa getönten Farben angeboten wird, während die Welt der
Jungen eher blau ist und actionbetont ist. Ich kann also hier Geschlechtsrollenkli-
15 schees gerade in der Werbung entdecken und mir ein Stück weit Gedanken machen,
ob ich das eigentlich für richtig halte und mich damit identifiziere, oder ob ich es anders sehen könnte. Das ist dieses kritische Moment des Unterscheidens und auch
existentiellen Nachdenkens: Wer bin ich denn eigentlich, der oder die ich mit Medien
solche Wirklichkeitsbilder angeboten bekomme. Das wäre eine Frage der Medienkri-
20 tik.

Die Medienkunde bezieht sich auf das Wissen über die Medien. Ich meine, auch ein
15-jähriges Mädchen sollte beispielsweise die Angebotsform öffentlich-rechtlicher
und privater Programme unterscheiden können, weil sie auf unterschiedliche Weise
finanziert werden und damit auch die Programminhalte unterschiedlich sind. Die Me-
25 diennutzung - wir nennen es auch handlungsorientierte Medienpädagogik in dieser
Dimension – zielt dann darauf, dass wir die Medien aktiv nutzen: entweder indem wir
Medienbotschaften, Medieninhalte – Filme beispielsweise - rezipieren, um sie zu ge-
nießen oder ästhetische Erfahrungen zu machen, oder indem ich selbst einen Fern-
sehfilm herstelle, eine Schülerzeitung mache, mich an der Produktion einer CD-ROM
30 beteilige usw., also selbst aktiv Medienausdrucksformen in der Hand habe.

Und als vierten Punkt unterscheide ich dann noch die Mediengestaltung, die über das
bisher Gehabte insofern hinausgehen sollte, weil sie neue Inhalte, neue Phantasien
auf technischer wie inhaltlicher Art ermöglichen sollte. Und in der Mediengestaltung
liegt dann für mich auch der Zielaspekt einer gesellschaftlichen öffentlichen Verant-
35 wortung. Bei 15-jährigen Mädchen könnte ich mir das so vorstellen, dass sie sich mit
Hilfe von virtuellen Phantasien ein Stück weit ausmalen, wie ihre Wohnung im Unterschied zur IKEA-Klischee-Wohnung aussehen könnte. [...]

Alles zusammen ergibt dann das, was ich Medienkompetenz nenne und was für jeden
also heute eine Grundlage für ‚das in der Welt Sein' und für ‚das sich in der Welt Ver-
40 stehen' darstellt.

Baacke, 1999, S. 19

DIETER BAACKE (1934 – 1999) war Professor für Erziehungswissenschaften an der Universität
Bielefeld. In die medienpolitische Diskussion führte er den Begriff der Medienkompetenz
ein. Seit ihrer Gründung 1984 war DIETER BAACKE Vorsitzender der Gesellschaft für Medienpädagogik und Kommunikationskultur (GMK), außerdem war er Mitdirektor der Akade-

mie für Medienpädagogik, Medienforschung und Multimedia (AMMMa). Er starb am 23. Juli 1999 im Alter von 64 Jahren. Die GMK vergibt seit 2001 jedes Jahr den Dieter Baacke-Preis für medienpädagogische Projekte mit Kindern, Jugendlichen und Familien.

Arbeitsanregungen

16. Suchen Sie nach Beispielen, um die von Baacke definierten Dimensionen des Begriffs Medienkompetenz zu konkretisieren.

17. Versuchen Sie einen Vergleich mit Ferchhoffs Aussagen und untersuchen Sie, welche Medienkompetenzen Jugendliche seiner Meinung heute besitzen.

18. Diskutieren Sie Unterschiede und Gemeinsamkeiten zwischen Medienkompetenz und Ästhetischer Kompetenz (vgl. Kapitel 1.1).

1.3.6   Original und Reproduktion

Walter Benjamin: Das Kunstwerk im Zeitalter seiner technischen Reproduzierbarkeit

Das Kunstwerk ist grundsätzlich immer reproduzierbar gewesen. Was Menschen gemacht hatten, das konnte immer von Menschen nachgemacht werden. Solche Nachbildung wurde auch ausgeübt von Schülern zur Übung in der Kunst, von Meistern zur   5
Verbreitung der Werke, endlich von gewinnlüsternen Dritten. Demgegenüber ist die technische Reproduktion des Kunstwerkes etwas Neues, das sich in der Geschichte intermittierend, in weit auseinanderliegenden Schüben, aber mit wachsender Intensität durchsetzt. [...]
Das Hier und Jetzt des Originals macht den Begriff seiner Echtheit aus. Analysen che-   10
mischer Art an der Patina einer Bronze können der Feststellung ihrer Echtheit förderlich sein; entsprechend kann der Nachweis, dass eine bestimmte Handschrift des Mittelalters aus einem Archiv des fünfzehnten Jahrhunderts stammt, der Feststellung ihrer Echtheit förderlich sein. [...]
Die Umstände, in die das Produkt der technischen Reproduktion des Kunstwerks ge-   15
bracht werden kann, mögen im übrigen den Bestand des Kunstwerks unangetastet lassen – sie entwerten auf alle Fälle sein Hier und Jetzt. Wenn das auch keineswegs vom Kunstwerk allein gilt, sondern entsprechend z.B. von einer Landschaft, die im Film am Beschauer vorbeizieht, so wird durch diesen Vorgang am Gegenstande der Kunst ein empfindlichster Kern berührt, den so verletzbar kein natürlicher hat. Das ist   20
seine Echtheit. Die Echtheit einer Sache ist der Inbegriff alles von Ursprung her an ihr Tradierbaren, von ihrer materiellen Dauer bis zu ihrer geschichtlichen Zeugenschaft.

Da die letztere auf der ersteren fundiert ist, so gerät in der Reproduktion, wo die erstere sich dem Menschen entzogen hat, auch die letztere: die geschichtliche Zeugenschaft der Sache ins Wanken. Freilich nur diese; was aber dergestalt ins Wanken gerät, das ist die Autorität der Sache.

Man kann, was hier ausfällt, im Begriff der Aura zusammenfassen und sagen: was im Zeitalter der technischen Reproduzierbarkeit des Kunstwerks verkümmert, das ist seine Aura. Der Vorgang ist symptomatisch; seine Bedeutung weist über den Bereich der Kunst hinaus. *Die Reproduktionstechnik, so ließe sich allgemein formulieren, löst das Reproduzierte aus dem Bereich der Tradition ab. Indem sie die Reproduktion vervielfältigt, setzt sie an die Stelle seines einmaligen Vorkommens sein massenweises. Und indem sie der Reproduktion erlaubt, dem Aufnehmenden in seiner jeweiligen Situation entgegenzukommen, aktualisiert sie das Reproduzierte.* [...]

Die Einzigkeit des Kunstwerks ist identisch mit seinem Eingebettetsein in den Zusammenhang der Tradition. Diese Tradition selber ist freilich etwas durchaus Lebendiges, etwas außerordentlich Wandelbares. Eine antike Venusstatue z. B. stand in einem anderen Traditionszusammenhange bei den Griechen, die sie zum Gegenstand des Kultus machten, als bei den mittelalterlichen Klerikern, die einen unheilvollen Abgott in ihr erblickten. Was aber beiden in gleicher Weise entgegentrat, war ihre Einzigkeit, mit einem anderen Wort: ihre Aura. Die ursprüngliche Art der Einbettung des Kunstwerks in den Traditionszusammenhang fand ihren Ausdruck im Kult. Die ältesten Kunstwerke sind, wie wir wissen, im Dienst eines Rituals entstanden, zuerst eines magischen, dann eines religiösen. Es ist nun von entscheidender Bedeutung, dass diese auratische Daseinsweise des Kunstwerks niemals durchaus von seiner Ritualfunktion sich löst. Mit anderen Worten: *Der einzigartige Wert des »echten« Kunstwerks hat seine Fundierung im Ritual, in dem es seinen originären und ersten Gebrauchswert hatte.* [...]

Die technische Reproduzierbarkeit des Kunstwerks emanzipiert dieses zum ersten Mal in der Weltgeschichte von seinem parasitären Dasein am Ritual. Das reproduzierte Kunstwerk wird in immer steigendem Maße die Reproduktion eines auf Reproduzierbarkeit angelegten Kunstwerks. Von der photographischen Platte z. B. ist eine Vielheit von Abzügen möglich; die Frage nach dem echten Abzug hat keinen Sinn. [...]

Die technische Reproduzierbarkeit des Kunstwerks verändert das Verhältnis der Masse zur Kunst. Aus dem rückständigsten, z. B. einem Picasso gegenüber, schlägt es in das fortschrittlichste, z. B. angesichts eines Chaplin, um. Dabei ist das fortschrittliche Verhalten dadurch gekennzeichnet, dass die Lust am Schauen und am Erleben in ihm eine unmittelbare und innige Verbindung mit der Haltung des fachmännischen Beurteilers eingeht. [...] Auch weiterhin bleibt der Vergleich mit der Malerei dienlich. Das Gemälde hatte stets ausgezeichneten Anspruch auf die Betrachtung durch Einen oder durch Wenige. Die simultane Betrachtung von Gemälden durch ein großes Publikum, wie sie im neunzehnten Jahrhundert aufkommt, ist ein frühes Symptom der Krise der Malerei, die keineswegs durch die Photographie allein, sondern relativ unabhängig von dieser durch den Anspruch des Kunstwerks auf die Masse ausgelöst wurde.

Es liegt eben so, dass die Malerei nicht imstande ist, den Gegenstand einer simultanen Kollektivrezeption darzubieten, wie es von jeher für die Architektur, wie es einst für das Epos zutraf, wie es heute für den Film zutrifft. Und so wenig aus diesem Umstand von Haus aus Schlüsse auf die gesellschaftliche Rolle der Malerei zu ziehen sind, so fällt er doch in dem Augenblick als eine schwere Beeinträchtigung ins Gewicht, wo die Malerei durch besondere Umstände und gewissermaßen wider ihre Natur mit den Massen unmittelbar konfrontiert wird. In den Kirchen und Klöstern des Mittelalters und an den Fürstenhöfen bis gegen Ende des achtzehnten Jahrhunderts fand die Kollektivrezeption von Gemälden nicht simultan, sondern vielfach gestuft und hierarchisch vermittelt statt. Wenn das anders geworden ist, so kommt darin der besondere Konflikt zum Ausdruck, in welchen die Malerei durch die technische Reproduzierbarkeit des Bildes verstrickt worden ist.

Benjamin, 1980, S. 474 f.

WALTER BENJAMIN, geboren am 15. Juli 1892 in Berlin, war Philosoph, Gesellschaftskritiker, Literaturkritiker und Übersetzer. Am 26. September 1940 nahm er sich auf der Flucht vor der Gestapo in dem Ort Portbou an der spanischen Grenze das Leben.

Arbeitsanregungen

19. Fassen Sie den Textausschnitt BENJAMINS in Thesen zusammen.

1.3.7 Kunstwerke im Internet

Boris Groys: Topologie[1] der Kunst

Wie lässt sich die Interpretation, die Benjamin von dem Verhältnis zwischen Original und Kopie gegeben hat, heute verwenden, um das Schicksal der Kopie in unserer Kultur zu beschreiben? Ich sage: Das Schicksal der Kopie – und nicht etwa das Schicksal des Originals –, weil es mir scheint, dass wir heute mehr an der Kopie als am Original interessiert sein sollten – und in der Tat interessiert sind. Wir leben nämlich inmitten einer Kultur, in der die Reproduktionsprozesse längst die Oberhand über die Produktionsprozesse gewonnen haben. Wir sind längst von allen Seiten von Kopien umgeben,

---

1 Topologie (gr.-nlat.) = in der Geometrie die Lehre von der Lage und Anordnung geometrischer Gebilde im Raum; [Lehre von der] Wortstellung im Satz

unser Denken und unsere Imagination sind von der Reproduktion kultureller Klischees
10 bestimmt – und unsere Körper werden wahrscheinlich auch bald geklont werden. [...]

Die Unterscheidung zwischen Original und Kopie ist für Benjamin ausschließlich eine
topologische Unterscheidung – und als solche vom materiellen Bestand des Werks völlig unabhängig. Das Original hat einen bestimmten Ort – und durch diesen besonderen Ort ist das Original als dieser einzigartige Gegenstand in die Geschichte einge-
15 schrieben. Die Kopie ist dagegen virtuell, ortlos, ungeschichtlich: Sie erscheint von
Anfang an als potentielle Multiplizität. Die Reproduktion ist Entortung, Deterritorialisierung – sie befördert das Kunstwerk in die Netze der topologisch unbestimmten Zir-
kulation. [...]

Die Unterscheidung zwischen Original und Kopie ist allein eine topologische und situ-
20 ative – und zwar gleichermaßen in beide Richtungen. Und das bedeutet: Alle im Museum plazierten Dinge sind Originale – auch und gerade wenn sie sonst als Kopien zirku-
lieren. Kunstwerke im Museum sind Originale aus einem sehr einfachen topologischen
Grund: Man muss ins Museum gehen, um sie zu sehen. [...] Die Originalität ist in der
Moderne variabel geworden – aber sie ist keineswegs einfach verlorengegangen. In
25 diesem Fall wäre der ewige Wert der Originalität bloß durch den ewigen (Un-)Wert der
Nicht-Originalität ersetzt – so, wie es in manchen Kunsttheorien in der Tat passiert.
Aber ewige Kopien kann es genauso wenig geben wie ewige Originale. Vielmehr be-
kommt eine Kopie im Museum eine Geschichte – und wird dadurch zum Original, wie
wir es am Beispiel von Duchamp, Warhol und vielen anderen schon oft erleben konn-
30 ten.
Aber das Museum ist sicherlich nicht der einzige Ort in unserer Kultur, an dem sich eine
Kopie in ein Original verwandeln kann. Es gibt andere solche Orte – unter denen das
Internet heute wahrscheinlich der wichtigste ist. Ich möchte nämlich behaupten, dass
das World Wide Web nicht, wie man oft denkt, mit Kopien, sondern, wie das Museum,
35 mit Originalen operiert – und zwar ausschließlich mit Originalen. [...] Das zentrale Charakteristikum des Netzes besteht aber gerade darin, dass im Netz alle Zeichen, Worte
und Bilder eine Adresse bekommen – d.h. verortet, territorialisiert, in eine Topologie
eingeschrieben werden. In diesem Sinne macht das Netz aus jeder Datei, die vielleicht
ursprünglich als multiple Kopie entstanden ist, ein Original. Das Netz vollzieht eine
40 (Re-) Originalisierung der Kopie, indem sie ihr eine Netzadresse verleiht. Dadurch bekommt jede Datei eine Geschichte, weil sie von den materiellen Bedingungen ihres Or-
tes abhängig wird. Im Netz ist die Datei nämlich von der Beschaffenheit der jeweiligen
Hardware, des Servers, der Software, des Browsers usw. wesentlich abhängig. Beim
Wechsel dieser materiellen Bedingungen an verschiedenen Stellen können individuelle
45 Dateien verzerrt dargestellt, anders interpretiert oder gar unlesbar gemacht werden.
Sie können auch von bestimmten Computerviren befallen werden, zufällig gelöscht
werden oder aber einfach altern und sterben. So bekommen Dateien im Netz ihre Geschichte, die wie jede Geschichte vor allem die eines möglichen oder reellen Verlustes

ist. Und in der Tat werden solche Geschichten ständig erzählt: Wie bestimmte Dateien nicht mehr gelesen werden konnten, wie bestimmte Websites irgendwann verschwunden sind usw. Wir erleben also im Netz eine Rückkehr des Originals und seiner Geschichte, wie sie von Benjamin beschrieben wurde. Die Einführung des Netzes kann als eine Reaktion auf die heutige ungehinderte, massenhafte Ausbreitung der Kopien interpretiert werden, die durch die Territorialisierung dieser Kopien im Netz gestoppt und sogar rückgängig gemacht wurde. Nun fragt man sich aber, welche Auswirkungen dieses neu eingeführte Verhältnis zwischen Original und Kopie auf die Bedingungen haben kann, unter denen die Netzkunst – und insgesamt die Kunst im Netz – funktioniert.

In erster Linie eröffnet die Topologie des Netzes die Möglichkeit, Orte des Künstlerischen von Orten des Nicht-Künstlerischen zu unterscheiden, d. h. solche Adressen speziell zu markieren, die Kunstadressen sind. Dabei handelt es sich nicht primär um Adressen von Menschen, die das Netz für die Zwecke der Kommunikation benutzen, sondern um die Adressen der Zeichen, Texte, Bilder, Kunstwerke selbst, d. h. um die Adressen, die aus dem Netz ein großes Archiv machen – vergleichbar mit Museen, Bibliotheken usw. [...] Nun funktioniert eine Website in einem gewissen Sinne wie ein Manuskript, das sich an einem bestimmten Ort befindet. Eine solche Webseite – mit passenden Links versehen – bildet einen „originellen" Kontext, der es ermöglicht, Texte inklusive künstlerischer Texte jenseits des Schreibens zu produzieren. Und was hier über die Literatur gesagt wurde, gilt sicherlich auch für alle anderen Künste, bei denen die einzelnen Kunstwerke ursprünglich in Form einer Kopie in Erscheinung treten, wie Fotografie oder Film. Es handelt sich hier also in erster Linie um eine Weiterentwicklung der Prozesse, die im Kunstsystem ohnehin stattfinden, so dass der Ortswechsel innerhalb einer festgelegten Topologie inzwischen zum zentralen Verfahren der Kunstproduktion geworden ist – eine Weiterentwicklung, die von der Möglichkeit begünstigt wird, große Massen von Texten und Bildern zu archivieren und zu transportieren.

Groys, Topologie, 2003, S. 33f.

Boris Groys, Jahrgang 1947, lehrt Kunstwissenschaft, Philosophie und Medientheorie an der Hochschule für Gestaltung in Karlsruhe.

Arbeitsanregungen

20. Vergleichen und diskutieren Sie die unterschiedlichen Definitionen des echten und reproduzierten Kunstwerks nach Benjamin und Groys.

21. Diskutieren Sie in diesem Zusammenhang Boris Groys' Verständnis des Kunstwerks im Zeitalter des Internets.

1.3.8 Die Entwicklung der Videokunst

Rudolf Frieling/Wulf Herzogenrath: 40 Jahre Videokunst.de

Der heutige künstlerische Umgang mit etablierten Formen des Mediums – sei es dokumentarisch, filmisch, grafisch oder konzeptuell – ist nicht auf die Vorstellung eines Genres, wie es sich in den 1970er und 1980er Jahren herausgebildet hat, einzuengen.
5 Der Begriff von Videokunst, mit dem die heutige Praxis der Künstler umrissen werden kann, lässt sich eben nicht mehr auf die Erforschung des technologischen Mediums beschränken. Videokünstler im strikten Sinn des Wortes, das leicht zu einer Art Ghettobildung dieser Kunst führt, gibt es wenige. Viele Künstler arbeiten mit unterschiedlichen Medien und nutzen die jeweiligen medialen Formen zum Ausdruck ihrer Inhalte.
10 Was sich aber vermehrt antreffen lässt, ist die Allgegenwärtigkeit der elektronischen Bilder, der selbstverständliche Umgang von Galerien, Museen, Archiven und Messen ebenso wie Kunsthochschulen mit dem Medium.[1]
Die historische Distanz zu den 1960er bis 1970er Jahren hat inzwischen zu einem überschaubaren Bild der wesentlichen Positionen und Tendenzen geführt, das auch durch
15 eine vertiefte Forschung nicht mehr mit grundsätzlich neuem Material ergänzt wird. [...] Nicht nur in Deutschland, auch international standen Nam June Paik und Wolf Vostell im gleichen Jahr am Anfang einer Entwicklung, die sich erst in den 1970er Jahren zu dem entfalten sollte, was als Videokunst bezeichnet wurde. [...]
[Es] wird deutlich, dass die vielfältigen Querverbindungen zwischen Fernsehen, Film
20 und den traditionellen Medien der bildenden Kunst, einschließlich der Fotografie, zentrale Aspekte eines Begriffs von Videokunst darstellen, der neben der elektronischen Erforschung des Mediums ebenso die unterschiedlichen Präsentations- wie Distributionsformen berücksichtigt. [...] Die Bearbeitung durch den Computer gehört spätestens seit Mitte der 1990er Jahre ebenfalls zu den selbstverständlichen Optionen ei-
25 ner künstlerischen Produktion.
Eine wichtige Einschränkung jenseits der heterogenen Produktionsformate ist jedoch die Auswahl von allein Ein-Kanal-Arbeiten als einem ersten Schritt, das Terrain der Videokunst darzustellen. Deutlich wird dabei allerdings zugleich, dass das klassische Videotape heute mehr und mehr als Videoprojektion auch zu einer installativen Form
30 gefunden hat. [...]
Der performative Aspekt des Mediums Video kann last but not least nicht deutlich genug betont werden. Neben den technologischen Bedingungen war es besonders die Praxis der Künstler, die auf maximale Distribution zielte. In den frühen 1970er Jahren war es vielleicht eine Notwendigkeit ökonomischer Art, dann aber sicher vor allem eine
35 künstlerische Haltung, Aufnahmen zu kopieren, mehrere auf einem noch teuren Videoband zu kompilieren, Teile umzuarbeiten und neu zu schneiden, neue Versionen für neue Vorführungen zu erstellen und schließlich auch die eigenen Werke mit anderen

---

1 Siehe sogar auf Videokunst spezialisierten Messen wie zum Beispiel Loop – Video Art Fair in Barcelona, die seit 2004 jährlich stattfindet.

zu tauschen. Das Resultat dieser Praxis des Kopierens und Editierens ist heute eine oft verworrene Materiallage.

Frieling, Herzogenrath, 2006, S. 012f.

RUDOLF FRIELING, Jahrgang 1956, studierte englische Literatur, Philosophie, Sozialwissenschaft und Kunstgeschichte an der Freien Universität Berlin, Dozent am Zentrum für Kunst und Medientechnologie Karlsruhe (ZKM), Leiter des Forschungsprojekts »Medien Kunst Netz« des ZKM.

WULF HERZOGENRATH, Jahrgang 1944, studierte Kunstgeschichte, Archäologie und Volkskunde in Kiel, 1977 und 1987 Mitarbeit an der documenta 6 und 8 in Kassel, seit 1994 Direktor der Kunsthalle Bremen, sei 1995 auch Honorar-Professor an der Hochschule für Künste, Bremen, seit 2006 Mitglied der Akademie der Künste, Berlin, Sektion Bildende Kunst.

1.3.9   Das Geheimnis moderner Kunst

Boris Groys: Wie kommt eine Schneeschaufel ins Museum?

Warum finden wir nichts dabei, ein Häufchen Reis als Kunstwerk zu betrachten? In der Moderne weckt jeder alltägliche Gegenstand den Verdacht, dass sich hinter seiner Oberfläche ein Geheimnis verbergen könnte.

Alles, was uns die mediale Oberfläche zeigt, steht automatisch unter Verdacht. Dabei   5
ist dieser Verdacht keine »subjektive Einstellung« des Betrachters, die willentlich verändert werden könnte, sondern für den Akt der Betrachtung als solchen konstitutiv: Wir können nicht betrachten, ohne zu verdächtigen. [...]
Die ganze Welt der Medien steht für uns unter dem Verdacht der Manipulation. Ihre Zeichen werden von uns notwendigerweise als Indizien interpretiert, die auf ein ver-   10
borgenes Verbrechen hindeuten. Nicht zufällig ist der Krimi das eindeutig führende Genre der Gegenwartskultur – sei es in Literatur, Film oder Fernsehen. Nur ein Kunstwerk, das wie ein Krimi aufgebaut ist, hat heute Erfolg. Unsere heutige Kultur ist die Kultur der medialen Verbreitung. Und dabei: Nur die Formulierung oder Bestätigung eines Verdachts lässt sich in dieser Kultur schnell genug verbreiten, denn nur der Ver-   15
dacht scheint uns gleich auf den ersten Blick glaubwürdig, überzeugend zu sein. Der eigentliche Held der medialen Kultur ist der Privatdetektiv, der ständig nach neuen Indizien sucht, die seine Verdächtigungen bestätigen könnten. Der Privatdetektiv ist der symbolische Vertreter der medialen Öffentlichkeit – er verkörpert den Verdacht, der das Verhältnis dieser Öffentlichkeit zu den Medien als solchen definiert.   20

Groys, unter Verdacht, 2008, S. 218f.

Arbeitsanregungen

22. Beschreiben Sie den Begriff Videokunst und suchen Sie nach inhaltlichen Verbindungen zu den Texten von Benjamin (S. 27) und Groys (S. 29).

23. Beschreiben Sie die Vorstellung von moderner Kunst, die Groys im Text „Wie kommt eine Schneeschaufel ins Museum" (S.33) darstellt. Wie sieht er die Haltung des Betrachters?

24. Versuchen Sie ebenfalls Parallelen zu den Texten von Benjamin (S. 27) und Groys (S. 29) herzustellen.

1.3.10   Kunst und Museum

„Das Museum ist ein Laboratorium für das Bewusstsein"

Der ehemalige Direktor des Museums MARTa, Jan Hoet,
über die heutige Rolle der Kunst

JAN HOET *in der Ausstellung „Die Hände der Kunst" (im Museum MARTa 2008)*

Im ostwestfälischen Herford hat er das
5 Museum *MARTa* für Kunst, Design und
Architektur begründet, in Kassel machte
er sich 1992 als Leiter der Weltkunstausstellung *documenta IX* einen internationalen Namen, in Gent leitete er seit 1975
10 das *Stedelijk Museum voor Actuele Kunst
(S.M.A.K.):* JAN HOET – ein Kunstliebhaber
und Kommunikator, unermüdlich damit
beschäftigt, sich für die Belange junger
Künstler einzusetzen und die Gegen
15 wartskunst dem Publikum zu erklären.
Im Gespräch mit dem Autor beantwortet er auch die Frage, warum Erzieher und Erzieherinnen heute mit Kindern und Jugendlichen ins Museum gehen sollten.

■ *Herr Hoet, wir leben in einem permanenten Wandel und mit Krisen – politischen, ökologischen, finanziellen. Viele sagen, man müsse darin auch eine Chance sehen. Welche*
20 *Rolle spielt in diesem Zusammenhang die Kunst?*

JAN HOET: Shakespeare ist auch in einer Krise groß geworden. In einer Krise kann man
seine Kreativität checken. In der Kunst macht sich der Mensch frei von Ängsten, von
Tabus, von Regeln. Es gibt einen Konflikt zwischen dem Individuellen und dem Kollektiven. Das Individuelle des Künstlers hat einen Universalappell an das Kollektiv; die
25 Künstler sind der Spiegel der Gesellschaft und zeigen, was die Gesellschaft aber eigentlich nicht sehen will. Sie sind die Stimme in der Wüste.

■ *Welche Chancen und Risiken sehen Sie in den Veränderungen durch die Medien oder die neuen Kommunikationsformen, wie sie das Internet bietet, für die Kunst?*

JAN HOET: Die jungen Leute verstehen die Medien besser als z. B. unsere Generation, mit Internet, mit YOUTUBE usw. Ich kenne z. B. SUPERFLEX, eine Medienkunstgruppe in Dänemark. Die haben einen Film gemacht von 20 Minuten. Im Bild sieht man ein McDonalds-Geschäft[1]. Sie setzen das unter Wasser. Nach 20 Minuten steht es vollkommen unter Wasser. Wunderschön, unglaublich. Das ist eine kritische Stimme gegen das Entertainment-Fernsehen, das wir haben und eine Kritik auf das, was uns das Fernsehen zu bieten hat. Wenn wir 37 Kanäle haben im Fernsehen, die meisten haben mindestens 37 Kanäle, davon machen 20 nur Werbung. Wie kann man sich das nur ansehen.

■ *NAM JUNE PAIK sagte in den 70er-Jahren: „Wie die Collagetechnik die Ölmalerei verdrängt hat, wird die Kathodenstrahlröhre die Leinwand ersetzen." – Würden Sie diesem Satz heute – 39 Jahre später – noch zustimmen?*

JAN HOET: Noch immer ... Natürlich ist Malerei auch interessant. Man darf nicht vergessen, die Malerei bietet einen Zugang zur Geschichte. Sie versucht sich immer zu wiederholen. Nicht wiedererkennen, sondern wiederholen: Malerei versucht immer, das, was wir 4000 Jahre kennen, trotzdem immer wieder neu zu fassen oder neu zu gestalten. Die Fotografie hat sich ja auch total verändert, besonders jetzt durch die digitalen Techniken. Medienkunst und Malerei ergänzen, komplettieren sich heute.

■ *Boris Groys spricht in seinem Buch „Unter Verdacht – Eine Phänomenologie der Medien" davon, dass nur „ein Kunstwerk, das wie ein Krimi aufgebaut ist, heute Erfolg hat. [...] In der Moderne weckt jeder alltägliche Gegenstand den Verdacht, dass sich hinter seiner Oberfläche ein Geheimnis verbergen könnte. – Unsere heutige Kultur ist die Kultur der medialen Verbreitung." Wie kann man als Ausstellungsmacher – als „Privatdetektiv", wie Groys sagt – diesem Verdacht begegnen und der heutigen Kunstöffentlichkeit diese Geheimnisse vermitteln?*

JAN HOET: Ich versuche immer, wenn ich eine Ausstellung mache, die Ausstellung zu sehen als eine Quelle, woraus Kunst entstanden ist. Was sind die Hintergründe von Kunst? Die Hintergründe von Kunst findet man nicht in der akademischen Kunst. Man findet die Hintergründe in den tabuisierten Regionen. Das, was durch Gott verboten ist, das, was durch die Gesellschaft verboten ist – das sind die Quellen, weil das immer eine kritische Position ist. Wenn man von der Akademie ausgeht, dann hat man nicht die richtigen Quellen. Beispielsweise WALTER DE MARIA: Der *Vertikale Erdkilometer* auf der *documenta 6*: Das ist eine Negation des Raumes, der Raumerfahrung. Das muss man verstehen: Kunst ist immer Negation. Oder bei meinem Projekt *Chambres d'amis*[2], ich wollte den Raum im negativen Sinne erfahren lassen, indem die Künstler die Häuser verändert haben. Kunstvermittlung heißt, die Quellen der Kunst erfahrbar zu machen.

---

1 SUPERFLEX: FLOODED MCDONALDS, http://www.superflex.dk/

2 *Chambres d'amis* war eine Ausstellung für Gegenwartskunst in Privathäusern in Gent. Für eine gewisse Zeit wurde mit diesem sensationellen Ausstellungskonzept die Grenze zwischen Kunst und Alltag aufgehoben.

65 ■ *Was würden Sie jungen Leuten sagen, ist wichtig an der Kunst allgemein – aber eben-*
so an der gegenwärtigen Kunst?

JAN HOET: Wir müssen versuchen, … was würden sie machen, wenn sie eine Zeichnung
machen? Wenn ein Kind eine Zeichnung macht: Wo fängt es an? Beim Papier, was es
auswählt. Was würden sie auswählen? Ein Papier, das sie kennen oder ein Papier, das
70 sie nicht kennen? Das ist das Erste. Was ist ein Papier, das du nicht kennst? Das ist ein
Papier, das du auf der Straße findest oder eine Zeitung von vorgestern, die man als
Trage benutzt. Oder ein Nichtstandard-Format. BEUYS z. B., er hat Papiere benutzt, die
er gefunden hat, Fundstücke, darauf hat er gezeichnet. … Wie kann man sich freima-
chen von dem, was man wiedererkennt, wo kann ich deine Individualität spüren? Was
75 ist dein Format? Was ist deine Farbe? Was ist deine Linie? Wie machst du die Linie? Mit
welchem Material machst du die Linie? … Ich muss dich in der Zeichnung erkennen
können. Ich muss nicht wiedererkennen, was ich weiß.

■ *Warum sollten Erzieher und Erzieherinnen heute mit Kindern und Jugendlichen ins*
Museum gehen?

80 JAN HOET: Nur um Fragen zu stellen. Das ist das Erste. Fragen an sich selber und an die
Gesellschaft. Was zu unserer Gesellschaft gehört, und was nicht. Und wie der Künstler mit allem umgeht. Jedes Kunstwerk in einem Museum ist wie eine Geburt; es ist
etwas Neues, etwas Anderes. Im Museum wird man mit ungewohnten Dingen konfrontiert. Das muss man lernen.

85 ■ *Wie muss heute das Museum organisiert sein, um junge Leute erreichen zu können?*
Sollte man Trends aufgreifen oder eine Oppositionshaltung im Kunst-/Kulturbetrieb
pflegen?

JAN HOET: Jedes Museum muss eine Opposition, aber auch ein Reflexionsort sein. Das
Museum ist eine Bewusstseinsindustrie, ein Laboratorium für das Bewusstsein. Man
90 muss aus seiner eigenen kleinen Welt kommen und sie im Museum erweitern können.
Dazu dient das Museum.

■ *… und wie bekommt man die jungen Leute ins Museum?*

JAN HOET: Ich glaube noch immer, das Beste wäre, wenn die jungen Leute selbst initiativ
würden, ein Museum zu besuchen. Ohne Gruppe. Sie müssen lernen, sich allein mit
95 den Problemen zu befassen. Sie gehen in ein Museum, stehen da allein, haben keine
Hilfe: Sie stehen da wirklich hilflos. Mit dieser Hilflosigkeit müssen sie sich konfrontieren, das finde ich das Wichtigste. Ich bin zufrieden, wenn ich hilflos bin, dann bin ich
glücklich, weil ich dann konstruiere. Identität hat man nicht, Identität muss man konstruieren. Das hat auch etwas mit Kreativität zu tun.

100 ■ *Vielen Dank für das Gespräch.*

Cieslik-Eichert, Das Museum, 2009

JAN HOET, geb. am 23. Juni 1936 in Löwen, Belgien, studierte Kunstgeschichte und Archäologie, ist als Kunsthistoriker und Ausstellungskurator auch als künstlerischer Berater des
Königs und der Königin von Belgien tätig.

25. Beschreiben Sie mit eigenen Worten Jan Hoets Auffassung von Kunst, Kunstausstellungen und Museen.

26. Welche Bedeutung sieht er in dem Verhältnis von Kunst und Medien?

27. Welche Impulse lassen sich aus diesem Interview für die erzieherische Praxis gewinnen?

1.4 Arbeitsmaterialien: Künstlerinnen und Künstler im Umgang mit Medien

1.4.1 Das Bild von der Künstlerin und vom Künstler

Kunstproduktion im Wandel der Zeit: Caspar David Friedrich *(1774-1840) in seinem Atelier, gemalt im Jahre 1812 von* Georg Friedrich Kersting *(1785-1847) (links oben); der amerikanische Maler* Jackson Pollock *(1912-1956) bei der Ausübung der von ihm erfundenen Dripping-Technik, die er bei seinen großformatigen Malereien einsetzte (rechts oben), das Künstlerehepaar* Jean Claude *und* Christo

Die unterschiedlichen Wege zur Kunst: Der Künstler
Name June Paik (1936-2006) in seinem Videolabor; der
Komponist Karlheinz Stockhausen (1928-2007) im Studio
für Elektronische Musik am Westdeutschen Rundfunk (WDR) in Köln im Jahre 1991 (rechts).

Die Kunst unterliegt einem permanenten Wandel: Die gesellschaftliche Funktion der Kunst ändert sich, die Rolle des Künstlers ebenso. Wurden Künstler im Mittelalter als Handwerker, in der Renaissance und im Barock als Hofkünstler wahrgenommen, so entwickelte sich mit der Aufklärung um 1800 das Künstlerbild vom autonom schaffenden künstlerischen Genie, das die Themen und Techniken selbst bestimmen konnte. Heute lässt sich ein einheitliches Bild des Künstlers bzw. der Künstlerin nur schwer entwerfen. Die Bühne der zeitgenössischen Kunst hält für ihre Akteure unterschiedliche Rollen bereit: Sie sind individuelle Künstlerinnen und Künstler im traditionellen Genre von Malerei, Grafik, Plastik und Skulptur, Aktions- und Videokünstler oder jetzt auch Medien- oder Netzkünstler. Dabei sahen und sehen viele ihre Aufgabe darin, über gesellschaftliche Themen aufzuklären, sich politisch einzumischen oder mit aufsehenerregenden Provokationen das Publikum zu schockieren.

Durch diese permanente Veränderung der Kunst verändert sich das Bild, das wir vom Beruf der Kunstschaffenden haben: Wir sehen die Künstlerin/den Künstler nicht mehr als einsames „Genie", so wie Caspar David Friedrich noch von Georg Friedrich Kersting in seinem Atelier

*Ein Künstler – verschiedene Rollen: Jonathan Meese (*1970) als Maler und Aktionskünstler*

porträtiert worden ist, das fern von gesellschaftlichen Normen und Zwängen in abgeschiedener Freiheit und Autonomie arbeitet. Jackson Pollock beispielsweise arbeitete auch noch als individueller Künstler, revolutionierte aber die Malerei, indem er die *Dripping-Technik* erfand und mit seinen *All-over-Paintings* einen berühmten Beitrag zum abstrakten Expressionismus in Amerika leistete. Andere Kunstschaffende können ihre Projekte gar nicht mehr allein bewerkstelligen. Man denke dabei beispielsweise an die Verhüllung des Reichstages in Berlin 1995 durch das Künstlerehepaar Jean-Claude und Christo. Die Künstlerin und der Künstler sind hier die Ideengeber oder die Planer und Regisseure dieser Kunstaktion – die Ausführung wird von Spezialistinnen und Spezialisten des Mitarbeiterteams vorgenommen. Wiederum andere wie Nam June Paik oder der Komponist Karlheinz Stockhausen provozieren als Komponist oder Happeningkünstler neue Seh- und Hörerlebnisse beim Betrachter.

Neben Künstlerrolle und Künstlerbild ändert sich auch die künstlerische Produktionsweise. Mit welchen Medien haben die Kunstschaffenden früher gearbeitet? Die Kunstproduktion hängt ganz entscheidend von den gesellschaftlichen Möglichkeiten, den technischen Voraussetzungen und den ökonomischen Bedingungen der Künstlerin/des Künstlers ab: Jede Kunstpraxis hat ihre Zeit – und jede Zeit bietet neue Herausforderungen, die gesellschaftlich verfügbaren technischen Neuerungen auch für die ästhetische Auseinandersetzung mit den Problemen der Zeit zu nutzen. Die Bildproduktion der Kunst bezieht sich immer auf die jeweils aktuellen Medien der Zeit. Jede Epoche bringt ihre jeweils zeitgenössischen Ausdrucksweisen und künstlerischen Bildsprachen hervor. Früher standen lediglich die Bildmedien Leinwand und Farbe, Kupferplatte und Papier sowie Stein oder Bronze für den plastischen Bereich zur Verfügung. Im Laufe der Zeit sind Fotografie und Film, später dann die elektronischen und digitalen Medien mit den entsprechenden Kommunikationsmedien hinzugekommen. Da Künstler/-innen immer permanent auf der Suche nach neuen Themen und Ausdrucksformen sind, versuchen sie auch, aus dem großen Reservoire des Technikangebots spezifische Möglichkeiten für ihre subjektiven Anliegen auszuwählen und auszuprobieren. Der Videokünstler Nam June Paik hat das in den 70er-Jahren so formuliert: „Wie die Collagetechnik die Ölmalerei verdrängt hat, wird die Kathodenstrahlröhre die Leinwand ersetzen." (Nam June Paik, zitiert nach Martin, 2006, Umschlag). Man ist geneigt, dieses Zitat zu ergänzen und auf die Neuerungen der digitalen Bildmedien, die Netzkunst und die Kommunikationsstrukturen des Internets zu erweitern.

Die Künstlerin/der Künstler auf der Suche nach neuen Techniken und Produktionsmethoden versucht seine Arbeitsweise ständig den neuen Gegebenheiten anzupassen: Heute werden technische Hilfsmittel benutzt und Ausdrucksformen entwickelt, die beispielsweise vor 100 Jahren noch unbekannt und undenkbar waren: Videokameras, Digitaldrucker, Computer oder Internet. Die eher als klassisch geltenden „Medien" Malerei, Skulp-

In seinem Berliner „Wissensproduktionsstudio": Olafur Eliasson *(*1967)*

tur, Plastik, Druckgrafik und die neuen Ausdrucksformen wie Happening, Performance, Aktion, Videoinstallation oder Netzkunst sind zeitgleich nebeneinander anzutreffen. Das Atelier der Kunstschaffenden ist nicht mehr die Werkstatt, in dem die Malerin oder der Maler allein vor einer Staffelei steht und seine Landschaft und sein Porträt malt. Es wurde zu einer *Factory* entwickelt, wie sie von ANDY WARHOL (1928-1987) in den 60er-Jahren als Kunstfabrik und Experimentierfeld betrieben wurde, in der Kunst kollektiv entworfen und produziert wird.

„Eliasson selbst betont bei Ortsterminen in seinem Studio immer wieder, wie wichtig ihm die Atmosphäre in der Gemeinschaft dort ist. [...] Es gibt hier eine besondere Idee von Teamwork, für die die Leute sehr sensibel sind, sie wissen, woran ich glaube, was ich für Werte verfolge – und es geht um die gemeinsame Produktion von Wissen in diesem System des Studios. [...] Sein Wissensproduktionsstudio führt er dabei teilweise so ähnlich wie ein vielbeschäftigter Architekt: Seine Mitarbeiter entwickeln Projekte, oft auch sehr autonom, der Chef wählt aus."

Buhr, 2009, S. 50

Arbeitsanregungen

1. Sehen Sie sich die Bilder der Kunstschaffenden an und diskutieren Sie die Unterschiede, die durch die unterschiedlichen Porträts zum Ausdruck kommen.

2. Reflektieren Sie anhand der Abbildungen den Zusammenhang von Produktionsweise von Kunst und der jeweiligen Zeit.

3. Überlegen Sie in Ihrer Arbeitsgruppe, welches Bild von Künstlern/-innen Sie bislang kennengelernt haben.

1.4.2 Beispiele bildnerischer Produktion

Fragmentierung und Offenbarung: Collage – Montage – Décollage

Mit dem Prinzip Collage bezeichnet man seit Beginn des letzten Jahrhunderts ein Bildverfahren, bei dem unterschiedliche Fragmente der Wirklichkeit, gefundene oder veränderte Materialien unterschiedlicher Herkunft in eine neue Bildkomposition eingefügt werden. PABLO PICASSO (1881-1973) und GEORGE BRAQUE (1882-1963) haben bereits 1912 in ihrer kubistischen Phase mit diesem Bildprogramm experimentiert: Tapetenreste, Zeitungsausschnitte, bedruckte Papiere oder Holzreste arrangierten und klebten sie zu einem neuen Ganzen zusammen. Das war in der damaligen Zeit deshalb neu, weil durch das freie Zusammenfügen der Materialien neue bildnerische Spannungen erzeugt werden konnten, die auch zum Ausdruck brachten, dass die bildnerischen Mittel nicht mehr ausschließlich einem formgebenden Ordnungsprinzip zu gehorchen haben, sondern für sich in ihrer eigenen Materialität existieren.

Der Medientheoretiker MARSHALL McLUHAN[1] (1911-1980) untersuchte die Kunst der klassischen Avantgarde und schreibt in seinem Buch *Die magischen Kanäle/Understanding media* über den Kubismus, dass durch die besonderen bildnerischen Verfahren der Collagetechnik – Reduktion, Fragmentierung, Zerschneidung, Zusammenfügen nach frei gewählten Strukturen und Formprinzipien – die Ganzheitlichkeit des Bildes und die dreidimensionale Illusion von körperlich-räumlicher Darstellung zerstört

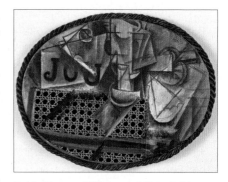

Pablo Picasso: Stillleben mit Rohrstuhlgeflecht, Paris 1912.
Öl/Wachstuch auf mit Schnur gerahmter Leinwand

wird. Durch diesen Vorgang werden die bildnerischen Verfahren sichtbar und die Grenzen dieses Mediums – in diesem Fall der Malerei – aufgezeigt.

„Mit diesem Griff nach dem unmittelbaren, totalen Erfassen verkündete der Kubismus plötzlich, dass das Medium die Botschaft ist."

McLuhan, 1970, S. 19

McLUHAN hat seinen Satz *Das Medium ist die Botschaft* hier von der Kunst des Kubismus zu Beginn des letzten Jahrhunderts abgeleitet, um zu zeigen, dass neben der Intention eines Kunstwerks auch die gewählten Medien selbst eine Aussage haben. Genauer ist mit dieser Formulierung gemeint, dass ein/-e Künstler/-in (mit einem Gedicht, einem Roman, in der Malerei, Fotografie, Grafik oder Theater und Film) eine subjektive Aussage macht und das Medium zeitgleich auch eine eigene Aussage vermittelt, wobei der/die Künstler/-in selbst wenig Einfluss auf diese Aussage des Mediums hat. Es entsteht also eine Doppelbödigkeit in der künstlerischen Botschaft: Es gibt die Botschaft der Künstlerin bzw. des Künstlers und die Botschaft des Mediums selbst.

„Die Abkehr der modernen Kunst von der Referentialität, von der Mimesis[2] war kein Akt der individuellen Willkür, sondern eine Folge der systematischen Suche nach der Wahrheit des Medialen – nach der medialen Aufrichtigkeit, bei der sich das Medium, das sich üblicherweise hinter der intendierten Mitteilung verbirgt, so zeigt, wie es ist."

Groys, 2000, S. 94

---

1 Marshall McLuhan (1911-1980), kanadischer Medientheoretiker, Kommunikations- und Literaturwissenschaftler

2 Referentialität = Bezugnahme; Mimesis = ursprünglich das Vermögen, mittels einer körperlichen Geste eine Wirkung zu erzielen, Nachahmung

Die Entwicklung der Collage jener Zeit ist also zu verstehen als künstlerische Strategie, die Botschaft des Mediums selbst offenzulegen und seine Strukturen zu zeigen. Was hier auf die Betrachtung des Kubismus, die künstlerische Avantgarde des letzten Jahrhunderts bezogen wird, ist in gleichem Maß auf die heutigen Medien anzuwenden. In den Anfängen der Collagekunst benutzten die Kunstschaffenden die ihnen zur Verfügung stehenden Medien – Leinwand, Farbe und die Alltagsmaterialien als assoziierende Elemente. Heute stehen die künstlerischen Medien eher im Kontext von Fernsehen, Film, Video und Internet. Für die Betrachtung des grundsätzlichen Verhältnisses von Kunst und Medien ist die technische Form und die gesellschaftliche Konsumierbarkeit weniger relevant; die Frage nach der Beziehung von medialer Erscheinung und der vermittelten Selbstaussage des Mediums ist unabhängig von der zeitgenössischen Zuordnung der Medien zu beantworten.

Kurt Schwitters

Nahezu zeitgleich mit dem Kubismus entstand eine Kunstrichtung, die mit dem Begriff Dadaismus[1] bezeichnet wurde. Es war eine literarisch-künstlerische Bewegung, die 1916 im Züricher CABARET VOLTAIRE entstand und sich als Anti-Kunst verstand. Die bürgerliche Kultur und ihre Wertvorstellungen, die besonders durch den Ersten Weltkrieg fragwürdig geworden waren, sollten durch die Ironisierung der Formen der Kunst kritisiert werden. Die politische und gesellschaftliche Ungewissheit jener Zeit brachte die Gruppe der Dadaisten in ihren Werken auf unterschiedliche Weise zum Ausdruck. Der Philosoph WALTER BENJAMIN schreibt dazu:

„Der Dadaismus versuchte, die Effekte, die das Publikum heute im Film sucht, mit den Mitteln der Malerei (bzw. der Literatur) zu erzeugen. [...] Auf die merkantile Verwertbarkeit ihrer Kunstwerke legten die Dadaisten viel weniger Gewicht als auf ihre Unverwertbarkeit als Gegenstände kontemplativer Versenkung. Diese Unverwertbarkeit suchten sie nicht zum wenigsten durch eine grundsätzliche Entwürdigung ihres Materials zu erreichen. Ihre Gedichte sind »Wortsalat«, sie enthalten obszöne Wendungen und allen nur vorstellbaren Abfall der Sprache. Nicht anders ihre Gemälde, denen sie Knöpfe oder Fahrscheine aufmontierten. [...] In der Tat gewährleisteten die dadaistischen Kundgebungen eine recht vehemente Ablenkung, indem sie das Kunstwerk zum Mittelpunkt eines Skandals machten. Es hatte vor allem einer Forderung Genüge zu leisten: öffentliches Ärgernis zu erregen.
Aus einem lockenden Augenschein oder einem überredenden Klanggebilde wurde das Kunstwerk bei den Dadaisten zu einem Geschoß. Es stieß dem Betrachter zu. Es gewann eine taktile Qualität. Damit hat es die Nachfrage nach dem Film begünstigt, dessen ablenkendes Element ebenfalls in erster Linie ein taktiles ist, nämlich auf dem Wechsel der Schauplätze und Einstellungen beruht, welche stoßweise auf den Beschauer eindringen. Man vergleiche die Leinwand, auf der der Film abrollt, mit der Leinwand, auf der sich das Gemälde befindet. Das letztere lädt den Betrachter zur Kontemplation ein; vor ihm kann er sich seinem Assoziationsablauf überlassen. Vor der Filmaufnahme kann er das nicht. Kaum hat er sie ins Auge gefaßt, so hat sie sich schon verändert. Sie kann nicht fixiert werden."

Benjamin, 1980, S. 501f.

---

1 Dadaismus abgeleitet nach frz. dada = „Holzpferdchen"

Neben Richard Huelsenbeck, Raoul Hausmann, Hannah Höch, George Grosz in Berlin gehörte Kurt Schwitters[1] in Hannover zu den deutschen Vertretern dieser Kunstrichtung, die eigentlich ja keine sein wollte. Ihr Verhältnis zu den Medien der damaligen Zeit war recht ungezwungen: Aus den Zeitschriften und Fotografien schnitten sie alles heraus, was für ihre Collagen und Montagen wichtig und brauchbar war. Dieses Verfahren kam auch Kurt Schwitters sehr gelegen: In seine MERZ-Zeichnungen und MERZ-Bilder klebte, nagelte und integrierte er alles, was die Tageszeitung, die Reklame oder andere zeitgenössische Publikationen ihm anboten. Mit der Bezeichnung MERZ, ein Ausschnitt aus dem Wort „KomMERZ und Privatbank", fasst Kurt Schwitters die Gesamtheit seines Schaffens zusammen. Es bildet das verbindende Markenzeichen, die Philosophie seiner Arbeit:

„MERZ bedeutet Beziehungen schaffen, am liebsten zwischen allen Dingen der Welt."

Schwitters, S. 43, zitiert nach: Büchner, 1986, S. 10

Kurt Schwitters Collagen waren vorrangig aus alltäglichem Material zusammengesetzt und mit Farbe bearbeitet; aber auch die Fotografie spielt in seinen Arbeiten eine wichtige Rolle, so auch in dem „Bäumerbild" von 1920:

*Kurt Schwitters: **Das Bäumerbild, 1920, Collage, bemalt 17,4 x 21,1 cm***

---

1 Kurt Schwitters, wurde 1887 in Hannover geboren und starb 1948 in Ambleside (England) im Exil.

„Schwitters' Bilder erhalten im Allgemeinen ihre Titel von einem Schlüsselwort und einem Bild innerhalb des Werkes, die die Funktion eines „pars pro toto" haben. So wurde *Das Bäumerbild* nach dem Mann auf dem Foto genannt, dem Schriftsteller Ludwig Bäumer (1888-1928). Damit wird das Werk in gewissem Sinne zum MERZ-Porträt, Schwitters' Bezeichnung für ein Bildnis, das mit Hilfe von nichtkünstlerischem Material einem künstlerischen Prozess unterworfen wird.

In *Das Bäumerbild* entwickelt sich die Bildsprache auf der Grundlage eines politischen Pamphlets, das auf die Bildfläche aufgeklebt ist. Die symbolhafte Formel, die der optische Schlüssel zu diesem Werk ist, findet sich in dem zentral eingefügten Tisch, der mit schweren schwarzen Linien auf den Untergrund gezeichnet ist. Ein schwarz umrandeter roter Kreis und die verschwommene Darstellung eines Blumenstraußes lassen auf der Tischplatte eine Art kubistisches Stillleben entstehen. Direkt darunter hat Schwitters in kursiven Buchstaben die Artikel „das" und „der" geschrieben. Die fragmentarische Fotografie des Mannes in Uniform, mit intensiv aus dem Bild gerichtetem Blick, überschneidet den Tisch teilweise auf der linken Seite. In Höhe seiner Hüfte erscheint ein rotes Dreieck, auf seiner Brust ist ein schwarzes, kugelförmiges Objekt befestigt. Auf der rechten Seite wird der Tisch flankiert von einer Frau, deren Kopf und Hand, in der sie eine Blume trägt, ebenfalls aus einer Fotomontage bestehen.

Der verbale Schlüssel zum Werk ist das Satzfragment „Vereinigung für", das in großen schwarzen Lettern am unteren Bildrand erscheint. Seine Bedeutung ist doppelsinnig: Es steht einmal für den teilweise verdeckten Begriff „Vereinigung für den Rechtsfrieden", zum anderen wird es von Schwitters zur „Vereinigung für ...eden" manipuliert.

Der Schlüssel zur zweiten Bedeutungsebene des Werkes liegt in der Identität der beiden Figuren und ihrer Beziehung zueinander. Ein wichtiges Element ist dabei Bäumers politisches Engagement in der „Bremer Räterepublik", das die öffentlichen und privaten Ebenen des Bildes miteinander verbindet. Schwitters versieht seinen Freund mit einer Bombe und stellt ihn damit in Zusammenhang mit den politischen Auseinandersetzungen seiner Zeit. Als im Januar 1919 die „Sozialistische Republik von Bremen" proklamiert wurde, war Ludwig Bäumer einer der neun Männer, die in den ‚Rat der Volksbeauftragten' berufen wurden. Schon im Februar zerschlug die Reichswehr unter Noske die Räterepublik, dreißig Arbeiter und Soldaten starben, und Bäumer wurde verhaftet."

Nill, 1986, S. 126

Hannah Höch

HANNAH HÖCH war befreundet mit RAOUL HAUSMANN und beteiligte sich mit zwei Fotocollagen an der „Ersten internationalen Dada-Messe" 1920 in Berlin. Eine der beiden Arbeiten ist die großformatige Fotomontage *Schnitt mit dem Küchenmesser Dada durch die letzte Weimarer Bierbauchkulturepoche Deutschlands*:

Hanna Höch: Schnitt mit dem Küchenmesser Dada durch die letzte Weimarer Bierbauchkulturepoche Deutschlands, 1919/1920; Collage, 114 x 90 cm; Berlin, Nationalgalerie, Staatliche Museen zu Berlin; © VG Bild-Kunst, Bonn 2007

Thematisiert werden „die Widersprüche und die Vielfalt des politischen und kulturellen Geschehens der Zeit. Als Fotos sind Persönlichkeiten vertreten wie der abgedankte Kaiser Wilhelm II., der Physiker Albert Einstein, der russische Revolutionär Lenin, der Feldmarschall Hindenburg, die Dichterin Else Lasker-Schüler oder der Stummfilmstar Asta Nielsen und nicht zuletzt die Berliner Dada-Gruppe selbst. In die untere rechte Ecke fügt Höch neben den ausgeschnittenen Köpfen der Filmschauspielerin Greta Garbo und der Künstlerin Käthe Kollwitz eine Europakarte ein, in der die Länder hervorgehoben sind, in denen das Frauenwahlrecht endlich eingeführt worden ist. Das „Küchenmesser" im Bildtitel verweist auf das alltägliche Handwerkszeug der Hausfrau, auch darauf, dass die Collage auch ein weiblicher Kommentar zu den Zeitumständen ist und zum Rollenbild der Frau."

Fröscher, 2007, S. 5

HANNAH HÖCH wurde 1889 in Gotha geboren. Sie war die einzige Künstlerin, die in der damaligen Berliner Dada-Szene bekannt geworden war. Sie starb 1978 in Berlin.

Die Entdeckung der zeitkritischen Fotomontage war für die Dadaisten von entscheidender Bedeutung: Mit zerschnittenen Fotos und Zeitungsausschnitten verfremdeten und kombinierten sie Bilder, die die aktuelle politische Situation kommentierten und kritisierten.

Wolf Vostell

WOLF VOSTELL machte sich bereits in den 50er-Jahren die Ausdrucksform der Décollage zu eigen und begann Fragmente von abgerissenen Plakatwänden in seine Arbeiten zu integrieren, später dann folgten übermalte Fotomontagen mit gesellschaftspolitischer Thematik. Als WOLF VOSTELL in einer Pariser Tageszeitung den Begriff Décollage in der Überschrift eines Artikels über den Absturz eines Flugzeugs beim Starten liest, nimmt er diesen Begriff

Raoul Hausmann und Hannah Höch in der „Ersten internationalen Dada-Messe" 1920 in Berlin

als Schlüssel für eine Kunst: Dé-coll/age versteht er als Absturz im Aufsteigen, Scheitern am Anfang einer Gestaltung. Mit dem Begriff Dé-coll/age[1] bezeichnet er seine gesamten Arbeiten und knüpft damit an die Arbeits- und Aktionsformen der Gruppe der Dadaisten an – der Überwindung der Trennung von Kunst und Leben („Kunst ist Leben; Leben kann Kunst sein."), dargestellt als Multimedia-Gesamtkunstwerk zur Interpretation der Gegenwart.

Das Prinzip Décollage geht auf die Künstlergruppe der *Affichisten*[2] innerhalb der Bewegung *Nouveau Réalisme*[3] zurück. FRANÇOIS DUFRÊNE, RYMOND HAINS, MIMMO ROTELLA und JACQUES VILLEGLÉ gehörten dieser Gruppe an und hatten, wie im Dadaismus üblich das Interesse am Abreißen und/oder Zerreißen von Papier entdeckt, wenn auch unter anderen Voraussetzungen. Die *Affichisten* sammelten in der Stadt Plakatfragmente, die von fremder Hand oder anonymen Passantinnen oder Passanten zerstört worden waren und deklarierten sie als Kunst. Die Kunstschaffenden der Nachkriegsgeneration hatten kein politisches Anliegen, sondern traten der Realität ohne jegliche Idealisierung und kritische Absicht gegenüber. Sie „erfinden sich selbst auf einem künstlerischen Gelände, das sie als jungfräulich ansehen, im historischen Bruch mit jeder Vergangenheit und in der Überzeugung, am Punkt „Zero" anzufangen."[4] Mit dem Prinzip der Décollage stellen sie die individuelle Arbeit der/des Künstlers/-in in Frage, indem sie für die Entstehung der künstlerischen Form allein den Zufall und die Einwirkung unbekannter Kräfte gelten lassen. JACQUES VILLEGLÉ schreibt:

---

1 Wolf Vostell legte Wert auf die lexikalische Schreibweise des Wortes Dé-coll/age
2 Affichage = (frz.) Plakatwerbung; Affiche (frz.) = Anscglagzettel, Aushang, Plakat
3 Nouveau Realisme = Neuer Realismus
4 Stelle, 2007, S. 31

WOLF VOSTELL: Große Sitzung mit da, 1961, 200 x 120 cm

WOLF VOSTELL, der 1932 in Leverkusen geboren wurde, wirkte an zahlreichen Happenings in New York, Berlin, und anderen Städten mit. Ebenso stellte er in bedeutenden Museen und Galerien aus. Er gilt als einer der zentralen Künstler Deutschlands in der zweiten Hälfte des 20. Jahrhunderts. VOSTELL Starb 1998 in Berlin.

„In dem Klima kultureller Unter-Information der Nachkriegszeit distanzierte ich mich vom Akt des Malens oder Klebens. Meiner Ansicht nach sollte die Abwesenheit von Absichten und jeder vorgefassten Idee nicht nur für mich, sondern in der ganzen Welt zu einer unerschöpflichen Quelle von Kunst werden, einer Kunst, die der Museen wirklich würdig ist. Das Ergebnis der mechanischen, aggressiven Geste irgendeines Passanten, der Plakate abreißt, sollte zu denken geben und auf dieselbe Ebene gestellt werden wie die Tyrannei der Begabung, die beim gebildeten Menschen das Bedürfnis weckt, an Formen Befriedigung zu finden."

Jacques Villeglé, zitiert nach Stelle, 2007, S. 32

Mimmo Rotella: Marilyn Monroe, 1963, 125 x 95 cm; Jacques Villeglé, Beauburg Paris 3', 1960 (rechts)

Arbeitsanregungen

4. Klären Sie die Bildprinzipien der Collage und Décollage. Was sind die wichtigsten Merkmale dieser Arbeitsweisen?

5. Analysieren Sie die Beziehung zwischen Collage/Décollage und den Kunstrichtungen der jeweiligen Epoche – beispielsweise des Dadaismus.

6. Tauschen Sie sich über Ihre eigenen bisherigen Erfahrungen mit diesen künstlerischen Verfahren aus.

Übertragung und Verarbeitung: Fotografie als Bildanlass

Ging es beim Prinzip Collage und Décollage mehr oder weniger um ein von der künstlerischen Strategie des Zufalls geleitetes Bildprogramm, so geht es im Folgenden um die Auseinandersetzung mit der fotografischen Abbildung im Interesse einer Erkenntnis zum Verständnis der Realität. Verfremdung durch Vergrößerung oder Vergröberung, auch Distanzierung durch überaus genaue Wiedergabe, die mitunter kaum einen Unterschied zur medialen Vorlage erkennen lässt, sind die technischen Mittel. Die Reproduktion des Kunstwerks findet hier in umgekehrter Richtung statt: Ein auf Reproduktion hin angelegtes Bild erlebt eine Übersetzung in den Bereich der Malerei (oder Druckgrafik). Die von der Kamera hergestellte Fotografie wird durch die Übertragung auf die Leinwand verändert. Ein reproduzierbares Bild bekommt durch den Malakt eine Einmaligkeit – es wird zum Original, es wird auratisch.

Chuck Close

Das Selbstporträt von CHUCK CLOSE ist überlebensgroß, es könnte eine ganze Zimmerwand füllen; es zeigt den Künstler mit Brille, kahlem Kopf und dunklem Kinnbart im leichten Halbprofil. Der Blick ist streng auf den Betrachter gerichtete, bohrt sich ihm deutlich ein. Das angeschnittene Bildformat rückt den Porträtierten nah an der Betrachter heran, der wie durch eine Rasterglasscheibe das Gesicht der Person zu erkennen sucht. Das gesamte Bild ist in ein Mosaik aus diagonal aneinandergereihten quadratischen Einzelteilchen zerlegt. Jede dieser Rauten ist mit runden fließenden Farbfiguren ausgefüllt, die in Form, Farbton- und Helldunkelwert so auf den Bildzusammenhang abgestimmt sind, dass man bei distanzierter Betrachtung das Porträt erkennen kann. So wird aus einem statischen Gemälde eine dynamische Projektionsfläche, ein optisches Gitterwerk mit vielen abstrakten Einzelbildern, welches dem Betrachter eine intensive Wahrnehmungsleistung abverlangt. Man denkt dabei an Pixelbilder der digitalen Bildbearbeitung am Computer. Bei näherer Betrachtung verliert sich der Gesamteindruck und man konzentriert sich intensiver auf die bunten Kringel, Schnörkel oder Kreise der Quadrate.

CHUCK CLOSE: *Selbstporträt, 1997; Öl auf Leinwand, 259,1 x 213,4 cm, New York, The Museum of Modern Art*

Geboren wurde Chuck Close 1940 in Monroe/Washington, studierte an der Kunst- und Architekturfakultät von Yale und der Akademie der Bildenden Künste in Wien und lebt heute in New York.

Bekannt geworden ist er mit riesigen, extrem realistisch gemalten Porträts, die 1972 auf der Kunstausstellung „documenta 5" in Kassel ausgestellt wurden. Passfotos von Freunden oder Kollegen waren dafür seine Vorlagen. Mithilfe eines Rasters von Hilfslinien auf der Fotografie übertrug und vergrößerte er kästchenweise das Bild auf eine große Leinwand. Mit seinen fotorealistischen Arbeiten wollte Chuck Close der Malerei in den 70er-Jahren neue Impulse geben und Bilder schaffen, an denen man buchstäblich nicht so schnell vorbei kam.

Ein großformatiges Porträtgemälde in einer Ausstellung (oben). In den 1970er-Jahren schuf Chuck Close mithilfe der Rastertechnik fotorealistische Bilder.

Seit Ende der 1980er-Jahre praktiziert Chuck Close diesen Porträtstil, mit dem das Bild durch die abstrakten Motive der Quadrate aufgerastert wird. Es geht ihm um das Spiel mit der Wirklichkeit, nicht so sehr um die möglichst realistische Abbildung des Motivs.

„Was ist „wirklicher": ein Foto oder ein nach dem Foto gemaltes Bild? Und welcher Grad an Wirklichkeit ist erreicht, wenn das gemalte Bild wiederum abfotografiert und danach gar gedruckt wird? Es sind Fragen, wie sie nicht zuletzt im Umgang mit dem „schnellen" Medium der Fotografie von Belang sind. Ist doch das, was wir für „wirklich" halten, im Moment seiner flüchtigen Existenz bereits wieder Vergangenheit und unwiederbringlich entschwunden.

Porträts wie die von Chuck Close jedenfalls hatte man zuvor noch nie gesehen. Die Dimensionen: umwerfend. Die Machart: atemberaubend. Riesige Köpfe, reihenweise, im Kinoformat. Sie heißen Richard, Leslie, John oder Georgia und starren uns mit tellergroßen Augen an. Sie sind nicht besonders schön, und dennoch liefern sie ihr Gesicht mit Haut und Haar einer schamlosen Inspektion aus. Jede Pore, jede Runzel, jede Falte, jeder Leberfleck und jede Warze, jede Bartstoppel und jeder Pickel offenbart sich vor den Blicken des Betrachters."

Halder, 2007, S. 10

JÜRGEN STOLLHANS: *Caput mortuum, Strahlen Kreuz fünfzehn 2007, 13 Paneele, Kreide und Wandfarbe auf Holz; je 155 – 200 cm*

Jürgen Stollhans

Mit großformatigen Bildtafeln machte JÜRGEN STOLLHANS auf der Weltkunstausstellung „documenta 12" im Sommer 2007 in Kassel auf sich aufmerksam. Nebeneinander arrangierte rechteckige Holzpaneelen mit monochromen Fotoreproduktionen unterschiedlicher Bereiche lösen beim Betrachter auf den ersten Blick eine Fülle an spontanen Assoziationen aus. Bildinschriften wie „Strahlen" oder „Zentralabitur 2007" fallen sofort ins Auge. JÜRGEN STOLLHANS hat sich für seinen Ausstellungsbeitrag über einen längeren Zeitraum mit der Stadt Kassel, seinen Bewohnerinnen und Bewohnern, dem Stadtbild und der -geschichte beschäftigt und die Eindrücke fotografisch festgehalten. Aus diesem Bildmaterial entwickelte er das großformatige Bildprogramm. Konstruktionszeichnungen, aktuelle Pressebilder oder Fotos aus Bauanleitungen und Schaufensterauslagen bestimmen die Bildauswahl. JÜRGEN STOLLHANS zeichnet mit weißer Kreise auf rostrot grundierte Holztafeln, die auf dem Bilduntergrund nicht fixiert wird. Dadurch werden die Bilder dem Risiko einer irreparablen Beschädigung beim unachtsamen Umgang sowie einer möglicherweise beabsichtigten Flüchtigkeit der Abbildung ausgesetzt. JÜRGEN STOLLHANS' Bildwelt erscheint als Vernetzung unterschwelliger Sinnbezüge aktueller oder zeitgeschichtlicher Sachverhalte – bezogen auf biografische Wahrnehmungen.

JÜRGEN STOLLHANS: *Orientierungsphase 2007, Kreide und Wandfarbe auf Holz*

Jürgen Stollhausen wurde 1962 in Rheda (Westfalen) geboren. Er lebt heute in Köln.

„In einem der Rüstungsbetriebe der Gegend wird ein Sanitätspanzer überholt. Über zwei Bildtafeln erstreckt sich die Momentaufnahme einer Arbeiterinnendemonstration vor einem Kasseler Achsenwerk. Daneben ein aktuelles Stillleben aus dem lokalen Einkaufszentrum: Metzgerei-Erzeugnisse aus der Region – vom Schinkenspeck bis zur Blutwurst. Auf den Nordhessen Hans Staden, der im 16. Jahrhundert einen Bestseller über seine Brasilienabenteuer verfasste, verweist eine historische Abbildung kannibalischer „Indianer". Und dass ausgerechnet der dichte (Grimm'sche Märchen-)Wald bei Kassel als „Orientierungsphase" in der Auseinandersetzung mit der Arbeit dienen soll, veranschaulicht den verrätseltassoziativen Ansatz des Künstlers. Souverän bedient sich Stollhans aus dem reichhaltigen Fundus der (Alltags-)Geschichte, entzieht sich den Gesetzmäßigkeiten von Raum und Zeit und schafft so sein eigenes Universum einer narrativen Gleichzeitigkeit."

Jäger, 2007, S. 314

Gerhard Richter

Für den Künstler Gerhard Richter sind Malerei und Fotografie keine gegensätzlichen Bereiche. In den 1960er-Jahren hatte er wahrgenommen, wie der amerikanische POP-Künstler Roy Lichtenstein seine Bildmotive in der Welt der Medien suchte: Im Stil von Zeitungscomics malte er Figuren und Landschaften in auffallend anonymer Gestik auf großformatige Leinwände. Dies beschäftigte damals den noch jungen Künstler Gerhard Richter.

Gerhard Richter: *Atlas, (Tf. 13, Detail), 1964, Zeitschriftenausschnitt (links); Frau, die Treppe herabgehend, 1965, 198 x 128 cm*

Gerhard Richter wurde 1932 in Dresden geboren. Er studierte an der Dresdener und nach seiner Flucht aus der DDR an der Düsseldorfer Kunstakademie, an der er bis 1993 eine Professur für Malerei innehatte. Gerhard Richter lebt seit 1983 in Köln.

Roy Lichtenstein: *Whaam, Whaam! 1963, Magna on canvas 172 x 269 cm, Tate Gallery, London*

„Für Gerhard Richter wurde das Werk von Roy Lichtenstein zu einer Bestätigung dafür, dass es künstlerisch legitim sein kann, Vorlagen aus den Medien authentisch in Malerei zu übertragen. Dabei sind auch Lichtensteins Gemälde nie perfekte Kopien ihrer Vorlagen. [...] Richters graue Fotobilder sind keineswegs so fotografisch, wie sie dem Betrachter in den Reproduktionen der Ausstellungskataloge erscheinen mögen. Nicht nur hat [...] er in die medialen Vorlagen eingegriffen, vor allem aber besitzen die Bilder eine individuelle, sehr unterschiedliche Präsenz ihrer malerischen Oberflächen."

Elger, 2002, S. 59

Wenn man das Bild „Eine Frau, die Treppe herabgehend" von 1965 mit der Fotovorlage vergleicht, so kann man diejenigen Aspekte feststellen, die GERHARD RICHTER bei der Umsetzung bedeutsam waren. Die künstlerische Verarbeitung von fotografischen Vorlagen oder Bildanlässen provoziert Fragen: Wie wird durch den malerischen Vorgang der Umsetzung der Fotografie die Wirklichkeit interpretiert? Welche Möglichkeiten der technischen Manipulation setzt der Künstler ein? Geht es dem Künstler um eine möglichst authentische Übertragung oder versucht er die Wahrnehmung des Betrachters auch auf die medialen Besonderheiten des Bildes zu lenken?

Für die Bildübertragung setzt GERHARD RICHTER Hilfsmittel ein: Seit 1964 arbeitet er mit einem Episkop und projiziert die Bildvorlage direkt auf die Leinwand. Durch dieses Verfahren scheint ihm das Subjektive des Vorganges der Übersetzung der Fotografie weitgehend ausgeschaltet zu sein. Ein kleinformatiges Foto einer Illustrierten dient als Vorlage. GERHARD RICHTER vergrößert das Bild auf 198 x 128 cm. Zu sehen ist eine Frau in einem langen Kleid eine Treppe herabgehend. Der Grauton des Fotos wird beim Malen in einen bläulichen Farbton übersetzt. Ebenso werden Details verändert: Die Treppe wird verbreitert, den Teppich und die Wandvertäfelung lässt GERHARD RICHTER ganz weg. Auf den ersten Blick wirkt dieses Bild vertraut; wir glauben das Gesehene zu kennen. Bei längerem Sehen ändert sich dieser Eindruck: Durch die Weichzeichnung und die der Fotografie nachempfundene Unschärfe bekommt das Bild etwas Fremdes, Distanziertes, Verdächtiges. Für GERHARD RICHTER wäre es nicht richtig, seine Fotobilder der 60er-Jahre dahingehend zu verstehen, dass ihm das Bildmotiv oder der abgebildete Gegenstand nicht so wichtig sei wie „die medialen Bedingungen ihrer Darstellung"[1]. In einem Gespräch sagte er dazu:

„Viele Kritiker sahen die Thematik darin, dass wir heute nur noch in einer vermittelten Welt leben und dass meine Kunst dies zeigt und auch kritisiert. Das war nie meine Absicht."

Gerhard Richter in einem Interview mit Hans-Ulrich Obrist 1993, zitiert nach Elger, 2002, S. 69

---

1 Elger, 2002, S. 69

GERHARD RICHTER „malt Bilder, die sich als Photographien präsentieren und sich dabei mög-lichst viele Eigenschaften des rivalisierenden Mediums aneignen. Auf diese Weise sind ihm Bilder gelungen, die sich aus den Traditionen der Kunst lösen und der seit Jahrzehnten im-mer wieder totgesagten Malerei eine neue Berechtigung geben."

Elger, 2002, S. 70

Gerhard Richter: 21.2.91, Öl auf Farbfotografie 14,9 x 10,2 cm, bez. u. l.: 21.2.91, u. r.: Richter, rücks. bez.: 21.2.91/Richter, Privatbesitz Schweiz

Eine andere Variante der „rivalisierenden Medien" ist für GERHARD RICHTER die Kunst der Foto-übermalung. Es wird berichtet, dass er diese Technik durch Zufall entdeckt habe. Während des Malens sei es beim Abgleich der Farbwerte immer wieder vorgekommen, dass Ölfarben auf die Fotos, die GERHARD RICHTER für seine Ölgemälde als Vorlagen benutzt, getropft seien. Diese dabei mehr durch Zufall entstandenen Farbeffekte veranlassten GERHARD RICHTER dazu, die Wechselwirkung zwischen Fotografie und malerischem Farbauftrag genauer zu unter-suchen und mit dieser außergewöhnlichen Kombination intensiver zu experimentieren. Der Künstler verwendet für seine Übermalungen Fotovorlagen im handelsüblichen Klein-format von 10 x 15 Zentimetern. Fotos aus dem privaten Bereich – Familien-, Urlaubs- oder Reisefotos oder einfach Schnappschüsse, wie sie bei den unterschiedlichsten Gelegenhei-ten gemacht werden – sind für ihn das Bildmaterial, das er für diese Technik der Übermа-lung einsetzt. Es scheinen eher Zwischenprodukte von ausgiebig angelegten Schaffenszei-ten zu sein, spontan entstanden, zufällig, nicht gewollt, wenn Farbreste noch verbraucht werden konnten. Bildexperimente mit ungewissem Ausgang: GERHARD RICHTER zieht entwe-der mit einem Spachtel oder einem Rakel die noch nasse Ölfarbe über die Farbabzüge oder drückt das Bild direkt in die ausgebreiteten Farbschichten. Bei der Dekalkomanie[1] (Abklatschverfahren) wird die auf einer glatten Fläche ausgewalzte Farbe mit einem Papier in frei modulierter Bewegung, ruckartig oder langsam ziehend abgenommen – so wie dies hier bei GERHARD RICHTERS Fotoübermalungen auch der Fall sein könnte.

Welchen Eindruck hinterlassen diese Bildmotive bei den Betrachtenden? Auf den ersten Blick scheint die aufgetragene Farbe sich des fotografischen Bildes zu bemächtigen, Farbschlieren schieben sich über breite Zonen des Bildes. Man beginnt sofort, nach der Bedeutung zu suchen, mit der man die Absicht des Künstlers erklären könnte: Das Abbildhafte der Fotografie verschwindet hinter dem Farbauftrag, der seinerseits Risse und Löcher hat und die Wirklichkeit des Fotos zumindest ein Stückchen weit zulässt. GERHARD RICHTERS Fotoübermalungen sind eine geschickte Interaktion zwischen gegenständlicher Darstellung der Fotografie und spontanen abstrakten Malexperimenten.

Der Schriftsteller BOTHO STRAUSS kommentiert dazu im Nachrichtenmagazin DER SPIEGEL:

„Inzwischen haben Digital- und Handy-Kamera den festen Fotoabzug längst verdrängt und den einzelnen Schnappschuss durch die auswahllose Bildchenstrecke ersetzt. Solches Material lässt sich zweifellos elektronisch vielfältig bearbeiten, jedoch immer auf gleicher Ebene, auf selbem Pixelgrund. Kein Fixierbad hält es mehr fest – das Bildchen verliert durch Leichtigkeit und Häufigkeit ohnehin jede Fixierbarkeit.

Der Künstler, der Papierabzüge bemalt, bleibt also an ein veraltetes Medium gebunden – es rückt in der Geschichte bildgebender Verfahren auf einmal ein Stück näher an die Leinwand heran. Jedenfalls muss er eine konsistente Oberfläche vor sich haben, um sie uneben zu machen, zu profilieren, körperlich werden zu lassen.

Die Reproduktion ist der Malgrund, die Bemalung bereitet der Vervielfältigung ein Ende. Sie führt zurück zum einmaligen Bild.“

Strauss, 2008, S. 144

Robert Rauschenberg

Der Künstler ROBERT RAUSCHENBERG ließ sich von der Kunst des Dadaismus, den Materialcollagen von KURT SCHWITTERS und Ready-mades von MARCEL DUCHAMP, aber auch JOSEPH BEUYS inspirieren. Er vertrat in den 1950er-Jahren die Auffassung, dass Kunst und Leben wieder eine Einheit bilden sollten: Die künstlerische Bildwirklichkeit und die Lebenswirklichkeit sollten als eine Einheit zum Ausdruck gebracht werden. Dies dachte er am besten dadurch vermitteln zu können, indem er reale Gegenstände unverändert in das Kunstwerk integrierte. Auf diese Weise kreierte ROBERT RAUSCHENBERG in der zweiten Hälfte des vergangenen Jahrhunderts seine sogenannten *Combine Paintings* – neodadaistische Collagen, die als eine Mischung aus Malerei, Collage und angehefteten Gegenständen zu bezeichnen sind. Von 1962 an begann ROBERT RAUSCHENBERG seine bis dahin sehr komplex kombinierten Materialcollagen durch Bildfragmente zu ergänzen. Die Siebdrucktechnik kam ihm bei diesem Vor-

---

1 Dekalkomanie (fr.) *décalcomanie* = Abziehbild

*ROBERT RAUSCHENBERG: Kite, 1963,
Öl auf Leinwand, 213 x 152 cm
Mart, Ileana Sonnabend Sammlung, Rovereto*

ROBERT RAUSCHENBERG wurde 1925 in Port Arthur, Texas, geboren. Er stellte u. a. im Guggenheim Museum, im Metropolitan Museum of Art, Seide New York, und im Haus der Kunst, München, aus. Er starb 2008 in Florida.

haben sehr entgegen: Fotomechanisch konnte er so Abbildungen, die er teilweise aus Illustrierten oder Tageszeitungen entnommen hatte, auf die Leinwand vergrößert reproduzieren und beliebig oft wiederholen. Meistens mischte er diese Siebdruckcollagen mit intuitiv angelegten Farbpartien. Bei der Betrachtung der Bildinhalte seiner Gemälde erkennt man einzelne Motive, beispielsweise den Army-Hubschrauber oder den Seeadler in „Kite" von 1963, die Bildstruktur selbst erscheint immer als sehr komplex, alle Elemente scheinen in dieser Komposition gleichberechtigt nebeneinander angeordnet zu sein. ROBERT RAUSCHENBERG, der als Mitgründer der amerikanischen Pop-Art gilt, möchte mit seinen Bilden das politisch-soziale Bewusstsein des Betrachters erreichen.

Andy Warhol

Die Pop-Art der 1960er-Jahre verstand sich als künstlerische Beschäftigung und Auseinandersetzung mit der Welt der Warenästhetik und dem schönen Schein der immer stärker werdenden Massenmedien. Das Streben der Kunstschaffenden jener Zeit war es, eine stärkere Verbindung von Kunst und Leben zu suchen. Aus dieser Haltung entwickelten sie konsequenterweise ein überdimensioniertes Interesse an der Ästhetik des Alltags, an der Trivialkultur seriell hergestellter Industrieprodukte – die Pop-Art war geboren. Indem sich die

ANDY WARHOL: *Diamond Dust Shoes, 1980 (lilac, blue, green)*

Der 1928 in Pittsburgh, USA, geborene ANDY WARHOL gilt als einer der bedeutendsten Vertreter der Pop-Art. Er starb 1987 in New York.

Pop-Künstler/-innen vornehmlich trivialästhetischer Vorlagen bedienten, bildeten sie zwar die Waren- und Konsumwelt der Massenkultur ab, aber es wurde damit auch eine kritische Distanz, eine Ironisierung gegenüber der ästhetischen Sprache der Alltagskultur zum Ausdruck gebracht.

ANDY WARHOL bedient sich als Hauptvertreter der Pop-Art aller Facetten der Medien- und Konsumwelt und integriert in seine Kunst die Sprache der Werbung und der Serienprodukte: Cola-Flaschen, Suppendosen oder Waschmittelkartons wurden in seiner *Factory* in Serie nachgebildet und zur Kunst erklärt. Das Siebdruckverfahren war für sein Bildprogramm wie bei ROBERT RAUSCHENBERG von entscheidender Bedeutung. Allerdings kombinierte ANDY WARHOL seine Bildmotive nicht mit anderen Bildelementen, sondern brachte die Bildmotive meistens isoliert und in seriellen Variationen auf die Leinwand.

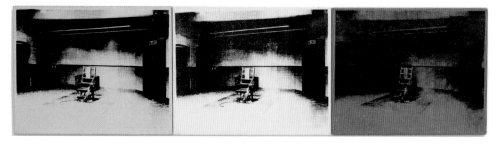

ANDY WARHOL, *Electric Chair, 1971, Sammlung S.M.A.K., Gent*

Die Siebdruckserie *Electric Chair* von 1971 zeigt eine Fotografie, die auf zehn Tafeln in unterschiedlicher Farbgebung abgebildet ist. Diese Reihe gehört zur WARHOLs Werkreihe *Death and Disaster paintings*. WAHRHOL griff dieses Thema auf, als in den USA die Frage der Todesstrafe gerade sehr kontrovers diskutiert wurde. Nach einer Fotografie des elektrischen Stuhls der Strafanstalt Sing Sing bedruckte er eine ganze Reihe von Leinwänden mit diesem Bildmotiv und wählte um zu provozieren bewusst verschiedene Modefarben (Pink, Orange, Hellblau usw.) als Grundierung. Viele Kritikerinnen und Kritiker sahen damals in dieser Farbgebung nichts anderes als eine perverse Konfrontation. Strittig ist allerdings dabei, ob ANDY WARHOL mit diesem Bild eine politische Stellungnahme oder durch die Serienbilder doch nur die neutrale Position des Künstlers zum Ausdruck bringen wollte. Die Berliner Zeitung schrieb anlässlich der Ausstellung *Andy Warhol. Retrospektive mit 160 Bildern und 80 Zeichnungen*:

„Die endlosen Wiederholungen und Variationen [...], seine Ikonisierungen von Marilyn, Elvis und Jackie wurden so erfolgreich, weil sie bereits im amerikanischen Bildgedächtnis fest eingebrannt waren. Ohne fest gefügte Klischeevorstellung funktioniert dieses Verfahren nicht [...] Für Zeitstimmungen hatte dieser Künstler ein untrügliches Gefühl. Wandert man durch die Warhol-Retrospektive, vor allem durch die üppig ausgebreiteten *Disaster*-Bilder [...], dann fragt man sich unwillkürlich, wie Warhol reagiert hätte auf die Bilder vom 11. September, die bereits in den Sekunden ihrer Entstehung zu den amerikanischen Katastrophen-Ikonen schlechthin wurden."

Preuss, 2001, s. S.

Arbeitsanregungen

7. Sehen Sie sich noch einmal die Abbildungen dieses Abschnitts an und betrachten Sie die unterschiedliche Be- und Verarbeitung der Fotografien in diesen Kunstwerken.

8. Diskutieren Sie die jeweilige Haltung der Künstlerin bzw. des Künstlers: Welche Position wird in dem jeweiligen Kunstwerk sichtbar?

1.4.3 Beispiele elektronischer Produktion

Videokunst als Herausforderung: Neue Bildmedien betrachten

„Eines Tages werden Künstler mit Kondensatoren, Widerständen und Halbleitern arbeiten, so wie sie heute mit Pinseln, Violinen und Abfall arbeiten."

NAM JUNE PAIK

Die Betrachtung einer Zeichnung, eines Gemäldes oder einer Skulptur ist nichts überraschendes. Auch an die Präsentation von Objekten oder Materialcollagen hat man sich gewöhnt. An Kunstwerke aus dem Medienbereich – Video- oder Internetkunst mit bewegten

Bildern im virtuellen Raum – tasten wir uns langsam heran. Zunächst soll geklärt werden, wie man sich als Betrachter den neuen Bildmedien nähern kann.

Wie bei jeder Kunstbetrachtung ist es auch hier zunächst einmal notwendig, die eigene Person in den Blick zu nehmen und die vier wichtigsten Fragen zu stellen:

1. **Was wird betrachtet?**

   Ein Videokunstwerk? Eine Medieninstallation?

2. **Wer betrachtet?**

   Wie geht man an das Medienkunstwerk heran? Welches Vorwissen, welche Kenntnisse über die Künstlerin oder den Künstler, aber auch welche Vorurteile sind vorhanden?

3. **Wie wird betrachtet?**

   Die Art und Weise, der Weg oder die Methode, aber auch der soziale Zusammenhang, in dem das Werk betrachtet wird, ist zu berücksichtigen bei der Beschreibung und Deutung.

4. **Warum wird betrachtet?**

   Letztendlich ist die Absicht für eine Beschäftigung mit Medienkunst entscheidend: Welches Erkenntnisinteresse ist damit verbunden? Soll ein Verständnis für neue Formen der Kunst geweckt oder die eigene Kunstauffassung relativiert werden? Soll die Auseinandersetzung mit Medienkunst die eigene Mediennutzung kritisch hinterfragen und auch zur praktischen Mediennutzung anregen?[1]

Nam June Paik: Video-Synthesizer

■ Überlegungen vorab

1 Vgl. dazu: Methoden der Bildanalyse, KH S. 18

Wenn man über Medienkunst ins Gespräch kommt möchte, wird man schnell feststellen, dass jeder einen ersten spontanen Eindruck haben wird. Die in der Lernsituation (vgl. Kapitel 1.2) dargestellten Jugendlichen haben sehr schnell ihr Urteil über Medienkunst zum Ausdruck gebracht. „Das sind ja alles nur flimmernde Bildschirme – was soll das?" waren erste Kommentare. Man spürt in solchen Äußerungen eine gewisse Hilflosigkeit. Es scheint, dass es für die Betrachtenden keinen direkten Zugang zum Kunstwerk bzw. zu einem persönlichen Verständnis gibt. Deshalb ist es wichtig, ruhig und gelassen auch auf die zunächst negativen Äußerungen zu reagieren, man sollte sie durchaus zulassen. Es sollten dann Fragen folgen, die den Eindruck vermitteln, dass man den anderen ernst nimmt und das entgegengebrachte Unverständnis gemeinsam mit ihm auflösen möchte.

▣ Die Werkbeschreibung

Wie bei Gemälden, Skulpturen oder anderen Kunstwerken geht es bei der Beschreibung eines Medienwerkes auch zunächst darum, das tatsächlich Vorhandene oder das für die Betrachtenden unmittelbar Sichtbare in eigene Worte zu fassen. Dabei handelt es sich zunächst nicht um eine Interpretation.

Der Video-Synthesizer: Das Kunstwerk hat eine Gesamtgröße von 305 x 155 x 150 cm und besteht zum einen aus einem aus Vierkantprofilen geschweißten, offenen Rahmen, in dem zwei fahrbare Gestelle mit unterschiedlichen, eingebauten Instrumenten in der Größe 183 x 56 x 66 cm eingeschoben sind. An einem dieser Gestelle befindet sich ein ausgeklapptes Mischpult; ebenso ist ein Monitor in dieses Gestell etwas schräg eingebaut. Eine Lampe mit Stativ lagert diagonal auf den beiden Gestellen. Auf diesem offenen Rahmengestell sind Fernseher/Monitore in zwei Schichten in runder Anordnung waagerecht und teilweise auch hochkant aufgetürmt. Auf den Bildschirmen leuchten kurze Videosequenzen auf, teilweise mit der Schrifteinblendung „Video-Synthesizer", welches auch gleichzeitig der Titel dieser Videoskulptur von 1969/92 des Künstlers NAM JUNE PAIK ist. Das Objekt befindet sich im Besitz der Kunsthalle Bremen.

Bei näherer Betrachtung der gesamten Anlage fällt auf, dass die Geräte nicht mehr dem heutigen Standard der Technik zu entsprechen scheinen. Man muss kein Experte sein, um beurteilen zu können, dass an der Funktionstüchtigkeit der Anlage gezweifelt werden muss: Kabel hängen lose herum, einzelne Apparaturen machen den Eindruck, dass sie abgeschaltet seien. Man wird den Verdacht nicht los, dass es sich hier um eine vor langer Zeit bereits abgeschaltete, technische Anlage handeln müsse. Wenn man die Zeitangabe – 1969 – berücksichtigt, drängt sich der Vergleich mit dem Stand der Technik zur Zeit der ersten Mondlandung vor 40 Jahren auf. Lässt man den Blick schließlich auf das „Dachgeschoss" des Kunstwerks schweifen, sucht man unweigerlich nach den Bildgebern für die offenbar funktionierenden Monitore, auf denen kurz geschnittene Videofilme aus Fernsehsendungen der damaligen Zeit in einer Endlosschleife laufen: „Hitparade", „Am laufen Band", „Boston-TV" und andere elektronisch verzerrte Einblendungen sind auf den Monitoren auszumachen. Die Videos werden von zwei Video-Playern, die neben den Monitoren auf dem Rahmengestell stehen, auf die Fernseher gespielt.

Nam June Paik: Video-Synthesizer, 1969/92. Original-Synthesizer in zwei fahrbaren Gestellen, je 183 x 56 x 66 cm (112 cm mit Mischpult), Kunsthalle Bremen

Bevor das Kunstwerk interpretiert werden kann, muss der **Kontext** des Werkes mithilfe weiterer Informationsquellen untersucht werden: Die Biografie des Künstlers, Hinweise auf die Kunstströmungen der Zeit und die gesellschaftlich-politische Situation beispielsweise sind für eine fundierte Aussage unerlässlich.

Der Künstler Nam June Paik

Als NAM JUNE PAIK Ende der 1960er-Jahre zusammen mit dem japanischen Elektroingenieur SHUYA ABE den Video-Synthesizer entwickelte, hatte sich der Künstler schon einige Jahre mit den Möglichkeiten der elektronischen Kunst beschäftigt. Geboren wurde NAM JUNE PAIK 1932 in Korea, emigrierte 1950 nach Japan, studierte an der Universität Tokio Musik und Kunstgeschichte und kam 1958 nach München, um Neue Musik zu studieren. In Darmstadt traf er 1958 auf den amerikanischen Komponisten JOHN CAGE, der sich damals durch sehr eigenwillige und radikale Kompositionen einen Namen gemacht hatte. Alltagsgeräusche und anderes Tonmaterial beispielsweise integrierte JOHN CAGE in seine Kompositionen. Dies inspirierte NAM JUNE PAIK in seiner Arbeit als junger Komponist zu Toncollagen und einer Verbindung von Musik und Elektronik. 1958-63 arbeitete er im Studio für elektronische Kunst des WESTDEUTSCHEN RUNDFUNKS KÖLN. Bereits 1963 stellte er in der Galerie Parnass in Wuppertal manipulierte Fernsehbilder aus *(Exposition of Music – Electronic Television)*[1]. Nach seiner Übersiedlung nach New York 1964 veranstaltete er Kunstaktionen und Performances mit der Cellistin CHARLOTTE MOORMAN (1933-1991). Für Sie konstruierte er 1971 das *TV-Cello*, bei dem der Resonanzkörper aus drei Plexiglasgehäusen mit Monitoren, auf denen während des Konzerts Videos oder das Livebild des Publikums zu sehen waren, bestand. Es war die Zeit der Fluxus-Bewegung[2], die als dominante Ausdrucksform ihres interdisziplinären Kunstverständnisses das Happening mit Einsatz neuer Medien erfand. Von 1979 bis 1996 war NAM JUNE PAIK Professor an der Düsseldorfer Kunstakademie; hauptsächlich arbeitete und lebte er aber in New York. 2006 starb NAM JUNE PAIK im Alter von 73 Jahren. Er gilt als Pionier der Video- und Medienkunst, da er angefangen von den manipulierten Fernsehbildern über Videos bis hin zu den Videoinstallationen immer eine Erweiterung der Möglichkeiten seiner Kunst mithilfe des elektronischen Bildes gesucht hat und dabei die Kombination von bildender Kunst, Medien und Musik im Blick hatte. NAM JUNE PAIK kommentierte:

---

1 Aus dieser Zeit stammt auch der häufig zitierte Satz: „Das Fernsehen hat uns ein Leben lang attackiert, jetzt schlagen wir zurück". Paik, zitiert nach Herzogenrath, 1999, S. 11
2 Mehr dazu auf S. 66

„Der Video-Synthesizer ist die Ansammlung meiner TV-Scheiße von 9 Jahren, verwandelt in ein Realzeit-Video-Klavier durch die goldenen Finger von Shuya Abe, meinem großen Mentor. [...] Der Paik-Abe-Synthesizer macht eine demütige Anstrengung für diesen Tag und liefert 1001 Möglichkeiten für das spontane Fernsehen. Wir haben High Fidelity aufgegeben und Super-Infidelity gewonnen ... freie Liebe ist immer interessanter als Heirat."

Paik, 1999, S. 137

N<small>AM</small> J<small>UNE</small> P<small>AIK</small> ist zwar 1932 in Seoul, Südkorea, geboren, erhielt jedoch in den 1970er-Jahren die US-amerikanische Staatsbürgerschaft. Man kann ihn als Begründer der Video- und Medienkunst bezeichnen. Er starb 2006 in Florida.

Atelierbesuch

Die Redakteurin des Kunstmagazins ART Silke Müller besuchte den Künstler Nam June Paik 1999 in seinem New Yorker Atelier.

ART: Sind Sie nicht am Internet interessiert? Das könnte doch eine neue Quelle für Bilder sein.   5

Nam June Paik (1932–2006)

Paik: Ja, aber es gibt wenige gute bewegte Bilder. Das Internet ist nur gut für stehende Bilder. Für Videobilder ist die Internet-Technik nicht schnell genug. Vielleicht kommt es mit der ISDN-Verbindung. Dann könnte es für mich interessant werden.   10

ART: Selbst Ihre Arbeiten mit politischem oder philosophischem Hintergrund sind mit großem Vergnügen anzuschauen. Wollen Sie mit ihrer Kunst glücklich machen?   15

Paik: Ja, ich will populär sein. Ich bin ein Kommunikationskünstler, also muss ich mit meinem Publikum kommunizieren.

ART: Ihre High-Tech-Arbeiten sind oft in Installationen aus altmodischen Fernsehgeräten eingebettet. Arbeiten Sie mit diesen voluminösen Skulpturen gegen die Virtualisierung des Lebens an?   20

Paik: Ich liebe Nostalgie. Wenn ich mich mit technologischem Fortschritt beschäftige, muss ich auch zurückschauen.

ART: Die Instrumente, die Sie zur Verwirklichung Ihrer Ideen benötigten, waren nicht im-
25 *mer verfügbar. 1970 haben Sie zusammen mit Shuya Abe den Videosynthesizer entwi-*
ckelt. Hat die Computertechnik Sie inzwischen überholt?

Paik: Nein, ich muss immer noch Teile selbst bauen. Ich habe immer mit analoger Videotechnik gearbeitet. Jetzt ist alles digital, aber analog ist in einigen Fällen immer
noch besser. Um beides zusammenzubringen, muss ich improvisieren.

30 *ART: In früheren Jahren waren Ihre Arbeiten sehr provokativ. Einmal sind Sie dafür sogar*
im Gefängnis gelandet. Glauben Sie, Provokation ist immer noch ein Mittel, neue Diskus-
sionen in der Kunst einzuleiten?

Paik: Ja, aber es ist schwieriger geworden. Die Medien produzieren permanent Sensa-
tionen. CNN macht die Leute immun gegen alles Neue.

Müller, 1999, s. S.

Wulf Herzogenrath über Nam June Paik:

„Nicht nur, dass Paik am Anfang der Videokunst im März 1963 als erster öffentlich und
belegbar eine ganze Reihe von künstlerischen Nutzungen des Fernsehmediums de-
monstrierte, er prophezeite und gestaltete zugleich in den kommenden Jahren die
5 technologische, philosophische und gesellschaftliche Entwicklung der Medien Fernsehen, Video, Computer und Laser wie kein anderer im Bereich der bildenden Künste. [...]
Auch wenn wir wissen, dass nicht diejenigen, die Neues finden, neue Methoden oder
Medien entwickeln, auch im Nachhinein die entscheidenden Künstler-Persönlichkei-
ten sein müssen, trifft dies bei Paik deshalb zu, weil er zugleich auch immer das ande-
10 re Extrem gegenüber der jeweils neuen Technologie, nämlich die Reduktion, Minimali-
sierung bzw. Verweigerung, künstlerisch gestaltete. [...] Paik ist in der immer
internationaler werdenden Kunstszene seit den 60er-Jahren vielleicht doch der einzige, der wie ein Nomade drei Kulturkreise wirklich intensiv studierte, kennenlernte und
für sein Werk nutzte. [...] So verbindet Paik Ostasiatisches (wobei es schon erstaunlich
15 ist, wie er als Koreaner auch in Japan erfolgreich ist), Deutsches bzw. Europäisches
und Nordamerikanisches. [...] Paik ist der erste Künstler, der in diesen drei Kultur-Berei-
chen schöpferisch erfolgreich tätig ist, indem er die Eigenheiten der jeweiligen Kulturen präzis unterschiedlich einbezieht – und zugleich die Vernetzung und Globalisierung, das heißt zugleich auch Vereinheitlichung der verbindenden Strukturen, schon
20 vor einem Vierteljahrhundert formuliert hat."

Herzogenrath, 1999, S. 11f.

Der Synthesizer: visuelle Musik – rhythmische Malerei

„Von der Funktionsweise ähnlich organisiert wie der im Bereich der Musik zum damaligen Zeitpunkt bereits etablierte Audio-Synthesizer, setzt der Video-Synthesizer elektronische Signale bzw. akustische Impulse in Form- und Farbwerte um und bietet prinzipiell unendliche Variationsmöglichkeiten sowohl was synthetische Verfremdungen   5
von Videoaufnahmen als auch eine vom Abbild unabhängige Bilderzeugung angeht.
[...] Im Rahmen von Paiks künstlerischen Ambitionen sind vor allem zwei Aspekte dieser elektronischen Bilderzeugungsmaschine entscheidend. Zum einen gewährleistet sie eine vom subjektiven Zugriff des Künstlers weitgehend unabhängige Bildgestaltung. Die künstlerische Geste wird ersetzt durch ein elektronisches Instrument, das   10
zwar vom Künstler bedient wird, auf dessen bildnerische Funktionsweise er jedoch nur bedingt Einfluss hat. Als „elektronische Malerei" sprengt die synthetische Bildgenerierung auf diese Weise nicht nur die statische Dimension des Tafelbildes, sondern sie führt gleichermaßen die klassischen Kategorien von „Ausdruck", „Expression" und künstlerischer „Handschrift" ad absurdum. [...]   15
Der zweite Aspekt betrifft die rhythmische Strukturierung der synthetischen Bildformationen. In ihrer Umsetzung akustischer Impulse in Form- und Farbwerte werden Klangwerte und Rhythmen optisch erlebbar – gleichermaßen als elektronische Malerei und visuelle Musik zu charakterisieren, unterstützen die mit dem Synthesizer generierten Bilder den aus der Montage der Einzelsequenzen resultierenden   20
Rhythmus der *Electronic Collages*. Einige Videobänder Paiks wie *Suite 212*, *Guadalcanal Requiem*, *Electronic Opera No. 1* oder *Global Groove* [...] tragen denn auch kaum zufällig dem Bereich der Musik entlehnte Titel und verweisen damit auf Paiks Herkunft als Komponist.

Oßwald, 1999, S. 166 f.

Arbeitsanregungen

9. Inwieweit hat sich für Sie durch die Zusatzinformationen der erste Eindruck, den Sie von diesem Kunstwerk gewonnen haben, verändert?

10. Diskutieren Sie das Kunstwerk in seiner zeitlichen Dimension. Beziehen Sie die Idee des Video-Synthesizers auf die technischen Möglichkeiten der gegenwärtigen Zeit.

11. Wie betrachten Sie Medienkunstwerke (z. B. Video-Skulpturen) im Unterschied zu herkömmlichen Kunstwerken (Malerei, Grafik oder Plastik)?

12. Versuchen Sie jetzt eine Interpretation des Video-Synthesizers unter Berücksichtigung des Kontextes, den Sie durch die oben aufgeführten Informationen erschließen können: Entstehungszeit, Entstehungszusammenhang (Auftrag?), Entstehungsort.

Kleiner Überblick über die Entwicklung der Medienkunst

1960er-Jahre

- Das Fernsehen hatte sich in Europa und den USA als Medium etabliert.
- 1965 – erste tragbare Videorekorder kommen auf den Markt.
- Andy Warhol und Nam June Paik experimentieren mit dem neuen Medium.

1970er-Jahre

- Videokunst setzt sich mit den wachsenden TV-Medien auseinander (Fundamentalkritik).
- Die Kunstschaffenden nutzen das Live-Feedback-System.
- N.J. Paik entwickelt den Direct-Video-Synthesizer. Museen kaufen Künstler/-innenvideos an.

1980er-Jahre

- Privatsender nehmen den Betrieb auf; Musikclips kommen ins Fernsehen (MTV).
- Video-Geräte werden preisgünstiger und technisch optimierter.
- Video wird zum alleinigen Ausdrucksmittel, um komplexe Geschichten zu visualisieren.

1990er-Jahre

- Digitalisierung bietet eine Ausweitung und starke Kommerzialisierung des TV-Marktes.
- Die digitale Technik stellt den Kunstschaffenden eine große technische Materialvielfalt zur Verfügung.
- Videoinstallationen werden zur intermedialen Kunstpraxis.

ab 2000

- Der TV-Markt wird mit den neuen Medien (Internet) zunehmend vernetzt.
- Kostengünstige Speichermedien (DVD) – Videos im Internet
- Video ist in der Kunst etabliert; Medienwerke übernehmen Formen der Filmästhetik.

Ausblick

- Das Internet integriert die klassischen Medien und revolutioniert die Medienrezeption.
- Auf Internetplattformen können Videos präsentiert werden.
- Die Medienkunst im dokumentarischen Stil beschäftigt sich mit medialer Vernetzung und Globalisierung.

Fluxus und die Videokunst

Unter dem Begriff *Fluxus* (lateinisch „Das Fließen") ist eine Kunstbewegung zu verstehen, die mit experimentellen Aktionen ab Beginn der 1960er-Jahre in Erscheinung trat. Der Künstler GEORGE MACIUNAS (1931-1978) erfand den Namen. Das Ziel der Künstler war es, die

Grenzen zwischen den Einzelkünsten Theater, Literatur, Bildende Kunst und Musik aufzu-heben – letztendlich auch die Trennung von Kunst und Leben. Die Fluxus-Kunst basiert auf einfachen alltäglichen Abläufen. Die Aktionen ähnelten vielfach einem Happening mit musikalischen, theatralischen und medialen Elementen. Die verwendeten Materialien wa-ren ebenso einfach und alltäglich. Die Kompositionen von John Cage (1912-1992) lieferten maßgebliche Impulse für die Fluxusbewegung, an der neben Jam June Paik u. a. auch Joseph Beuys und Wolf Vostell beteiligt waren.

Joseph Beuys: Filz-TV

Joseph Beuys: Filz-TV, D, 1970, 11'25", s/w, mono

Für eine TV-Sendung 1970 führte Joseph Beuys (1929-1986) die Aktion »Filz-TV« auf, um sich kritisch mit dem Medium Fernsehen zu beschäftigen. Zu Beginn der Aktion sitzt Beuys vor dem laufenden TV-Gerät, dessen Mattscheibe mit Filz abgedeckt ist, sodass nur der Ton des Fernsehsprechers, der die aktuellen Milch- und Fleischpreise verkündet, zu hören ist. Unter dem Stuhl liegen schon die Boxhandschuhe bereit, die in der Ak-tion verwendet werden. Nachdem Beuys eine Ecke der Filzabdeckung leicht ange-hoben und die flimmernde Mattscheibe erkennbar geworden ist, zieht sich Beuys die Boxhandschuhe an und beginnt, sich kräftig ins Gesicht zu schlagen. Im zweiten Teil der Aktion tastet er mit einer durchgeschnittenen Blutwurst, die für ihn ein „Energiesymbol" darstellt, die Filzabdeckung ab. Am Schluss der Aktion dreht der Künstler den Fernseher schließlich gegen eine an der Wand hängende Filztafel. Filz (=Speicherung) und Fett (=Energie) sind für seine Kunst immer wieder ver-wendete Materialien. Durch die Filzabdeckung wird das laufende TV-Programm weggefil-tert und ad absurdum geführt, da der Ton allein weiterläuft; ebenso wird die Wahrneh-mung der/-s exemplarischen Zuschauers/-in durch die Boxhiebe gegen sich selbst beeinträchtigt – die Informationen des Fernsehers erreichen ihn kaum noch. Das Abtasten des verklebten Bildschirms mit der Blutwurst schließlich symbolisiert die Eingabe von neu-er Energie in ein Medium, dessen Informationen verpufft sind.

Wolf Vostell: Sun in your head

Das Video *Sun in your head* gehört insofern zur Geschichte der Videokunst, weil Wolf Vo-stell (1932-1998) zum ersten Mal mit dem Bildmaterial des Fernsehprogramms arbeitet. Da es damals noch keine Videorekorder gab, filmte er mit einer 16mm-Kamera das Fernseh-programm ab und fertigte aus den Stückchen eine Collage mit kurzen Sequenzen, die teil-weise von Bildstörungen unterbrochen wurden. Für das damalige Fernsehen war das durchaus typisch, da die Verbreitung des damals noch aus einem Programm bestehenden

Fernsehens nicht immer stabil verlief. Anders als Nam June Paik, der zu der Zeit direkt in den Apparat eingriff, um die Bilder zu verfremden, beabsichtigte Vostell mit dem verzerrten Bildmaterial eine politische Botschaft – eine Fundamentalkritik am Medium Fernsehen. Der gesamte Film war mit einem quälenden Alarmton unterlegt, der die Aufmerksamkeit der Zuschauer geradezu erzwingen sollte. Die Präsentation der Collage *Sun in your head*, die später auch zu einem Video umkopiert wurde, fand 1963 im Rah-

Wolf Vostell: Sun in your head, D, 1963, 5'15", s/w, mono

men des *9 Nein dé-coll/agen*-Happenings in Wuppertal (Galerie Parnass) statt, bei dem auch als kritischer Ausdruck gegenüber diesem neuen Medium die komplette Zerstörung eines Fernsehapparates inszeniert wurde.

John Cage: 4'33"

Ohne den Einfluss des Komponisten John Cage (1912-1992) hätte Nam June Paik seine Videokunst nicht in dieser Weise entwickeln können. Deshalb muss John Cage hier auch genannt werden, obwohl er Komponist und kein bildender Künstler war. Cage und Paik verbindet die Auffassung, dass nicht das fertige Kunstwerk, das ausgestellt und betrachtet werden kann, entscheidend sei, sondern dessen Entstehungsprozess – die Prozesshaftigkeit der Kunst: Alles kann sich verändern und der Betrachter ist aufgefordert zu partizipieren. Beide Künstler sind an Zufällen in ihrer Arbeit interessiert. Aufgezeichnetes Tonmaterial wird eingesetzt und auch die Geräte und Instrumente werden manipuliert, um dadurch die Kunst zu hinterfragen. Cage revolutioniert eine auf formaler Ordnung beruhende Musikauffassung durch die prinzipielle Gleichstellung von Tönen und Klängen in seinen Kompositionen: Geräusche des täglichen Lebens baut er bewusst in seine Stücke ein und lässt auf diese Weise das Publikum mitwirken – eine künstlerische Strategie, die auch Nam June Paik aufgreift und

Nam June Paik: A Tribute to John Cage – 4'33" – TACET – von John Cage, 1973

zu einer kreativen Interaktion ausbaut. Folgerichtig behandelt John Cage auch die Stille als gleichwertiges musikalisches Element. In seinem Stück 4'33" kommt dies zum Ausdruck:

„Auch unter dem Titel tacet, tacet, tacet bekannt, hatte Cage mit diesem Stück eine Komposition geschaffen, die ausschließlich aus Umweltgeräuschen besteht."

Oßwald, 1999, S. 166

Das Video von Nam June Paik – *A Tribute to John Cage* (1973) anlässlich des 60. Geburtstages des Komponisten zeigt John Cage auf einer Verkehrsinsel 4 Minuten und 33 Sekunden still sitzend vor einem geschlossenen Flügel, den er zweimal aufklappt. Passanten beobachten dieses Ereignis. Das Video beschränkt sich ausschließlich auf den O-Ton (=Originalton); Schrifteinblendungen sollen das Geschehen kommentieren oder den Zuschauer direkt ansprechen.

„Die mit dem „Schweigen" des Komponisten intendierte Sensibilisierung der Wahrnehmung seines Publikums im Hinblick auf die akustische Erscheinungswelt wird von Paik auf der visuellen Ebene weitergeführt. In der kommentarlosen Reihung unterschiedlicher Bildeinheiten erschließt sich eine enthierarchisierte Ordnung an sich gleich-gültiger Versatzstücke."

Oßwald, 1999, S. 166

Der US-amerikanische Künstler und Componist John Cage wurde 1912 in Los Angeles geboren. Er komponierte Werke im Bereich der Neuen Musik, die zu den wichtigsten zählen. 1992 starb er in New York.

Nam June Paik: Global Groove

Es wurde schon erwähnt, dass Nam June Paik die asiatische, amerikanische und europäische Kultur kennengelernt hat. In seinem ebenfalls 1973 entstanden Videowerk *Global Groove* versucht er einen interkulturellen Dialog mithilfe des Mediums Video: Gemäß der von Marshall McLuhan 1962 formulierten Vision des *Global Village* – des globalen Dorfes[1] – entwickelt Paik die Utopie eines globalen Fernsehens, eines Programms zur Völkerverständigung. Damit greift er die schon in den 1920er-Jahren formulierte Vision eines demokratischen Gebrauchs der Medien Radio und Film auf, bei dem jede/r Empfänger/-in auch immer zugleich ein/-e potenzielle/-r Sender/-in ist. Die

Nam June Paik: Global Groove, 1973

---

1 Vgl. McLuhan, 1995

Vorstellung einer globalen Vernetzung, wie sie in der 1990er-Jahren durch das Internet entstanden ist, nimmt PAIK durch dieses Video vorweg. Auch der Titel, der mit „globaler Rhythmus" übersetzt werden kann, deutet darauf hin, dass NAM JUNE PAIK Musiker ist. Beim ersten Sehen meint man nur eine relativ unbedachte Aneinanderreihung von zufällig ausgewählten Versatzstücken zu erkennen; dann jedoch wird deutlich, dass die insgesamt 21 Sequenzen bewusst ausgewählt und zu einer optischen und akustischen Collage montiert worden sind. Nach dem Prinzip der Gegensätzlichkeit arrangiert konfrontiert NAM JUNE PAIK die Zuschauenden mit Elementen östlicher und westlicher Kultur, klassischer und neuer Musik, Massenkunst und ernster Kunst. Das Videoband ähnelt in seiner Struktur den Musikclips, die seit den 1980er-Jahren vom Musiksender MTV ausgestrahlt werden. NAM JUNE PAIK schneidet Werbeclips, Fernsehbilder ausgewählter TV-Sender und auch Videomaterial aus der eigenen Produktion so geschickt zusammen, dass ein globaler audiovisueller Teppich entsteht.

„Eben in dieser programmatisch vorgeführten syntaktischen[1] und semantischen Verknüpfung der heterogenen Fragmente offenbart sich eine Dimension, die über die bloße Vision einer künftigen weltumspannenden Medienlandschaft hinausweist. Vorgeführt wird nicht nur eine globalisierte TV-Landschaft, sondern auch und vor allem eine multikulturelle Situation, die nationale Grenzen ebenso überschreitet wie kulturgeografische."

Oßwald, 1999, S. 161

In der Auseinandersetzung mit dem Medium Fernsehen war für NAM JUNE PAIK das Thema Zeit von entscheidender Bedeutung. Durch das Medium Video sind die Kunstschaffenden in der Lage, mit der Kamera eine Abbildung herzustellen und diese augenblicklich wiederzugeben.

NAM JUNE PAIK: TV-Buddha, 1997, Videokamera, Monitor, Buddhakopf, Eisenwanne, Erde, 200 x 30 x 65 cm, Kamerahöhe: 110 cm

---

1 Syntaktisch = die Zusammenordnung betreffend; semantisch = den Inhalt des sprachlichen Zeichens betreffend

„Die Gleich-ZEITigkeit ist ein grundlegendes Element der Videokunst. Bereits während des Gestaltungsprozesses ist das Ergebnis gegenwärtig, und bei den erstmals mit der Video-technik möglich gewordenen *Closed-Circuit-Installationen*[1] sind für das menschliche Auge zeitgleich das Abgebildete und die Abbildung offensichtlich geworden."
[Der oder die von der Kamera Beobachtete wird Teil der Installation, beobachtet ihre/seine Bewegungen und Reaktionen am Monitor, was die Kamera wiederum aufnimmt.]
„1974 setzte er für seine Ausstellung in der Galeria Bonino in New York erstmals einen Bud-dha vor sein mit einer Videokamera aufgenommenes Monitor-Abbild. 1976 erweiterte er dieses [...] in der Kunsthalle Bremen mit einem monumentalen Buddha und sechs gestaffel-ten Monitoren. Alle – wie wir heute sagen würden – interaktiven Installationen, die Paik damals *Participation TV* nannte, basieren ebenfalls auf der Gleichzeitigkeit."

Herzogenrath, 1999, S. 12

Arbeitsanregungen

13. Sehen Sie sich die aufgeführten Beispiele der Videokunst aus den 1960er- und 1970er-Jahren noch einmal an und beschreiben Sie die Arbeiten.

14. Wie denken Sie heute über die damaligen Anfänge der Medienkunst – auch im Hinblick auf die technischen Möglichkeiten?

15. Diskutieren Sie die Idee der Installation TV Buddha. Interpretieren Sie die Arbeit.

16. Diskutieren Sie die Auffassung der Prozesskunst gegenüber herkömmlichen Kunstwer-ken – Skulpturen, Gemälden oder Grafiken.

17. Was versteht NAM JUNE PAIK unter Partizipations-TV?

18. Vergleichen Sie Global Groove mit heutigen Videoclips der bekannten Musiksender? Welche Gemeinsamkeiten und Unterschiede können Sie feststellen?

19. Welche utopischen Auffassungen vertrat NAM JUNE PAIK mit seinem Videokunstwerk Global Groove? Welche Ansätze der globalen Vernetzung sehen Sie beim heutigen Fernsehen?

20. Wie beurteilen Sie in diesem Zusammenhang die Bedeutung des Internets?

---

1 Closed-Circuit-Installationen = Installationen eines geschlossenen Kreises (von Aufnahme und Wieder-gabe)

Neue Tendenzen: Videoprojektionen und -installationen

Die Anfänge der Medienkunst in den 1960er-Jahren zeigen einen direkten medienkritischen Umgang mit dem noch jungen Medium Fernsehen; die realen und utopischen Eigenschaften werden durch Eingriffe in die Apparatur selbst oder durch die Verfremdung der Programmangebote künstlerisch reflektiert. Mit der Verfeinerung des technischen Standards der Videotechnik und den kostengünstigen Produktions- und Verbreitungsmöglichkeiten widmen sich die Kunstschaffenden zunehmend komplexeren Darstellungsweisen. Sie erzählen in ihren teilweise multimedial eingerichteten Videoprojektionen Geschichten, die sie aus unterschiedlichen Perspektiven und Ebenen präsentieren – begleitet mit Performance, Installation und Bewegung. Dazu vier Beispiele:

Danica Dakić: El Dorado

Eine Panorama-Tapete von 1848 mit dem Namen El Dorado bildet den Hintergrund, vor dem Jugendliche ihre Geschichten von Flucht und Vertreibung, von Zuversicht und Lebenswillen, von Träumen und Ängsten erzählen. DANICA DAKIĆS (*1962) Medieninstallation besteht aus drei Elementen: einer Videoprojektion, einem fotografischen Gruppenporträt (Foto) und einer Performance über die Suche nach dem verlorenen Paradies.

„Die Video- und Tonaufnahmen für El Dorado entstanden in der Zusammenarbeit mit Jugendlichen aus dem Hephata-Wohnheim für unbegleitete minderjährige Flüchtlinge, aus dem Jugendzentrum Schlachthof und der Tanz-AG der Carl-Schomburg-Schule in Kassel sowie mit Jugendlichen aus dem Kulturbunker Bruckhausen in Duisburg sowie aus dem Raum Münster und Düsseldorf."

Wieczorek, 2007, S. 230

DANICA DAKIĆ: El Dorado, Gießbergstraße (2006–2007), 1-kanal-Videoprojektion (HDV), Farbe, Ton, Kamera: Egbert Trogemann, Videoschnitt: Amra Bakšić, Audio-Design: Bojan Vuletić

Pascale Marthine Tayou: Game Station

Eine Holzhütte, chaotisch durch den Raum gespannte Kabel mit herabhängenden Kopfhörern, beliebig angeordnete Monitore, die Straßenszenen aus Kamerun zeigen und ebenso scheinbar wahllos angeordnete Lautsprecher, aus denen Alltagsgeräusche dröhnen, bieten den Betrachtenden dieser Videoinstallation von Pascale Marthine Tayou (*1967) einen atmosphärischen Eindruck von Alltagsszenen.

„Mit seinen lebendig chaotischen Installationen, Videos und Geräuschquellen, die vielfach durch Yaounde, Tayous frühere Heimatstadt inspiriert sind, erschafft er offene Räume, in denen die Grenzen zwischen Kunst und Alltag verschwimmen. Fundstücke, Alltagsobjekte, Zeichnungen, Videos und Fotografien werden hier zu erweiterten Inspirationsquellen, die wie unvollendete Prozesse wirken und unseren Blick auf die Dinge poetisieren. Sie bewegen sich zwischen Schönheit, Fragilität und Verfall, zwischen Kommerz und Selbstausdruck, zwischen der Suche nach Autonomie und den Zwängen global gewordener Fremdheit. [...] Tayous Werke kreisen um Fragen, die ebenso mit seiner in Kamerun geprägten Identität wie mit unserem westlichen Selbstverständnis zu tun haben."

Hoet, 2005, S. 6

Harun Farocki: Deep Play

Harun Farockis (*1944) Medieninstallation zeigt das Endspiel der Fußballweltmeisterschaft 2006 zwischen Italien und Frankreich aus mehreren Perspektiven:

Harun Farocki: Deep Play, 2007, Mehrkanal-Videoinstallation, Farbe, Ton, 12 synchronisierte Spuren auf 12 Monitoren, Maße variabel

„Man sieht den „Clean Feed", das Ausgangsmaterial der Fernsehanstalten, je einzelne Spieler beider Mannschaften, aber auch computergenerierte Abstraktionen des Spielflusses. Diese vermitteln uns die Erkenntnis, dass das intelligente, spontane Einzelentscheidungen wie spielkulturelle Gewohnheiten und taktische Ideen absorbierende Netz aus Bezügen zwischen ballführenden, passenden, den Ball annehmenden und laufenden Spielern, bezogen auf die Größe des Spielfeldes, ungefähr der Vielfalt von Konstellations- und Bewegungsmöglichkeiten entspricht, die ein gewöhnlicher Schwarm Guppys in einem mittelständischen Aquarium bietet. [...]. So erfahren wir doch vor allem, wie das Labor Fußball den aktuellen Stand der Produktion und Präsentation bewegter Bilder vorführen kann: alle Nachfolger von Simulation und Dokumentation, Kino, Fernsehen und Computerspiel laufen sich hier warm. Man sieht, wie unheimlich nahe die Wünsche der Genießerinnen, der Trainer und der Polizei einander sind. Wie im wirklichen Leben.

Diederichsen, 2007, S. 242

Pipilotti Rist: Pour Your Body Out

Die Schweizer Künstlerin PIPILOTTI RIST (*1962) zeigt im riesigen Atrium des New Yorker Museum of Modern Art (MoMA) die Videoinstallation *Pour Your Body Out (= Schütte deinen Körper aus)*. Blumenfelder, überlebensgroße Pilzwälder, Obst und Gemüse in kitschiges rosarot, lila oder giftgrün getaucht werden hin und wieder von Zivilisationsmüll zugedeckt und erdrückt.

Die Videoinstallation lebt von ihrer optischen Größe. Im Interview gibt die Künstlerin Auskunft über die Entstehung:

Die Künstlerin PIPILOTTI RIST zeigte 2008 im Museum of Modern Art (MoMA) ihre Videoinstallation „Pour Your Body Out."

■ *CLAUDIA STEINBERG: Wie sind Sie die drei riesigen Wände – jeweils rund sieben Meter hoch und fast 70 Meter lang – technisch angegangen?*

PIPILOTTI RIST: Es sind sechs Projektoren, die nahtlos Bilder auf die Wände werfen. Sie sind entweder in die Wände eingelassen oder sitzen wie Vogelnester darauf, ganz vor-
5 sichtig, um jede Verletzung des Taniguchi-Raumes[1] zu vermeiden. In Venedig haben wir noch alles ganz allein gemacht, mit Geräten für den normalen Konsumenten. Hier brauchten wir riesige High-Definition-Maschinen, um genug Helligkeit in den gigantischen Raum zu bekommen. Sie sind von einer lokalen Firma gemietet, den absoluten Megaprofis.
10 ■ *CLAUDIA STEINBERG: Wie vermittelt sich die Technologie für den Betrachter?*

PIPILOTTI RIST: Da der Raum so groß ist, ist die Auflösung ebenso gut oder schlecht wie in einem kleineren Raum mit einfachen Apparaten. Aber wenn wir mit dem üblichen Equipment gearbeitet hätten, würden die Bilder in dieser Größe wie Aquarelle wirken.
15 ■ *CLAUDIA STEINBERG: Der Maßstab muss doch die Seherfahrung radikal beeinflussen?*

PIPILOTTI RIST: Was mich hier sehr interessiert, ist das Körpergefühl der Besucher, wenn sie reinkommen. Wir sind es gewohnt, bewegte Bilder auf flachen Bildschirmen zu sehen, die meistens kleiner als unsere Körper sind. Im Kino kennen wir die Übergröße, können aber nicht herumgehen und sind in immer gleicher Distanz fixiert. Meine Ins-
20 tallation im MoMA hebt einem dagegen wahrhaftig die Brust, und das geht nicht nur mir so. Die Bewegungen der Kamera sind so zärtlich, als würden sie die Wände öffnen wollen.

Steinberg, 2009, S. 12

---

1 Das Atrium ist benannt nach dem japanischen Architekten des Museums Yoshio Taniguchi.

Arbeitsanregungen

21. Vergleichen und diskutieren Sie die vier Videoarbeiten im Hinblick auf die jeweilige Thematik. Beziehen Sie Ihre Ergebnisse auf die Videoarbeiten von Nam June Paik oder Wolf Vostell. Denken Sie an die technischen Veränderungen.

22. Inwieweit unterscheiden sich die Produktionsbedingungen der Videoinstallationen?

23. Überlegen Sie, welche Prinzipien der Gestaltung und Umsetzung wiederkehren und welche Beziehungen zwischen den Kunstwerken ausgemacht werden können.

24. Welchem Künstlerbild entspricht Ihrer Meinung nach die Produzentin der Videoinstallationen Pour Your Body Out?

1.4.4 Ausblick: Netzkunst im www

„Das Internet wird quasi zum transgeographischen Ausstellungsraum."

Schmidt, 2006, S. 37

Mit diesem einleitenden Zitat soll am Ende unseres Exkurses durch die Materiallandschaft zum Thema Kunst und Medien der kleine Ausblick in die Gegenwart und Zukunft dieses Verhältnisses gewagt werden. Das Stichwort Internet weist schon darauf hin, dass bildtechnisch mit der Digitalisierung inzwischen jener Punkt erreicht worden ist, an dem die klassischen Medien Video, Fernsehen, Fotografie und Film nicht mehr scharf voneinander zu trennen sind. Die sich seit 1994 rasant ausbreitenden Informationswege des World Wide Web haben inzwischen alle Lebensbereiche und alle Generationen miteinander vernetzt. Die vormals klassischen Mediendisziplinen stöhnen unter der Last der Veränderungen: Das Fernsehen hat erkannt, dass man im Netz seine Zuschauerinnen und Zuschauer suchen muss und bietet seine Programme auch online an; die Zeitungen versuchen mit neuen Strategien und kleinen Nachrichtenvideos ebenfalls im Netz die Konkurrenz abzuschütteln. Für die Kunst war die Chaotik des Internets von Anbeginn ein riesiger Freiraum, der schnell als Kunstraum für virtuelle Experimente entdeckt und genutzt wurde. Verteidigten Redaktionen oder Galerien noch das Dogma der Qualitätssicherung in Video, Film und Fernsehen, war in der Weite des Internets (fast) jedes Experiment möglich – mit dem Risiko der Beliebigkeit und der Aufforderung an den Nutzer, die notwendige Qualitätskontrolle selbst zu übernehmen. Die jungen Kunstschaffenden des neuen Mediums eigneten sich schnell ein hohes Maß an Mediennutzungskompetenz an und griffen – ähnlich wie Nam June Paik es beim Fernsehen vorgemacht hat – direkt in die Hard- und Software ein.

Wie muss man sich einen transgeografischen Ausstellungsraum vorstellen? Wo ist dieser Ausstellungsraum zu finden? Die Verortung dieser „Kunsthalle" ist gar nicht so leicht. Begehbar wird dieser Raum nur durch die entsprechende Hardware und Software. Der Raum existiert als Computerprogramm, gelagert auf Servern, die wiederum an unterschiedlichen Orten aufgestellt sein können. Im Augenblick des Aufrufes von einem Computer aus wird dieser Raum generiert, erfahrbar und beliebig erweiterbar – der materielle Ort wird unwichtig, das Internet wird zur Galerie der Kunst, die durch das Netz hergestellt und erlebbar wird. Das betrifft den Produktions-, Wahrnehmungs- und Verbreitungsprozess des Kunstwerkes, indem es sich allein auf die Möglichkeiten des Computers und des Internets bezieht. Die Betrachterin oder der Betrachter muss nicht mehr einen besonderen Raum aufsuchen, um ein Kunstwerk zu betrachten, sondern sie oder er kann sich die Bilder aus dem Netz herunterladen.

Wenn das Kunstwerk im Zeitalter seiner technischen Reproduzierbarkeit durch die Fotografie einer gravierenden Veränderung unterworfen war, so werden durch das Zeitalter der Digitalisierung ganz neue Fragen an das Kunstwerk gestellt. Boris Groys geht davon aus, dass von einem digitalen Bild zunächst nichts weiter existiert als sein digitaler Code, der wie die Partitur eines Musikstücks mit seinem Endprodukt – dem Musikstück oder dem Bild – zunächst nicht-identisch ist – also stumm. Erst durch den Aufruf des Bildes am Computer wird das Bild erzeugt, und dabei ist das Bild selbst von den Bedingungen – der Beschaffenheit des Monitors usw. – abhängig. Das Bild kann „durch den Kontext seiner Aufführung" beeinflusst werden.

„Somit wird jede Aufführung eines digitalen Bildes zu einer Neu-Erschaffung. Die heutige digitale Bilderwelt zeigt also: Es gibt so etwas wie eine Kopie nicht. Wir haben es in der digitalen Bilderwelt nur mit Originalen zu tun. [...] "

Groys, Vom Bild zur Bilddatei, 2006, S. 54

Das Original unterscheidet sich von der Kopie eines Kunstwerkes nach Walter Benjamin dadurch, dass das Original als einzigartiger und echter Gegenstand an einen bestimmten Ort und eine Geschichte geknüpft ist; die Kopie hingegen ist ortlos und ungeschichtlich.

„Das zentrale Charakteristikum des Internets besteht nämlich gerade darin, dass im Netz alle Zeichen, Worte und Bilder eine Adresse bekommen, das heißt, verortet, territorialisiert, in eine heterogene Topologie eingeschrieben werden. [...] Das Netz vollzieht eine (Re)Originalisierung der Kopie, indem sie ihr eine Netzadresse verleiht. [... Und weiter:] Wenn eine Bilddatei nicht als Bild aufgeführt, ausgestellt wird, existiert sie als Bild auch nicht."

Groys, Vom Bild zur Bilddatei, 2006, S. 55

Was heißt das nun? Nicht nur Verbreitungsweg und Ausstellungsraum haben sich durch die neuen Medien verändert, sondern auch Form und Inhalt des Kunstwerks selbst gewinnen eine neue Qualität: Es erscheint als reproduziertes Werk nicht mehr als immer gleiche Vervielfältigung, sondern wird vom Computer jedes Mal als immer neu auszuführendes Bild – als Original – ausgegeben.

Die „Medienkünstlerinnen und -künstler" haben sich den neuen Herausforderungen des Netzes gestellt und die Möglichkeiten einer unmittelbaren und kostengünstigen Verbreitung zu eigen gemacht. Die Kunstschaffenden, die im globalen Netz operieren, verstehen das Internet als globalen Ausstellungsraum, agieren von eigenen Websites aus und wollen im Wesentlichen auch unabhängig vom offiziellen Kunstbetrieb sein. Vielfach sind es eigene Szenen, autonome Communities, die ihr globales Publikum auch ohne den institutionellen Rahmen einer Galerie suchen und finden.

Beispiele: Die Website der dänischen Künstlergruppe Superflex (links oben); Szenenfoto aus ihrem Video „FLOODED McDONALD'S" (rechts unten). Netzkunst-Websites, die u. a. den Quellcode als grafisches Element einsetzen (links unten, oben rechts).

Die Websites der Netzkünstlerinnen und -künstler besitzen unterschiedliche Charakteristika:

1. Viele Kunstschaffende arbeiten ähnlich wie im Dadaismus in den 1920er-Jahren mit Bild- und Textmaterial. War es damals der Zugriff auf Zeitungen, Typografie, Bildmaterial, so verändern und manipulieren die Netzkünstlerinnen und -künstler heute direkt die Skripte der Internetseiten: HTML, PHP, Flash, Java, CSS, GIF-Animationen, GIF-Bilder usw.[1]
2. Andere wiederum setzen sich mit der Medienkultur der Computeranwender/-innen auseinander – durch direkten Eingriff in die Computerspiele. Die Diskussion über die gewalthaltigen Spiele beschäftigt die Gesellschaft sehr. Eine Gruppe hat beispielsweise eine „künstlerische Intervention" *(Velvet-Strike)* für das Spiel *Counter-Strike*[2] entwickelt, wodurch die Spielerinnen und Spieler Graffiti-Tags oder Bilder, die das Spiel konterkarieren, in den virtuellen Raum von Counter-Strike einsetzen können.

---

1 Vgl. dazu: KH S. 200
2 Counter-Strike (engl.) = Gegenschlag

„Eigentlich ist es erstaunlich, dass die Künstler erst in den letzten Jahren Computerspiele als Medium für sich entdeckt haben. Denn auf kuriose Weise sind Games der wahrgewordene Traum vom Gesamtkunstwerk."

Baumgärtel, 2009, S. 10

3. Im Zusammenhang der Netzkunst ist aber auch die Videokunst vertreten. Die Globalisierung des Internets ist eine hervorragende Plattform, Videos zu präsentieren und zum Download anzubieten. Über die Internetplattform *YouTube* ist ein Kurzfilm schneller und besser als über konventionelle Wege zu verbreiten.
Die Netzkunst ist eine noch verhältnismäßig junge Kunst; erst Mitte der 1990er-Jahre wurde mit der Entwicklung des Internets[1] diese Richtung wahrgenommen und auch zum Forschungsgegenstand der Universitäten. 1997 wurde in Karlsruhe das *Zentrum für Kunst und Medientechnologie (ZKM)* gegründet.

▓ Medienkunst im Internet

- **Zentrum für Kunst und Medientechnologie Karlsruhe (ZKM):** http://www.zkm.de/
- **Medienkunstnetz:** http://www.medienkunstnetz.de/
- **Künstlergruppe Superflex:** http://www.superflex.dk/
- **Gazira Babeli:** www.gazirababeli.com/index.php
- **Velvet-Strike:** http://www.opensorcery.net/velvet-strike/
- **Hartware MedienKunstVerein (HMKV):** http://www.hartware-projekte.de/frameset.htm
- **ASCII-Kunst[2]:** http://www.ljudmila.org/~vuk/(Aufruf aller Internetseiten: 01.02.2009)

"Die Funktionalität eines Computers ist eine ästhetische Qualität:
die Schönheit von Konfigurationen,
die Effektivität von Software,
die Sicherheit des Systems,
der Verbreitung von Daten,
all dies sind Merkmale einer neuen Schönheit."
Franco Mattes, 0100101110101101.ORG

Arbeitsanregungen

25. Diskustieren Sie die These von Boris Groys, dass ein durch das Internet verbreitetes Bild als Original und nicht als Kopie ausgegeben wird.

26. Beziehen Sie seine These auf die Aussagen in den Textausschnitten von Walter Benjamin über die Beziehung zwischen einem echten Kunstwerk und einer Reproduktion.

---

1 1994 entwickelte der britische Informatiker Sir Timothy John Berners-Lee die Script-Sprache HTML (Hypertext Markup Language) und begründete damit das World Wide Web (WWW).
2 ASCII-Kunst besteht aus Bildern oder Piktogrammen, die mit den Zeichen des ASCII- (= American Standard Code for Information Interchange) Zeichensatzes hergestellt worden sind.

27. Welche Meinung haben Sie über Medienkunst? Wie nehmen Sie Kunstwerke wahr, die ausschließlich im Internet vorhanden sind und nur virtuell betrachtet werden können?

28. Überlegen Sie in Ihrer Gruppe eine thematische Bilderreihe für eine Internetgalerie. Diskutieren Sie auch die Realisierungsmöglichkeiten.

1.4.5 Bedeutung für die Lernsituation

Bevor diese Phase des Ausführens bzw. Durchführens, des Aneignens und Erarbeitens von Materialien zum Thema Kunst und Medien abgeschlossen wird, sei eine Zwischenfrage erlaubt: Welche neuen Erkenntnisse konnten mit der Durcharbeitung der Arbeitsmaterialien gewonnen werden?[1]

Im ersten Teil konnten aus den Quellentexten aufschlussreiche Erkenntnisse über den Zustand und die Beschaffenheit des Mediums Fernsehen gewonnen werden. Der Begriff Medienkompetenz wurde mit seinen vier Dimensionen erläutert: Medienkritik, Medienkunde, Mediennutzung und -gestaltung. Dass die Kunst sich durch die Entwicklung der Fotografie schon seit dem Beginn des 20. Jahrhunderts permanent verändert hat, originale, einzigartige Kunstwerke ganz anders als reproduzierte wahrgenommen werden, war ebenso Gegenstand der Quellentexte als auch die Beobachtung, dass sich dieser Prozess durch die Digitalisierung beschleunigt hat: Kunst im Medienzeitalter bedient sich der neuen technischen Herausforderungen und stellt unserem Kunstverständnis komplexere Aufgaben.

Auch die Beschreibungen der Künstlerinnen und Künstler dokumentieren diesen Prozess: Von Kurt Schwitters bis Nam June Paik – von der Collage bis zur Videokunst als Wegbereiter der Entwicklung der Medienkunst wird beschrieben, wie Kunst und Medien, Malerei und Fotografie, Rauminstallation und Video eng miteinander verbunden sind und sich gegenseitig beeinflussen und ergänzen.

Nach einer intensiven Textbearbeitung muss man auch die Frage nach dem eigenen Kunstverständnis stellen: Hat sich dieses durch das Quellenstudium verändert? Welches Bild von Kunst und Medien konnte gewonnen werden? Wie wurde bislang die Verbindung von Kunst und Medien in der künstlerischen Arbeit wahrgenommen?

Denken Sie jetzt noch einmal an die Lernsituation (vgl. S. 11) und versetzen Sie sich in die Situation des Berufspraktikanten Daniel, der nun auch sein „Quellenstudium" abgeschlossen hat und jetzt vor dem Hintergrund der frisch angeeigneten Informationen ein konkretes Handlungskonzept erarbeiten wird:

- Welche Informationen und Erkenntnisse haben ihm die Arbeitsmaterialien und Quellen gebracht?
- Welche Anregungen und Hinweise können sich aus diesen Materialien für sein Handlungskonzept ergeben?
- Wie kann er seine erworbene Sachkompetenz in pädagogisches Handeln übersetzen?

---

1 Vgl. dazu Phase 3, S. 15

- Sind die Themen – die Kunstschaffenden, die Bilder und Objekte – interessant für die Jugendlichen seiner Wohngruppe?
- Gibt es Anknüpfungspunkte, um mit ihnen zusammen das Verhältnis von Kunst und Medien einmal gemeinsam zu erforschen und zu bearbeiten?
- Welche Wirkung macht auf die Jugendlichen beispielsweise der Video-Synthesizer von NAM JUNE PAIK? Ist dieses Kunstwerk für sie nur „alter Elektronikschrott" oder gelingt es Daniel, anhand dieser Videoskulptur den Jugendlichen zu zeigen, dass Kunst auch aus technischen Apparaten, Monitoren und Videofilmen bestehen kann?

Arbeitsanregungen

29. Ordnen Sie Daniels Gedanken und skizzieren Sie die Hauptgesichtspunkte mithilfe einer Strukturgrafik oder Mind Map, die die Beziehung zwischen Kunst und Medien zeigt.

30. Diskutieren Sie konkrete Überlegen und Möglichkeiten für eine Aktivität mit den beschriebenen Jugendlichen der Wohneinrichtung zum Thema Kunst und Medien.

Der Berufspraktikant Daniel überlegt und sucht nach einer konkreten Idee für eine pädagogische Aktion zum Thema Kunst und Medien, durch die seine Ziele, die er sich vorgenommen hat, verwirklicht werden können. Durch praktisch-künstlerisches Arbeiten werden die Jugendlichen aufgefordert, sich selbst kreativ zu betätigen. Durch das eigene Handeln lassen sich Erkenntnisse zu diesem Thema am elegantesten gewinnen. Man kann sehen und direkt erleben, wie sich mit Medien Kunst herstellen lässt. Die Förderung von Medienkompetenz und ästhetischer Kompetenz steht dabei im Vordergrund.
Für die Erarbeitung, Planung und Durchführung einer praktischen künstlerischen Aktion werden im Folgenden einige ausgewählte Arbeitsanregungen mit Kommentaren und Hinweisen vorgestellt.

1.5 Arbeitsanregungen und Präsentation: Vielfalt der Möglichkeiten

Überlegen Sie in Ihrer Arbeitsgruppe, welches Verfahren sich für die praktische Aktion einer künstlerischen Auseinandersetzung oder eine produktive Mediengestaltung eignen könnte. Um die Fantasie für weiterführende Überlegungen zu beflügeln, versucht die hier abgebildete Arbeitsgruppe erste Vorschläge zu formulieren und die Vielfalt der Möglichkeiten anzudeuten. Die gelben Gedankenblasen stehen jeweils für eine Arbeitsanregung, die auf den nächsten Seiten zusammen mit weiteren aufgelistet und näher erläutert werden.

Beispiele: Fotobearbeitungen

Zwei Porträts, die mit verschiedenen Filtern des Bildbearbeitungsprogramms ADOBE® Photoshop® Elements 6 unterschiedlich bearbeitet worden sind.

 Übersicht der künstlerischen Verfahren

künstlerische Verfahren[1]	Beschreibung/Präsentation
Bildanalyse	Bilder, Videoinstallationen und Medienkunst im Internet verschiedener Künstler betrachten/**Diskussion**
Bilder von Jugendlichen betrachten	Beispiele von Jugendzeichnungen und jugendspezifischen Medien betrachten und analysieren/ **Vortrag/Diskussion**

---

1 Die künstlerischen Verfahren werden ausführlich in unserem Buch „Kreatives Handeln" vorgestellt.

künstlerische Verfahren[1]	Beschreibung/Präsentation
Zeichnung	Verfremdete Porträtzeichnungen von Medienpersönlichkeiten nach Fotovorlagen/**Ausstellung**
Malerei	Übermalung kleinformatiger Fotoprints (10 x 15 cm) mit Acryl- oder Temperafarbe; Farbe abziehen mit Fotokopien (Dekalkomanie)/**Ausstellung**
Collage	Materialcollagen aus unterschiedlichen Medienmaterialien (Fotoprints, Zeitungsmaterial)/**Ausstellung**
Objekte	Objekte und Skulpturen aus „Medienschrott" (alten TV-Geräten, Computerteilen usw.) herstellen/ **Aktionstag mit Ausstellung**
Fotografie	Fotobearbeitungen/Fotomontagen zu einem aktuellen politischen Thema/**Internetgalerie**
Video	Musikvideos oder Videocollagen aus verfremdetem TV-Material oder eigenen Szenen produzieren/ **Vorführung/Internetauftritt**
Printmedien	Ein CD-Cover oder ein Videoplakat unter Verwendung von bearbeiteten Fotografien gestalten/ **Ausstellung**
Webdesign	Entwurf und Herstellung von HTML-Seiten mit grafischen Experimenten und bearbeiteten Digitalfotos/Einbindung von kurzen Videos/**Internetauftritt**
Architektur und Raumgestaltung	Videoinstallation mit einer Bild-/Toncollage für eine Raumgestaltung konzipieren/**Ausstellung**
Plakataktion	Entwurf und Herstellung eines Großflächenplakates zum Thema „Medien"/**Präsentation auf einer Plakatwand in der Stadt**
Museumsbesuch	Besuch einer Kunstausstellung, in der besonders Medien eine Rolle spielen/**Planung und Durchführung**

Arbeitsanregungen

1. Haben wir etwas vergessen? Überlegen Sie sich weitere Arbeitsanregungen!

Beispiel: Videoclip

Video-Screenshots eines Kurzspielfilms. Der Farbton und die Bildauflösung der Einstellungen sind beim Schnitt bearbeitet worden.

Die Seiten des Präsentierens

In der Auflistung der Arbeitsanregungen ist nur jeweils kurz angedeutet, welche Präsentationsform gewählt werden könnte. Dieser Hinweis lässt sich sowohl auf die vorgestellte Lernsituation als auch auf die Arbeitssituation im Rahmen der sozialpädagogischen Ausbildung beziehen.

In der Praxis würde sich der Berufspraktikant Daniel für eine geeignete künstlerische Arbeitsform entscheiden. Wahrscheinlich hätte er im Vorfeld seinen Kolleginnen und

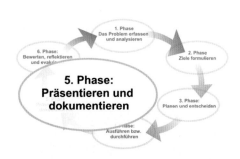

Kollegen sein Handlungskonzept dargestellt und erläutert, welche kreative Aktivität zum Thema Kunst und Medien er mit den Jugendlichen durchführen möchte. Die Ergebnisse dieser künstlerisch-pädagogischen Aktion könnten entweder im Rahmen einer Hausausstellung oder auf der Homepage der Einrichtung präsentiert werden.

Bei der Bearbeitung dieser Lernsituation im unterrichtlichen Zusammenhang geht es vornehmlich darum, die Ergebnisse, die Sie durch die Bearbeitung der Materialien und durch die praktische Ausführung eines künstlerischen Verfahrens (Collage, Fotografie usw.) gewonnen haben, im Plenum vorzustellen. Dazu wählen Sie eine geeignete Form. Hier noch einmal die oben genannten Formen mit einigen Hinweisen:

 Übersicht der Präsentationformen

Präsentationsform	Beschreibung
Vortrag mit Diskussion	Unterstützung der Anschaulichkeit und Lebendigkeit durch freies und abwechslungsreiches Vortragen sowie geeignete Medien wie beispielsweise Microsoft Office Power-Point®
Vorführung	Die Organisation einer Videoverführung umfasst die ansprechende Ankündigung und Werbung sowie eine Vorbereitung des Raumes (mit funktionierender Technik).
Ausstellung	Die Präsentation der Bilder und Skulpturen sollte gut geplant und vorgenommen werden, ebenso die Eröffnung der Ausstellung (mit origineller Einführungsrede, Rundgang)
Internetauftritt Website	Eine gute Präsenz im Netz erfordert eine optische Aufmerksamkeit durch ein gut abgestimmtes Webdesign bezüglich Navigation, Seitenlayout, Farbgebung und Typografie.
Plakataktion	Die Präsentation des Plakatentwurfs findet als Klebeaktion im städtischen Rahmen statt. In der Schule können mit einem Plakat wesentliche Ergebnisse visualisiert werden.

1.6   Reflexion über Analyse, Bewertung und Evaluation

In diesem Abschnitt geht es darum, die Bearbeitung der Lernsituation einer Bewertung, Reflexion und Evaluation zu unter-
ziehen. Wichtig ist dabei zunächst noch
einmal, die Perspektive zu justieren, die
bei diesem Arbeitschritt eingenommen
werden soll. In der Bearbeitung von Lernsituationen geht es um fiktive Praxissituati-
onen, die exemplarisch einen Problemkontext abbilden. Die Bearbeitung erfolgt
demnach auf einer „Planspielebene" – eine

reale Durchführung des geplanten Vorhabens findet also als Gedankenspiel statt. Folglich
kann Reflexion also nur heißen, dass Sie und Ihre Lerngruppe

- den Arbeitsprozess an diesem Fallbeispiel und
- die erarbeiteten Zielvorstellungen und geplanten Handlungen bezüglich der vorgegebe-
  nen Lernsituation

noch einmal genauer in den Blick nehmen. Berücksichtigen Sie dabei, dass Sie sich für das
Reflektieren in Ihrer Kleingruppe genügend Zeit nehmen. Die Ergebnisse der Reflexion sollen für alle Beteiligten ein Gewinn sein, dessen Erkenntnisse Aufschluss darüber bringen,
welche Sach-, Sozial- und Selbstkompetenzen gestärkt oder noch erworben werden sollten.

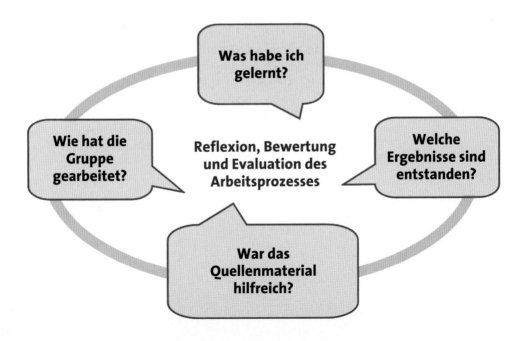

Denn darum geht es: Der Prozess der Reflexion oder Evaluation ist kein Endpunkt einer Auseinandersetzung – beispielsweise mit dem Thema Kunst und Medien -, sondern Ende und Neubeginn zugleich. Wie in der sozialpädagogischen Praxis die Reflexion einer pädagogischen Aktion auch immer die Frage „Was kann man beim nächsten Mal besser machen?" aufwirft, so lässt sich diese Frage auch auf den Arbeitsprozess in der Bearbeitung einer Lernsituation übertragen.

Für die Bewertung, Reflexion und Evaluation der erworbenen Handlungskompetenzen in Bezug auf das Thema Kunst und Medien sollen die folgenden Fragestellungen für beide Perspektiven – Arbeits- und Fachebene – eine Orientierung bieten:

Reflexion: Analyse der geleisteten Arbeit

- Wie habe ich die Aufgabenstellung der Lernsituation aufgenommen?
- Was hat mich an ihr gereizt/herausgefordert und was war schwierig?
- Wie war die Arbeitsplanung zur Lösung der Aufgabe in meiner Gruppe?
- Wie habe ich die Zusammenarbeit erlebt (Aufgabenverteilung, Zielstrebigkeit, Effektivität, Zuverlässigkeit ...)?
- Wie habe ich die Begleitung durch die Lehrerinnen und Lehrer erlebt?
- Wie habe ich mich an der Arbeitsplanung beteiligt?
- Wie habe ich mich in die Gruppendiskussionen eingebracht und warum auf diese Weise?
- Sind die Rückmeldungen in der Arbeitsgruppe auf einer sachlichen Ebene vermittelt worden?
- Was habe ich konkret zur Lösung der Aufgabe beigetragen?
- Was würde ich beim nächsten Mal anders machen?

Bewertung: Einschätzung der erworbenen Kompetenzen

- Welche Inhalte der Arbeitsmaterialien waren hilfreich, welche eher hinderlich für die Aneignung von Fachkompetenz des Themas Kunst und Medien?
- Welche neuen Fachbegriffe habe ich kennengelernt?
- Welche neuen Erfahrungen habe ich im Hinblick auf das Thema Kunst und Medien gemacht?
- Was hat mich an dem fachlichen Hintergrund dieses Themas besonders gereizt?
- Wie bewerte ich jetzt dieses Thema im Hinblick auf das berufliche Handlungsfeld?
- Welche Informationen habe ich besonders im Hinblick auf meine eigene Medienkompetenz hinzugewonnen?
- Ist das Repertoire meiner ästhetischen Kompetenz erweitert worden?
- Hat sich durch diesen Arbeitsprozess mein Verhältnis zur Kunst allgemein verändert?

Evaluation: Überprüfung der Umsetzungsmöglichkeit

- Können die erarbeiteten Ideen auf eine berufliche Situation übertragen werden?
- Sind die geplanten Vorhaben auch für die Altersstufe, die im Lernszenario vorgestellt wird, geeignet?

- Sind die praktischen Arbeitsanregungen, die für die Beschäftigung mit dem Thema Kunst und Medien ausgewählt worden sind, für die Jugendlichen motivierend und ihrer Lebenssituation entsprechend?
- Unter welchen organisatorischen Bedingungen ist eine Durchführung dieses Vorhabens möglich?
- Welchen positiven Effekt würde eine im Kontext Kunst und Medien entworfene und durchgeführte praktisch-pädagogische Aktion auf eine mögliche Konfliktlösung innerhalb der Wohngruppe haben?

Arbeitsanregungen

1. Reflektieren Sie zunächst Ihre eigene Arbeitsweise, schreiben Sie Ihre Gedanken auf und tauschen Sie sich anschließend anhand Ihrer Aufzeichnungen in der Arbeitsgruppe aus.

2. Mit welchen Methoden werden Sie die Reflexion in Ihrer Arbeitsgruppe durchführen? Wählen Sie eine geeignete Form.

3. Überlegen Sie in Ihrer Arbeitsgruppe, wo und wie Sie sich weiteres Wissen über das Thema Kunst und Medien aneignen und vertiefen können.

4. Wie kann Medienkompetenz in der sozialpädagogischen Praxis durch das Thema Kunst und Medien gestärkt werden?

1.7 Weitere Lernsituationen

Am Beispiel einer Lernsituation haben Sie zum Thema Kunst und Medien ein berufliches Problem kennengelernt und selbstständig bearbeitet. Denkbar sind sicherlich viele Beispiele für Situationen aus der sozialpädagogischen Praxis, in denen das Verhältnis von Kunst und Medien problematisiert werden könnte. Zwei weitere Szenen, die sich jeweils von der oben ausgeführten Lernsituation unterscheiden, sollen im folgenden kurz skizziert werden:

1.7.1 Lernsituation: Computerraum

Sebastian arbeitet als Berufspraktikant in einer freizeitpädagogischen Einrichtung und beschäftigt sich seit einiger Zeit mit dem Gedanken, in dem Jugendzentrum die Einrichtung eines Computerraumes zu beantragen. Dieser Raum soll nach seinen Vorstellungen so ausgestattet werden, dass jeder einen Internetzugang hat und alle Rechner in einem lokalen Netzwerk (LAN) miteinander verbunden sind. Einige Jugendliche – zwischen 16 und 17 Jahre alt – sind sehr computerinteressiert und haben ihr Interesse geäußert, sich an der Installation des Raumes zu engagieren, den Raum intensiv zu nutzen und auf den vernetzten PCs auch Computerspiele zu spielen. Möglicherweise können dabei auch die sogenannten „Ballerspiele" (z. B. *Counter-Strike*) gespielt werden. Diesen Aspekt betrachtet Sebastian mit sehr gemischten Gefühlen, da er den Jugendlichen den Zugang zu den neuen Medien einerseits grundsätzlich ermöglichen möchte, andererseits aber überlegt, den Jugendlichen Wege anzubieten, wie sie sich am Computer auch künstlerisch betätigen könnten. Kein einfacher Weg.

Sebastian muss nun bei seinen Vorgesetzten und beim Träger für dieses neue Medienangebot werben. Er will ein Konzept erarbeiten, das die medienpädagogischen und künstlerischen Fragestellungen berücksichtigen soll. Im Kern denkt Sebastian daran, den Jugendlichen einen möglichst freien Zugang zu gewähren und sich dabei auch mit den von den Jugendlichen häufig genutzten „Ballerspielen" auseinanderzusetzen, ohne durch Verbote den Zugang vorschnell zu reglementieren. Er möchte die Jugendlichen in ihrem Computerspielverhalten gern besser verstehen und sucht im Internet nach künstlerischen Interventionen, die sich speziell mit diesem Genre ästhetisch auseinandersetzen. Er denkt, über diesen Weg könne er sicherlich die Konsumgewohnheiten der Jugendlichen hinsichtlich der Computerspiele etwas relativieren. Nach einiger Suche findet er die Seite *velvet-strike* und sieht sich die Website genauer an …

Arbeitsanregungen

1. Sehen Sie sich diese Lernsituation genau an und beschreiben Sie die Problematik.

2. Untersuchen Sie, worauf sich das Konzept „Velvet-Strike" genau bezieht und versuchen Sie, eine künstlerische Strategie für ein Handlungskonzept zu entwickeln.

1.7.2 Lernsituation: Ausstellungsbesuch

Simone arbeitet als Berufspraktikantin in einer Freizeiteinrichtung, die Jugendlichen im Alter von 14 bis ca. 16 Jahren verschiedene Angebote macht. Für einige ist dieses Haus nur ein Treffpunkt, ein offenes Haus, um mit Freunden gemeinsam Freizeit zu verbringen, andere engagieren sich in unterschiedlichen Gruppen, die sowohl nach sportlichen als auch kulturellen Themen und Inhalten ausgerichtet sind. Die erst kürzlich eingerichtete Kunstgruppe war der Wunsch einiger Jugendlicher, um sich intensiver mit den verschiedenen Formen der Kunst zu beschäftigen. Simone, die selbst ein großes Interesse an Kunst hat, sich selbst auch regelmäßig kreativ betätigt, gern und viel fotografiert und gelegentlich Ausstellungen besucht, ist hoch erfreut über dieses Engagement. Einige der Jugendlichen haben ihr beiläufig erzählt, dass sie mit ihren Eltern im Urlaub auch schon einmal Galerien, Museen oder Konzerte besucht hätten. Selbst ein Instrument spielen einige. Von anderen Jugendlichen der Gruppe weiß Simone, dass sie ihren PC zu Hause für Spiele nutzen und auch sonst ihre Freizeit häufig vor dem Fernseher verbringen. Mit Kunst kommen sie selten in Berührung.

In der 14-tägig stattfindenden Kunstgruppe berichteten einige der Jugendlichen darüber, dass im Sprengel-Museum in Hannover eine Ausstellung des koreanischen Künstlers Nam June Paik eröffnet worden sei. Im Fernsehen hätten sie einen Bericht über die Eröffnung gesehen. Einer der Ausstellungsmacher wäre in dem Fernsehbeitrag mit dem Satz „Kunst war schon immer Medienkunst!" zitiert worden. Ein provokanter Satz, meinten einige in der Runde und warfen gleich die Frage auf, was denn überhaupt Kunst sei oder dass die Form der Kunst auch von der jeweiligen Zeitströmung abhängig sei. Andere äußerten sich sehr skeptisch über dieses Zitat und entgegneten, in Kunstwerken müsse doch auch ein handwerkliches Können sichtbar werden; mit Medien Kunst zu machen, das könne doch schließlich jeder.

Nach einer angeregten Diskussion wird schließlich die Idee geäußert, die Ausstellung in Hannover zu besuchen, um sich die Medienkunstwerke im Original anzusehen und sich mit den Konzepten genauer zu beschäftigen. Die Berufspraktikantin Simone begrüßt diesen Vorschlag und sieht darin für sich eine Herausforderung, da sie sich zum einen in das Thema Medienkunst einarbeiten muss, um den unterschiedlichen Meinungen der Jugendlichen auch begegnen zu können, zum anderen muss sie gegenüber ihren Kolleginnen und Kollegen auch eine Argumentation entwickeln, um diese Aktivität bewilligt zu bekommen ...

Arbeitsanregungen

3. Entwerfen Sie für die Berufspraktikantin Simone einen Moderationszettel für eine Gesprächsrunde, in dem das persönliche Verständnis und die Wahrnehmung von moderner Kunst angesprochen werden soll.

4. Wie könnte Simone mit der Heterogenität der Gruppe im Hinblick auf die Erfahrungen mit Kunst umgehen?

5. Skizzieren Sie eine Argumentationslinie für eine Begründung der Museumsfahrt.

6. Schreiben Sie eine eigene Lernsituation zum Thema Kunst und Medien unter Berücksichtigung Ihrer eigenen Praxiserfahrungen.

 Literaturhinweise zum Thema „Kunst und Medien"

Friedling, Rudolf/Herzogenrath, Wulf (Hrsg.): 40JAHREVIDEOKUNST.DE – Teil 1. Digitales Erbe: Videokunst in Deutschland von 1963 bis heute, Ostfildern, Hatje Cantz Verlag, 2006
Grosenick, Uta/Riemschneider, Burkhard (Hrsg.): Art Now. 81 Künstler zu Beginn des 21. Jahrhunderts, Köln, TASCHEN, 2005
Martin, Sylvia/Grosenick, Uta (Hrsg.): Video Art, Köln, TASCHEN, 2006
Tribe Mark/Reena, Jana/Grosenick, Uta (Hrsg.): New Media Art, Köln, TASCHEN, 2007
Walther, Ingo F. (Hrsg.)/Ruhrberg, Karl u. a.: Kunst des 20. Jahrhunderts, Band I und II, Köln, TASCHEN, 2005

Internetadressen

Zentrum für Kunst und Medientechnologie Karlsruhe (ZKM): www.zkm.de/

Medienkunstnetz: www.medienkunstnetz.de/

40JAHREVIDEOKUNST.DE – TEIL 1. Digitales Erbe: Videokunst in Deutschland von 1963 bis heute: www.40jahrevideokunst.de.

Kurt Schwitters: www.kurt-schwitters.org/

Gerhard Richter: www.gerhard-richter.com/

Nam June Paik (Paikstudios): www.paikstudios.com/

Pipilotti Rist: www.pipilottirist.net/

Gazira Babeli: www.gazirababeli.com/index.php

Jürgen Stollhans in der **Galerie Otto Schweins:** www.ottoschweins.de/

Museum Ludwig, Köln: www.museenkoeln.de

Museum MARTa, Herford: www.martaherford.de

Kunsthalle Bremen: www.kunsthalle-bremen.de

Sprengel Museum Hannover: www.sprengel-museum.de

(Aufruf aller Internetseiten: 13.02.2009)

2 Ästhetisches Biografieren

2.1 Einführung: Die eigene Biografie im Zentrum künstlerischer Verarbeitung

Im Mittelpunkt dieses Kapitels steht die kreative bildnerische Auseinandersetzung mit der eigenen Biografie. Durch eine biografische Annäherung, die das eigene Erzogensein beleuchtet, sollen mit ästhetischen Mitteln Ihre ganz individuellen Grundannahmen und Glaubenssätze über Erziehung an die Oberfläche geholt werden.

Erinnerungsstücke

„Seit Menschen über die Erziehung des Menschen nachdenken, ist ihnen bewusst, dass sie selbst Erzogene sind und dass ihr Erzogensein ihre Erziehung beeinflusst. ... Für jeden der erzieht, ist die biografische Reflexion des eigenen Erzogenseins Voraussetzung für eine bewusste Gestaltung von Erziehung."

Stiller, 1999, S. 11

Ein wichtiger Teil des Nachdenkens über Erziehung besteht für angehende ErzieherInnen darin, die eigenen Vorstellungen zur Berufsrolle, einschließlich der Motivation und die Hintergründe für die Berufswahl zu hinterfragen. Vieles davon liegt in den Erfahrungen verborgen, die in der Kindheit mit der eigenen Erziehung gemacht worden sind.

In der geschildertern Lernsituation soll es um solche Erfahrungen gehen. Es sollen Entdeckungen gemacht werden über die Menschen, Situationen und Dinge, die Sie geprägt haben und daran beteiligt waren, Sie zu dem zu machen, was Sie heute sind.

In der aktuellen Kunst haben mehrere Künstlerinnen und Künstler Konzepte entwickelt, in denen sie Biografisches aus unterschiedlicher Perspektive heraus erforschen. Durch das Kennenlernen und die Auseinandersetzung mit einigen von ihnen sollen Sie Ideen und Anregungen erhalten, selbst Biografisches mit künstlerischen Mitteln zu erforschen. Sie verschaffen sich einen ganzheitlichen Zugang zur biografischen Arbeit, die nicht nur rational über den Kopf gesteuert wird, sondern auch verschiedene andere Ebenen in Ihnen anspricht. Am Ende der Lernsituation soll ein klareres Bild entstehen, das Ihnen Ihre eigenen Annahmen und Glaubenssätze von Erziehung zeigt. Dieses soll dabei helfen, Ihr eigenes Verhalten als Erzieherin und Erzieher bewusster wahrzunehmen, zu reflektieren und kritisch zu hinterfragen.

2.2 Lernsituation: Praktikumserfahrungen mit kreativer Gestaltung

2.2.1 Die Darstellung der Lernsituation

Die Schülerinnen und Schüler der Fachschule für Sozialpädagogik kehren nach ihrem ersten Praktikum in Einrichtungen der Jugendhilfe in ihre Lerngruppen zurück. Im Klassenraum beginnen sie sofort, sich über ihre Erfahrungen in ihren Praktikumsstellen zu unterhalten. Als die Lehrerin die Klasse betritt, hat sich bereits eine lebhafte Diskussion entwickelt, in der die verschiedenen Erlebnisse ausgetauscht werden. Die   5
Lehrerin fragt nach, inwieweit die Schüler und Schülerinnen ihre erworbenen Kompetenzen aus dem Bildungsbereich Kreative Gestaltung mit einbringen konnten.
Tim ergreift das Wort und berichtet von seinen „Kids" im Jugendzentrum und wie wenig die irgendetwas von Kunst wissen wollten. Die würden ihn auslachen, wenn er ihnen mit Kunst kommen würde. Außerdem hätten die ganz andere Probleme.   10
Dann erzählt Dana von ihrem Kindergarten, wie viele kreative Angebote dort gemacht worden sind und mit welcher Begeisterung die Kleinen diese aufgenommen und mit ihr zusammen durchgeführt haben. Jule kann dazu nur sagen, dass sie ständig aufpassen und Streit schlichten musste und gar nicht dazu gekommen war, mal etwas in Ruhe anzuleiten.   15
Als Nadja dann anfängt zu erzählen, dass sie ihre geplanten Aktivitäten gar nicht durchführen konnte, wurde es in der Klasse still. Nachdenklich fügt sie hinzu, dass es bei ihr früher ganz anders gewesen war. Sie hatte noch Respekt vor Erwachsenen gehabt, aber in ihrer Praktikumsstelle hatte sie die Arbeit mit den Kindern als einen ständigen Kampf erlebt. Betroffen meint sie, dass sie gar nicht weiß, ob sie so überhaupt   20
arbeiten will. Sie hat sich das alles ganz anders vorgestellt. Eigentlich wollte sie eine Freundin für die Kinder sein, jemand, der mit ihnen gemeinsam etwas Schönes unternimmt und tolle Sachen anbietet. Kunst und kreative Gestaltung gehörten schon immer zu ihren Interessen und sie hatte so viele Ideen und Vorstellungen, wie sie das den

25 Kindern vermitteln könnte. Aber nun sieht alles ein wenig anders aus. Vielleicht ist sie für den Beruf doch nicht geeignet?

Dana meint dazu nur, dass es eben darauf ankommt, die richtigen Angebote für die Kinder herauszufinden, dann würden die sich auch interessieren und mitmachen und alles wäre nicht mehr so stressig. Für Tim ist das kein Argument. Er behauptet, dass
30 Dana nur so reden kann, weil sie in einem Kindergarten in der Vorstadt war. Die Jugendlichen in seinem Jugendzentrum würde Dana wohl kaum mit ihren kreativen Angeboten begeistern können. Wenn Nadja sich für Kunst interessiert, kann sie das doch privat in ihrer Freizeit machen. Für ihn ist ganz klar, dass Jugendliche damit nichts am Hut haben. Er musste früher auch nicht in Museen gehen und sich Kunst angucken,
35 und ihm hat das auch nicht geschadet. Die Antwort von Dana und Nadja kommt prompt: Das merkt man eben, dass Tim sich nie mit Kunst auseinandergesetzt hat, deshalb ist er jetzt auch nicht in der Lage, Jugendliche dafür zu begeistern. Nadja spricht weiter, dass sie mit ihrer Familie immer viel in Galerien unterwegs war und dass sie das Ganze sehr spannend gefunden hat. Oft hat sie auch mit ihrer Schwester
40 etwas nachgemalt und nachgebaut. Manche ihrer Kunstwerke hängen heute noch bei ihrer Oma.

Alex sagt, dass es wohl darauf ankommt, wie man selbst erzogen worden ist. Für ihn ist Kunst auch nicht gerade wichtig gewesen, aber jetzt macht ihm das Ganze schon Spaß. Er war neulich mit seinem Neffen in einer Ausstellung, da waren ganz viele Kat-
45 zen und ein Labyrinth usw.[1] Sein Neffe war ganz ernst bei der Sache und das Gespräch mit ihm hat Alex erstaunt. Er hätte nie gedacht, wie viele Gedanken der Kleine sich schon macht. Und welche Ideen er hatte. Danach haben sie auch noch zusammen gemalt und es war toll. Alex würde diese Ausstellung nun auf jeden Fall mit den Kindern seiner Gruppe ansehen wollen.

2.2.2 Gedanken zur Umsetzung der Lernsituation:

Worum geht es? Das Problem erfassen und analysieren

Ähnliche Erfahrungen wie Nadja hat vermutlich jeder schon einmal gemacht: Man freut sich auf ein neues Projekt, hat schon einige Ideen und Vorstellungen davon, jedoch in der konkreten Situation stellt sich plötzlich alles ganz anders dar, als man es sich ausgemalt hat.

Da es sich in der geschilderten Lernsituation um eine wichtige Erfahrung handelt, die unter Umständen Ihre berufliche Zukunft beeinflussen kann, sollen Sie sie dazu nutzen, sich mit Ihren persönlichen Vorstellungen über Ihren Beruf auseinanderzusetzen.

Bei dem ausgewählten Beruf geht es um das Erziehen und es ist anzunehmen, dass die eigene Erziehung ein Schlüssel zu den Vorstellungen von dem Beruf ist. Die genossene Erzie-

---

1 Er bezieht sich auf die Ausstellung: YOKO ONO: „Between the Sky and My Head" in der Bielefelder Kunsthalle vom 24.08.-16.11.2008

hung stellt einen Teil der eigenen Biografie dar, insofern muss diese Untersuchung biografische Arbeit miteinschließen.

Diese Auseinandersetzung soll mit ästhetischen und künstlerischen Mitteln erfolgen. Wie kann man sich mit den Mitteln der Kunst mit dieser Thematik auseinanderzusetzen? Warum sollte man das tun und welche Potenziale bietet eine ästhetische Auseinandersetzung mit biografischem Material? Haben sich vielleicht schon andere künstlerisch mit Biografischem auseinandergesetzt? Gibt es Künstlerinnen und Künstler, die biografisch arbeiten? Welchen Ertrag haben sie daraus gezogen? Was kann man davon übernehmen? Wie kann ich als Erzieherin oder Erzieher die gewonnenen Erfahrungen und Kompetenzen für die Arbeit nutzen?

Diese und andere Fragen sollen mithilfe der angebotenen Materialien beantwortet werden. Die Lernsituation ist gedacht als ein Baustein zur Entwicklung einer tragfähigen beruflichen Identität, der neben anderen Bausteinen helfen soll, mit realistischen Vorstellungen von sich selbst im beruflichen Alltag zu bestehen.

Arbeitsanregungen

1. Entwerfen Sie eine Mind Map, in der die Probleme und Fragestellungen der Lernsituation erfasst werden.

Ziele formulieren

Nach dem Erfassen und der Analyse der dargestellten Problemsituation geht es darum, Ziele für das weitere Vorgehen zu formulieren. Die stärkste Motivation zur Bearbeitung der Lernsituation entsteht dann, wenn jene Ziele aus der Fülle an Möglichkeiten herausgefiltert werden, die für einen selbst entscheidend und bedeutsam sind.

In der Lernsituation stehen mehrere Möglichkeiten zur Bearbeitung an.

Zunächst geht es darum, die eigenen Bilder und Vorstellungen von Erziehung zu entdecken und genauer zu erforschen. Was denken Sie, hat Sie dazu gebracht, diesen Beruf auszuwählen? Warum wollen Sie gern Erzieherin oder Erzieher werden? Hatten Sie selbst ein ganz beeindruckendes Vorbild, oder wissen Sie vielleicht gar nicht genau, warum?

Welche Fragen haben Sie an sich und Ihre Vergangenheit, die die Weichen für Ihre Zukunft bereits gestellt haben?

Weiter geht es darum, sich darüber klar zu werden, welche Position Sie selbst zu Kunst einnehmen und inwieweit Sie kreatives Gestalten für Ihre Zielgruppen für bedeutsam halten. In der Lernsituation werden verschiedene Arbeitsbereiche der zukünftigen Erzieherinnen und Erzieher

Kindergruppe mit Erzieherinnen, 1949

mit den jeweils unterschiedlichen Ziel- und Altersgruppen genannt. Hier kommen natürlich auch die unterschiedlichen Bedürfnisse der Kinder und Jugendlichen zum Tragen, die sich dann in den unterschiedlichen Anforderungen an die Praktikantinnen und Praktikanten widerspiegeln. Für welche Zielgruppe würden Sie sich gern entscheiden und warum? Welche Anforderungen werden von dieser Zielgruppe an Sie gestellt? Warum glauben Sie, dass Sie genau diesen Anforderungen entsprechen wollen und können?

An dieser Stelle könnten endlos weitere Fragen stehen. Welchen von diesen Fragen möchten Sie nachgehen? Welche anderen Fragen an Ihre Vergangenheit haben Sie vielleicht schon länger, die Sie aus vielerlei Gründen noch nicht bearbeitet haben? Wie sehr sind Sie offen und bereit, dabei künstlerische Strategien kennenzulernen und diese für sich selbst zu nutzen? Inwiefern haben Sie Interesse, ein anderes Lernen zu erproben und die Methoden für Sie selbst und Ihre Zielgruppen anzueignen?

Arbeitsanregungen

2. Denken Sie darüber nach, welche Ziele Sie in dieser Lernsituation erreichen wollen und verschriftlichen Sie diese!

2.3 Wissenschaftlicher Zugang zum ästhetischen Biografieren

Auf den folgenden Seiten werden Ihnen Grundlagen zum biografischen Arbeiten vermittelt. Es wird Ihnen das kunstdidaktische Konzept der ästhetischen Forschung erläutert, nach welchem Sie Ihre eigene ästhetische Biografie entwickeln sollen.

2.3.1 Biografisches Lernen

Im Alltagsverständnis taucht der Begriff Biografie häufig als etwas auf, das am Ende oder nach einem Leben niedergeschrieben und für die interessierte Nachwelt hinterlassen wird.

In diesem Verständnis erscheint Biografie als etwas Unbewegliches und Vergangenes, als etwas Rekonstruktives.

Im modernen erziehungswissenschaftlichen Diskurs wird von einem erweiterten Biografiebegriff ausgegangen. Hier wird Biografie nicht als nachträgliche Beschreibung eines Lebens gesehen, sondern als eine **aktive Konstruktion im Lebensverlauf**. Diese biografische Konstruktion verwirklicht sich im Lebensentwurf jedes Einzelnen, das heißt im gelebten Leben mit

Kinder mit Großvater, 1949

all seinen Zufälligkeiten, mit seinem Geplanten, mit all den Bedingungen, die ein Leben ausmachen. In Zeiten, in denen sich ein gesellschaftlicher Wandel immer schneller vollzieht, stellt eine aktive Konstruktion des Lebenslaufes eine wichtige Kompetenz dar, um mit den sich ständig wandelnden Lebensbedingungen konstruktiv umzugehen. In der aktuellen erziehungswissenschaftlichen Biografieforschung wird von Biografie als einer „prozesshaften, lebenslangen Aufschichtung und Umschichtung von Lebenserfahrungen in einem historischen, kulturellen und familialen Kontext gesprochen."[1] Herbert Gudjons u. a. formulierte dazu:

> „Lebensgeschichtliche Erfahrungen schlagen sich als Erinnerungsspuren auf verschiedenen „Gedächtnisebenen" nieder."
>
> *Vgl. Gudjons, 1986, S. 21*

Die erziehungswissenschaftliche Biografieforschung beschäftigt sich damit, einen Zugang zu diesen Erinnerungen und „Gedächtnisspuren" zu erhalten, um sie dann auf das Leben und die Identitätsentwicklung der Personen nutzbringend anzuwenden. Gudjons nannte diesen Prozess „Biografische Selbstreflexion". Sie bezieht sich zum einen auf die Reflexion der eigenen Lebensgeschichte, um ein persönliches Wachstum zu erreichen. Zum anderen geht es darum, die eigene Lebensgeschichte als Teil der gesellschaftlichen Geschichte zu begreifen. Damit werden über die eigene Geschichte gesellschaftliche Sachverhalte verständlicher und transparenter gemacht.

Der Pädagoge Janusz Korczak hat schon 1919 die Notwendigkeit biografischer Reflexion zu seinen Arbeitsmaximen erhoben. In seiner Pädagogik der Achtung richtet er sich forschend auf das konkrete Kind und seine Biografie. Ein Schwerpunkt für die Arbeit des Pädagogen ist nach ihm die reflexive und kontemplative Versenkung auf das eigene Erzieherverhalten und seine Wurzeln.

> „Habe Mut zu dir selbst, und suche deinen eigenen Weg. Erkenne dich selbst, bevor du die Kinder zu erkennen trachtest."
> „Leg dir Rechenschaft darüber ab, wo deine Fähigkeiten liegen, bevor du beginnst, Kindern den Bereich ihrer Rechte und Pflichten abzustecken. Unter ihnen bist du selbst ein Kind, das du zunächst einmal erkennen, erziehen und ausbilden musst."
>
> *Korczak, 1919, S. 156*

Ein Vertreter des erziehungswissenschaftlichen Diskurses der Gegenwart, der sich mit der Ausbildung von Pädagoginnen und Pädagogen befasst, ist Hans Günther Homfeldt. Er fordert ein, dass sie in der Ausbildung eine pädagogische Könnensstruktur erwerben sollen, die die selbstreflexive Komponente einschließt. Hauptziele dabei sollen sein das Sensibilisieren für Stärken und Schwächen und den damit verbundenen Ressourcen für die eigene Lebens-

---

1 Ecarius, 1998 S. 137

gestaltung. Weiter geht es um das Kennenlernen konflikthafter Persönlichkeitsstrukturen und unverarbeiteter Problemlagen.[1]

Daraus kann man unmittelbar die Bedeutung des Biografierens für Sie als Schülerinnen und Schüler der Fachschule für Sozialpädagogik ableiten.

Hinweis:

Erzieherinnen und Erzieher sind selbst Erzogene, ihr Erzogensein beeinflusst ihr Erziehungsverhalten. Für jeden, der erzieht, ist deshalb die biografische Reflexion des eigenen Erzogenseins Voraussetzung für eine bewusste Gestaltung von Erziehung. Ohne diese Reflexion besteht die Gefahr der unbewussten und unkontrollierten Übertragung, Projektion und anderer Mechanismen, die in die Erziehungspraxis einfließen und wirken, sich aber durch ihr „Unbewusstbleiben" einer Bearbeitung entziehen.

Die Reflexion des eigenen Erzogenseins und die reflexive Überprüfung des eigenen Erziehungshandelns kann beispielsweise angestoßen werden durch die Auseinandersetzung

Mutter mit Kindern beim Ausflug, 1975

mit „fremden" Erziehungsbiografien. Mit diesem Sachverhalt hat sich besonders Andreas Gruschka beschäftigt.[2]

Biografisches Lernen geht über die rein sachlich-theoretische Vermittlung von Wissen hinaus. Die Lernprozesse gestalten sich durch die theoriegeleitete Auseinandersetzung mit lebensgeschichtlichen Momenten. Ein solches Lernen leistet einen Beitrag zu sinnstiftendem Lernen, wenn der Lerninhalt als persönlich bedeutsam angesehen wird. Weiter kann ein solches Lernen einen Beitrag zur Subjektstärkung und Identitätsbildung leisten. Und nicht zuletzt trägt biografisches Lernen zur Vertiefung des Fachwissens bei durch die Verknüpfung der biografischen Dimension mit den erziehungswissenschaftlichen Inhalten.

Der didaktische Sonderfall in der Fachschule für Sozialpädagogik (Sie sind zugleich Lernende wie auch Erziehende) macht es ebenso möglich wie auch notwendig, an Biografischem zu arbeiten.

Arbeitsanregungen

1. Vergegenwärtigen Sie sich, wie im modernen erziehungswissenschaftlichen Diskurs der Begriff Biografie verwandt wird!

2. Vergleichen Sie diese Bedeutung des Begriffs mit Ihren eigenen Vorstellungen zum Begriff Biografie! Gibt es für Sie neue Erkenntnisse?

---

1 Vgl. Homfeldt, 2003
2 Vgl. Gruschka, 1985

3. Was haben Erzieherinnen und Erzieher davon, sich mit ihrer eigenen Biografie auseinanderzusetzen?
   Wie plausibel erscheint Ihnen heute das vorgestellte Zitat Janusz´ Korcaks?

2.3.2 Ästhetische Forschung

Der Begriff „ästhetische Forschung" wurde von der Professorin für Kunst und Didaktik, Helga Kämpf-Jansen, erfunden.[1]

Danach lässt sich ästhetische Forschung als ein Lernprozess beschreiben, in dem **entdeckendes Lernen, vernetztes Denken sowie ästhetisches Handeln** im Mittelpunkt stehen. Ziel ist es, dass die Forschenden lernen in komplexen Zusammenhängen zu denken und zu handeln und dass sie verstehen, dass Emotionen, Kognition und Handeln zusammengehören. Ästhetische Forschung ist prozessorientiert, sie knüpft an Bekanntes an und führt zu individuell Neuem. Sie ist weitgehend frei von Vorgaben zu Organisations- und Entscheidungsformen, sie vergrößert das Repertoire der Zugänge und verändert Denk- und Handlungsmuster. Somit kann ästhetische Forschung das Leben vielfältiger und interessanter gestalten, in dem neue Wege, sich mit der Lebenswelt auseinanderzusetzen, erfunden und erprobt werden können.

Eine ästhetische Forschung **geht von einer Fragestellung, einem Problem oder einem Handlungsinteresse aus**, mit dem sich die Lernenden befassen möchten. Dabei stellt der **persönliche Sinn** ein bedeutsames Merkmal dar, da sich nur durch eine persönliche Motivation eine ästhetische Forschung in Gang setzen lässt. Kämpf-Jansen spricht davon, dass dann eine **Infizierung** stattfindet, die zur Folge hat, dass man am Thema arbeiten möchte und dass einen das Thema nicht mehr richtig los lässt. Das bedeutet, dass sich jede/-r Lernende beispielsweise aus einem Rahmenthema ein eigenes Unterthema stellen muss, bei dem er seiner persönlichen Fragestellung oder seinem Handlungsinteresse nachgehen kann. Diese Freiheit ist unabdingbar! Erst wenn das Thema zum eigenen gemacht worden ist, kann sich das Lernen entfalten. Aus diesem Grund ist die **Freiheit in der Wahl der Verfahren, Techniken, Medien und der Entscheidung in der Art der Präsentation** unverzichtbar für die Arbeit an diesem Konzept.

Das Lerntagebuch

Verbindlich und verpflichtend ist lediglich das Führen eines **Lerntagebuches**. Hier sollen alle Gedanken, Ideen, Bilder, Texte, Fundstücke und dergleichen zum Thema gesammelt werden. Es gilt die Konzeptideen zu entwickeln und zu notieren, den Verlauf der Forschung zu dokumentiert und Fragestellungen zusammenzuhalten. Dieser Pro-

Bestricken des Lerntagebuch

---

1 Vgl. Kämpf-Jansen, 2001

zess soll auf ganz persönliche Art und Weise, je nachdem, wie es die einzelnen Schülerinnen und Schüler für sich gebrauchen können, gestaltet werden. Deshalb ist es notwendig, dass jeder nach dem eigenen Lerntempo arbeiten kann.

Arbeitsanregungen

4. Besorgen Sie sich ein leeres Notizbuch, das Ihnen gefällt und dazu einlädt, Ihre Notizen aufzunehmen! Günstig ist eine Größe von A4 oder mindestens A5!

Die Bezugsfelder der ästhetischen Forschung

Die Lernenden sollen ganzheitlich und mit allen Sinnen die Welt erfahren dürfen. Um dieses zu ermöglichen sollen vorwissenschaftliche Verfahren, an Alltagserfahrungen orientierte Verfahren, künstlerische Strategien und wissenschaftliche Verfahren miteinander vernetzt werden. Zur Erläuterung der Arbeitsweise der ästhetischen Forschung trennt KÄMPF-JANSEN diese Aspekte, in dem sie Bezugsfelder, an denen sich die ästhetische Forschung orientiert, benennt und diese dann näher ausführt.

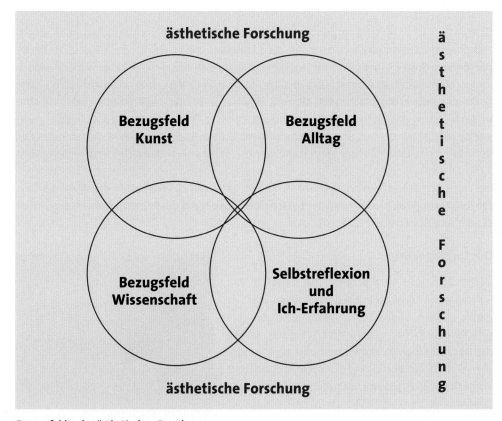

Bezugsfelder der ästhetischen Forschung

Bezugsfeld Alltag

Die Orientierung an Alltagserfahrungen und vorwissenschaftlichen Verfahren sind sehr vielfältig. Diese können beispielsweise sein: etwas entdecken, fragen, sammeln, ordnen, staunen, sich wundern, aufbewahren, arrangieren und vieles mehr.

Von klein auf haben Menschen gelernt verschiedene Dinge und Materialien zu benutzen, die sie ganz beiläufig in ihrem Leben verwenden und die sich von Mensch zu Mensch unterscheiden. Diese sollen bei der ästhetischen Forschung mit zur Anwendung kommen und in den Arbeitsprozess einbezogen werden. Hierüber kann der Bezug zur Lebenswelt der Forschenden geschaffen werden und mögliche Blockaden oder Hemmschwellen können überwunden und abgebaut werden. Für Sie als Forschende bedeutet das, dass Sie alle ästhetischen Verfahren, die Sie kennen und in Ihrem Alltag nutzen, gleichberechtigt in Ihren künstlerischen Auseinandersetzungsprozess einbeziehen dürfen und sollen.

Für die Arbeit mit Kindern und Jugendlichen bedeutet das, dass alle ästhetischen Verfahren, mit denen sich Ihre Zielgruppen im Alltag ausdrücken, miteinbezogen werden sollen.

Arbeitsanregungen

5. Vergegenwärtigen Sie sich die Verfahren, die Sie häufig in Ihrem Alltag benutzen und notieren Sie diese! Welche davon sind Ihnen besonders lieb und geläufig?

6. Welche ästhetischen Verfahren kennen Sie, die Jugendliche benutzen?

7. Kennen Sie einige, denen Sie oder die sozialpädagogischen Mitarbeiterinnen und Mitarbeiter kritisch gegenüberstehen? Wenn ja, erläutern Sie den anderen die problematischen Aspekte dieser Verfahren! Dürfen diese in die ästhetische Forschung einbezogen werden? Begründen Sie Ihre Meinung!

8. Welche Verfahren haben Sie bei Vorschulkindern bereits beobachtet?

Bezugswelt Kunst

Der Bezug zur Kunst ist bedeutsam und nimmt einen wichtigen Anteil in der ästhetischen Forschung ein. Durch die lustbetonte Auseinandersetzung mit Kunstwerken sollen die Vielfalt der künstlerischen Möglichkeiten und Strategien kennengelernt werden. Diese sollen dann als Reservoir an ästhetischen Möglichkeiten dienen.

Dabei ist es wichtig, mehrere Kunstwerke eingehend zu betrachten und zu analysieren. Es sollen die künstlerischen Strategien und ihre Wirkungen genossen und erfahren werden, denn schließlich bilden sie den zukünftigen Pool an Möglichkeiten, der den Forschenden dann zur Verfügung steht. Dieser Pool wird immer größer und gehaltvoller, je mehr Kunstwerke Sie gut kennen und je mehr Ihr Verständnis für Kunst entwickelt ist.

Auch bei der Arbeit mit Kindern und Jugendlichen bildet dieser Teil der ästhetischen Forschung einen Schwerpunkt. Hier ist darauf zu achten, dass Kunstwerke ausgesucht werden, die der ausgewählten Altersgruppe einen Zugang ermöglichen. Zusätzlich kommt es darauf an, dass durch interessante und spannende Methoden die Zielgruppen motiviert werden, die Auseinandersetzung mit dem Kunstwerk anzugehen.

Arbeitsanregungen

9. Tauschen Sie sich in der Gruppe darüber aus, wie man mit Kindern und Jugendlichen Kunstwerke erschließen kann!

10. Erstellen Sie eine Liste mit je drei Kunstwerken, die Sie für Vorschulkinder, Grundschul- bzw. Hortkinder und Jugendliche für interessant halten.

Bezugswelt Wissenschaft

Die wissenschaftlichen Methoden der ästhetischen Forschung umfassen das Erkunden, Recherchieren, Befragen, Analysieren, Dokumentieren, Präsentieren, Kommentieren und vieles mehr. Hier geht es darum, verschiedene Kontexte des Themas unter unterschiedlichen Blickwinkeln, so eben auch wissenschaftlichen, zu beleuchten. Darunter können sich auch kunstwissenschaftliche oder kulturgeschichtliche Aspekte befinden. Es kann sich mit philosophischen und religiösen Aspekten des Themas befasst werden. Immer kommt es darauf an, das Thema aus der Betrachtung aus einem engen einseitigen Blickwinkel heraus zu befreien und für weitere Zugänge zu öffnen. Diese Zugänge wirken sich wieder auf die ästhetischen Verfahren aus, in dem sie diese bereichern und neues Wissen über schon Bekanntes zur Verfügung stellen. Pragmatisch bedeutet das, neben den ästhetisch künstlerischen Verfahren weitere Methoden einzusetzen, um den Gegenstand umfassender und näher sowie unter einem anderen Aspekt zu beleuchten. Dazu können Fachlexika gewälzt werden, es können Experten zum Thema befragt werden, es können geografische Untersuchungen vorgenommen werden, es können Vergrößerungen von Details angefertigt werden, man kann den Ursprung oder die Herkunft von Begriffen ermitteln usw. Die Liste an Möglichkeiten ließe sich schier unendlich weiter fortsetzen. Es geht darum, auch auf unkonventionelle Weise tief in das Thema einzudringen und Neues hervorzubringen.

Arbeitsanregungen

11. Tauschen Sie sich darüber aus, welche wissenschaftlichen Methoden Sie sich für Ihre ästhetischen Forschungen besonders gut vorstellen können! Notieren Sie interessante Ideen in Ihr Lerntagebuch!

12. Welche Methoden kämen für Sie nicht in Betracht und warum?

Selbstreflexion und Ich-Erfahrung

Lässt man sich auf die ästhetische Forschung ein, befindet man sich sehr schnell in einem komplexen Prozess des Denkens, Handelns und Fühlens, aus dem man nicht so leicht wieder herauskommt. Dann kann es vorkommen, dass sich Kunst und Leben miteinander verknüpfen. Um den Prozess der ästhetischen Forschung festzuhalten und zu reflektieren wird das oben erwähnte, begleitende Tagebuch angefertigt. Häufig ist dieses Buch der wesentliche Kern des Arbeitsprozesses, da in ihm alles bildhaft und verbal zum individuellen Thema festgehalten wird.

Hinweis:
Man muss am Ende des Prozesses sehen und verstehen können, was eigentlich geschehen ist: mit den Dingen, mit dem Vorhaben und mit einem selbst, vielleicht auch mit den Menschen um den Prozess.

Arbeitsanregungen

13. Wie funktioniert eine ästhetische Forschung? Erläutern Sie dabei, wie die verschiedenen Bezugsfelder einer ästhetischen Forschung zusammen spielen!

14. Stellen Sie die Zusammenhänge dar, die sich aus dem Bezugsfeld Selbstreflexion und Ich-Erfahrung und dem biografischen Lernen ergeben!

15. Warum bietet es sich an, biografisches Lernen mit einer ästhetischen Forschung durchzuführen?

16. Welche Parallelen sehen Sie zwischen der ästhetischen Forschung und dem kindlichen Erschließen seiner Lebenswelt?

2.3.3   Ästhetisches Biografieren

Aus den vorangegangenen Texten ging hervor, dass die Lernenden der Fachschule für Sozialpädagogik eine Doppelrolle einnehmen. Zum einen sind sie Lernende und zum anderen sind sie selbst auch schon Erziehende.
Wie im ersten Text schon erläutert wurde, haben sich Wissenschaftler/-innen und Pädagogen/-innen damit auseinandergesetzt, **dass sich die Erziehenden auch ihre eigene Person durch Biografiearbeit bewusst machen müssen, um ihre Erziehungsprozesse erfolgreich zu gestalten.**
Die ästhetische Forschung ist ein neueres kunstdidaktisches Konzept, das auf ganzheitliche Weise Zugänge anbietet, sich mit Fragestellungen und Problemen mehrdimensional auseinanderzusetzen. Immer werden Alltag, Wissenschaft, Kunst und die Selbstreflexion miteinander verknüpft.
Beim Biografieren steht die Selbstreflexion im Mittelpunkt. Durch das Verfahren der ästhetischen Forschung soll die biografische Selbstreflexion in Gang gebracht und durchgeführt werden. Wesentlicher Schwerpunkt dabei ist, dass eine persönliche Fragestellung bearbeitet wird, die für den Lernenden bedeutsam ist. Als ein Weg, sich mit Biografischem auseinanderzusetzen, sollen die vier Zugänge, die eine ästhetische Forschung einfordert, genutzt werden und somit das Biografieren ganz individuell und unter verschiedenen Blickwinkeln gestaltet werden.

Um den Zusammenhang auch begrifflich zu verdeutlichen, spreche ich in Zukunft vom **ästhetischen Biografieren.**

Was bedeutet „ästhetisch"?

Im Verständnis des Alltags verbindet man ästhetisch meist mit schön, stil- und geschmackvoll. Als Fachbegriff in der Kunstpädagogik oder der Sozialpädagogik hat der Begriff eine andere Bedeutung. Hier geht es um **das Wahrnehmbare.** Ästhetisch ist, was wahrnehmbar ist und ist in diesem Zusammenhang frei von den Wertvorstellungen vom Schönen.
Auf das Biografieren bezogen bedeutet das, dass der Prozess des Ausdrückens von Biografischem in einem Medium oder Material ästhetisch ist, da er dadurch wahrnehmbar wird.
Dokumentiert man beispielsweise seine eigene Biografie mit Fotos wichtiger Lebensstationen, die möglicherweise durch Begleittexte näher erläutert werden, ist dies ein ästhetischer Prozess. Das bedeutet, dass das Fotografieren und Gestalten von Fotoalben, das zu den üblichen Alltagspraktiken vieler Menschen gehört, ein ästhetisches Verhalten ist. Hier sagt der Begriff „ästhetisch" nichts darüber aus, ob das Fotoalbum den Ansprüchen an Ästhetik im Sinne von Geschmack und Schönheit entspricht. Hier bedeutet dies, dass der Prozess des Biografierens durch das Darstellen in Fotos und Texten für sich selbst und für andere wahrnehmbar geworden ist.

2.3.4 Kahrmann: „Die Rückkehr der vergessenen Bilder ..."

In diesem Abschnitt wird das „Ästhetische" einer ästhetischen Biografie fokussiert. Der Bielefelder Professor für Kunst und ihre Didaktik, Klaus-Ove Kahrmann, hat untersucht, wie sich die Wahrnehmungsbiografie eines Menschen konstituiert.

Die vergessenen Bilder

„Die Biografieforschung ist ein sehr umfassendes Gebiet. Es gibt dafür die verschiedensten Methoden und eine Fülle von beispielhaften Arbeiten. Allerdings läuft diese Forschung vorwiegend im Bereich des Verbalen ab. Von Wahrnehmungsbiografie ist
5 selten die Rede. Bilder haben in erster Linie illustrative Funktion. Es wird kaum untersucht, wie ästhetisches Bewusstsein entsteht und was die Seh-, Hör-, Tast-, Riech- und Schmeckbilder in unserem Gedächtnis als solche bedeuten. Dabei ist es von großer Bedeutung, wie sich unser ästhetisches Bewusstsein geformt hat, wie wir zu unseren ästhetischen Normen und Werten gekommen sind. Oft wird sich z. B. herausstellen, dass
10 unser ästhetisches Bewusstsein stark durch Eltern oder andere Familienmitglieder beeinflusst wurde, dass wir eigentlich unseren eigenen Weg noch nicht gefunden haben. Die Analyse unseres ästhetischen Bewusstseins kann dazu führen, dass wir uns neu orientieren und im Wahrnehmen und Gestalten völlig neue Ziele wählen.
Wenn junge Menschen z. B. sich an ihren – meist von den Eltern angeordneten – Musik-
15 unterricht erinnern, so kommt sehr viel Negatives zum Vorschein. Die Erinnerung dar-

an führt oft bis an die Tränen heran. Zu vieles ist damals verbogen und verschüttet worden. Zu sorglos wurde oft von den Erwachsenen über Kinderwünsche und -träume hinweggegangen. Eine Studentin musste für ihre Eltern das Klavierspielen lernen – gegen ihren Willen. Sie quälte sich jahrelang damit herum. Lieber hätte sie sich dem Theater zugewandt, die Verwirklichung dieses Traumes musste bis zur Studentenzeit warten. Jetzt arbeitet sie in einer Studentenbühne mit. Das Aufarbeiten ihrer ästhetischen Biografie war für sie ein wichtiger Schritt zur Selbsterkenntnis.

Ästhetische Biographie bedeutet, Lebenserkundungen unter ästhetischem Aspekt vorzunehmen. „Ästhetisch" wird hier nicht im Sinne von „schön" verstanden (vgl. Deutsches Wörterbuch). Vielmehr gehe ich zur Ausgangsbedeutung des griechischen Wortes „aistetiké" zurück, welches so viel wie „das Wahrnehmungsgemäße" oder „das den Gesetzen der Wahrnehmung Entsprechende" bedeutet. Unsere Frage lautet demnach: Wie haben wir wann was wahrgenommen, welche Vorstellungen haben sich daraus entwickelt, und zu welchen Realisationen führte das?

Bildvorstellungen haben anschaulichen Charakter. Sie laufen wie ein inneres Kino in uns ab, und das nicht nur beim Träumen. Ihr Charakter ist synästhetisch, d. h. die auf anderen Sinneserfahrungen beruhenden Inhalte werden mit aktiviert. Erinnern wir Bilder, so kommen auch Hör-, Tast-. Geruchs- und Geschmackserfahrungen hinzu.

Oft ist die Leitfunktion optisch, sie kann aber auch ihren Ausgang bei einer anderen Sinnesfunktion haben.

Obwohl wir viele dieser komplexen Bilder gespeichert haben, sind sie uns nicht so ohne Weiteres gegenwärtig. Es bedarf eines Auslösers, um sie wieder aktuell werden zu lassen. Wir kennen alle Situationen, wo durch ein Bild, einen Ton, einen Geruch oder einen anderen Reiz innere Bilder auch aus ferner Vergangenheit uns anschaulich werden. Bei diesen Gegebenheiten wird bemerkbar, wie stark wir in unseren Reaktionen und Urteilen von diesen Erfahrungen abhängig sind, wie sie uns beeinflussen, auch wenn wir uns nur selten dessen bewusst sind.

Es gibt viele angenehme Innenbilder, an die wir uns erinnern, über die wir uns freuen und von denen wir gerne erzählen. Diese Bilder sind es, die uns anregen und uns dazu veranlassen, in der Vorstellung Reisen in die Vergangenheit zu unternehmen. Ein Gespräch in kleiner, vertrauter Runde ist meistens der Rahmen dazu. Man „kennt sich" – eine wichtige Voraussetzung, um sich im Gespräch zu öffnen. In Ping-Pong-Manier stößt einer mit seinen Worten den anderen an. Geschichten werden aufgerufen, die auf vorheriges Befragen gar nicht verfügbar gewesen waren. Gemeinsam erlebte, unerfreuliche Dinge (besonders aus der Schulzeit) werden zwar auch erzählt, belasten aber in diesem Zusammenhang nicht so sehr. Oft werden die Ereignisse in humorige Erzählweise und Gelächter verpackt, was etwa „alles halb so schlimm" signalisiert. Das Aktualisieren der „vergessenen Bilder" in der kleinen Gruppe ist für den Einzelnen eine bedeutende psychohygienische Maßnahme."

Kahrmann, 2005. o. S.
Der gesamte Text kann kostenlos im Internet heruntergeladen werden.

17. Was meint der Autor, wenn er von einer Wahrnehmungsbiografie spricht? Erläutern Sie diesen Begriff!

18. Wie charakterisiert Kahrmann den Forschungsstand der Biografieforschung bezüglich der Wahrnehmungsbiografie?

19. Welche Bedeutung haben nach Kahrmann die inneren Bilder für das Erinnern?

2.4 Biografische Strategien in der Kunst

2.4.1 Künstlerinnen und Künstler und ihre biografischen Strategien

Die theoretischen und wissenschaftlichen Überlegungen zu biografischem Lernen und ästhetischer Forschung finden auch ihren Niederschlag in der Kunst. In der Auseinandersetzung mit einigen künstlerischen Innovationen und Strategien zu diesem Thema können sich neue Möglichkeiten für die Arbeit mit Kindern und Jugendlichen ergeben.

Anna Oppermann

Arbeiten Anna Oppermanns: Paradoxe Intentionen (Das Blaue vom Himmel herunterlügen), 1988-1992 (2007)

Arbeiten Anna Oppermanns: Spiegelensemble, 1968-1989 (2007)

Arbeiten Anna Oppermanns: Anders sein („Irgendwie ist sie so anders...“), 1977-1986 (2007)

Pathosgeste MGSMO (MACH GROSZE, SCHLAGKRÄFTIGE, MACHTDEMONSTRIERENDE OBJEKTE!"
Documenta 8, Kassel 1987, Gesamtansicht

Vitrinenansicht von Pathosgeste

Arbeitsanregungen

1. Versuchen Sie, die Installation „Pathosgeste MGSMO" in ihrer Gesamtheit zu erfassen! Wie wirkt das Gesamtgebilde auf Sie? Welche Eindrücke erhalten Sie? Worum geht es? Diskutieren Sie Ihre Eindrücke in der Gruppe!

Bereitet Ihnen die Aufgabe Probleme? Haben Sie Schwierigkeiten, das Gesamtkunstwerk zu erfassen? Wissen Sie nicht so genau, wo Sie beginnen sollen? Fragen Sie sich vielleicht, wie man überhaupt an ein solches Kunstwerk herangehen sollte, um es verstehen zu können?

Exkurs: Wie nähere ich mich einem Kunstwerk?

Um ein Kunstwerk zu erschließen, sollte man es zunächst ganz genau betrachten und für sich selbst möglichst präzise und detailliert beschreiben. Dabei **bildet das, was zu sehen ist, den Ausgangspunkt**. Erst danach soll der Versuch unternommen werden, das, was vielleicht dahinter steckt, zu erfassen. Während des Prozesses sollten die eigenen Gedanken und Gefühle ebenso wahrgenommen werden. Immer, wenn die bloße Anschauung nicht weiterbringt, sollten Informationen eingeholt werden.

Eine Möglichkeit, sich Kunstwerken anzunähern, bietet das **4-Ebenen-Modell**. Das Modell gibt eine Struktur vor, nach der man Kunstwerke erschließen kann. Zu jeder Ebene werden mögliche Fragen genannt, die dabei helfen sollen. Wenn man die einzelnen Ebenen zusammenführt, findet man in der Regel einen guten Zugang zum Werk. Häufig kann man erst dann die ästhetische Attraktion, die Komplexität sowie die dahinterstehenden Intentionen erfassen. Meist speist sich daraus die Freude, der Genuss, vielleicht ein neuer Blick auf die Dinge, Bewunderung und vieles mehr. Aber ganz ohne Mühen kommt man dabei nicht aus. Ein solcher Prozess muss, wie alles andere auch, geübt werden. Je öfter man sich aktiv Kunstwerke erschließt, umso reichhaltiger werden die ästhetischen Erfahrungen.

Das 4-Ebenen-Modell

▓ Die eigene Person (1. Ebene)

Bei dieser Ebene soll die persönliche Beziehung zum Kunstwerk geklärt werden. Folgende Fragen können sich dafür als hilfreich erweisen:
- Welches Vorwissen bringe ich mit?
- Welche ästhetischen und künstlerischen Vorlieben habe ich?
- Welche Grundhaltungen habe ich gegenüber Kunstwerken im Allgemeinen und diesem Kunstwerk im Besonderen?
- Warum sehe ich mir das Kunstwerk an?

▓ Das Kunstwerk (2. Ebene)

Auf dieser Ebene werden alle Informationen, die das Erscheinungsbild des Kunstwerkes betreffen, erarbeitet und zur Kenntnis genommen. Dabei kann man zunächst die Rahmeninformationen nutzen, wie

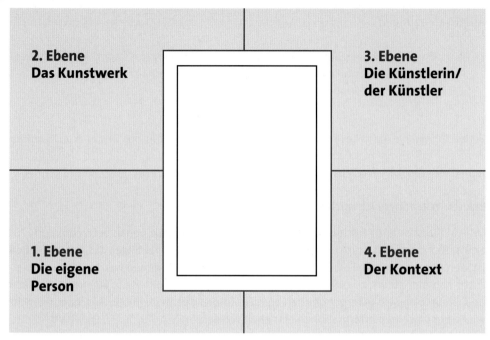

2. Ebene **Das Kunstwerk**	**3. Ebene** **Die Künstlerin/** **der Künstler**
1. Ebene **Die eigene** **Person**	**4. Ebene** **Der Kontext**

Das 4-Ebenen-Modell

- Titel
- künstlerische Verfahren und
- Größe.

Dann wird das Kunstwerk systematisch betrachtet und beschrieben. Die Berücksichtigung folgender Aspekte hilft dabei:

- genaue Beschreibung des Dargestellten
- sinnvoll: vom Großen zum Kleinen, von den Hauptachsen zu den Nebenachsen, vom Vordergrund über den Mittelgrund zum Hintergrund
- Material
- Farbe
- Form
- Komposition
- Perspektive, raumschaffende Mittel

Der oder die Betrachtende sollte sich fragen, welche Wirkung das jeweilige künstlerische Mittel erzeugt.

Die Künstlerin/der Künstler (3. Ebene)

Auf dieser Ebene wird sich mit der Person der Künstlerin oder des Künstlers befasst:

- Lebensdaten
- Womit beschäftigt sich die Künstlerin bzw. der Künstler?
- Welche Aussagen oder Zitate sind von ihr/ihm bekannt?
- Welche Ausstellungen hatte die Künstlerin bzw. der Künstler bereits?

■ **Der Kontext (4. Ebene)**

Nun geht es um Ermittlungsarbeit. Um sich dem Kunstwerk anzunähern, muss es in seinem Herstellungs- und ursprünglichen örtlichen Zusammenhang gesehen werden. Das Andere bzw. Fremde soll bewusst wahrgenommen werden. Man nennt diese Arbeit **kontextualisieren**. Folgende Fragen helfen dabei:

- Zu welcher Zeit ist das Kunstwerk entstanden? (Rahmeninformationen)
- Was galt zu dieser Zeit als angemessen und schön?
- Für welchen Zweck wurde das Kunstwerk erschaffen? Ist es eine Auftragsarbeit? Wo sollte es wirken?
- Für welchen Ort wurde es geplant? Wo war der Entstehungsort? Welche anderen räumlichen Bedingungen müssen Sie sich vorstellen?
- Gibt es Bildzitate? Wird auf bekannte Personen, Bilder, Gegenstände oder Geschichten und dergleichen Bezug genommen?
- Werden tatsächliche Geschehen aufgegriffen?
- Werden andere Kunstschaffende, d.h. Zitate aus der Kunstgeschichte untersucht?

Tipp:

Es kommt darauf an, sich durch viele Informationsquellen Stück für Stück in das Kunstwerk hineinzudenken und die verschiedenen Bedeutungsschichten freizulegen. Dazu sind Fachliteratur, Internet, Museen, Fachleute sowie Alltagswissen heranzuziehen.

Arbeitsanregungen

2. Betrachten Sie das Ensemble noch einmal! Versuchen Sie, anhand der folgenden Informationen, die Installation für sich zu erschließen! Gehen Sie dabei nach dem 4-Ebenen-Modell vor!

Die Künstlerin Anna Oppermann

ANNA OPPERMANN wurde 1940 geboren. Sie lebte und arbeitete bis zu ihrem Tod 1993 als freischaffende Künstlerin in Hamburg. Besonders in den 60er- und 70er-Jahren sorgten ihre Ensembles für Aufsehen. Sie nahm eine verbindende Position zwischen den unterschiedlichen und teilweise gegenläufigen Kunstrichtungen der Konzeptkunst, Arte Povera und Spurensicherung ein. ANNA OPPERMANN erhielt wichtige Kunstpreise und nahm an renommierten Ausstellungen, so auch der documenta teil. Sie lehrte als Gastprofessorin an der Hochschule für bildende Künste Hamburg, als Professorin an der Bergischen Universität Wuppertal und anschließend an der Hochschule der Künste Berlin.

Im Kunstforum International 4/1978 erklärt Anna Oppermann ihre Arbeitsweise „Ensembles".

„Was ist ein Ensemble?

Ensemble nenne ich die Dokumentation einer bestimmten Methode des Vorgehens bei den Wahrnehmungs- und (oder) Erkenntnisübungen. Ein Ensembleaufbau ist die Präsentation vieler Bemühungen darum, ein Stück Realität zu erkennen, zu beurteilen
5 oder auch „ein Problem in den Griff" (Begriff) zu bekommen.

Die Dokumentation ist eine Visualisierung, Spurensicherung und Erinnerungshilfe psychischer Prozesse verschiedener Bewusstseinsebenen, verschiedener Bezugssysteme- und als solche immer auch Untersuchungsgrundlage (Unzulänglichkeiten fixieren und bewusst machen) im Hinblick auf mögliche Korrekturen und Modifikationen, was eine relative Offenheit des Arrangements bedingt (... und wissen wollen, wie, warum ich,
10 die anderen, die Umstände, die Zustände so sind – ... wie weit sind wir (bin ich) fremdbestimmt, unbewusst manipuliert, zum Beispiel auch bei der Herstellung von Kunst, wie entsteht Meinung – Meinung über Kunst usw.). Dabei wird, von einem Punkt ausgehend, (vom relativ Einfachen zum relativ Komplizierten) der Radius der Interessenkreise immer größer.

15 Zur Methode:

Ausgehend von einem realen Objekt (am Anfang ein Fundstück aus der Natur zum Beispiel ein Laubblatt, später Menschen, Begebenheiten, Äußerungen anderer usw.) entwickeln sich (oder werden stimuliert) folgende Zustandsphasen:

1. Meditation

20 2. Katharsis:

Das meint hier ein möglichst spontanes, zum Teil automatisches (auch subjektives) Reagieren (und Abreagieren) und Assoziieren auf das Objekt, um un- beziehungsweise vorbewusste Äußerungen zu provozieren und sie, soweit es möglich ist, zu fixieren in Form von Skizzen und Notizen (Video- oder Tonbandaufnahmen wären
25 möglich). Dies ist eine Phase polyphoner Ausdehnung, in der alles zugelassen ist – auch Darstellungen, die gemessen mit gängigen Bewertungskriterien, unter den Tisch fallen müssten (Depersonalisation – Projektion – Dissoziation usw.). Das Chaos muss ausgehalten werden. Ergebnisse dieser Phase werden in öffentlich präsentierten Ensembles nur auszugsweise zugänglich gemacht, da in ihr zwangsläufig die
30 meisten persönlichen Unzulänglichkeiten und dummdreisten Bemerkungen zum Vorschein kommen.

3. Reflexion (Feedback)

   Zusammenfassende Zeichnungen und Zustandsfotos, um eine Distanz zu provozieren – im verbalen Bereich: erste individuelle Deutungen und Assoziationen in Hinblick auf mögliche Ursachen – Motivationen – Sammlung von Zitaten anderer.   35

4. Analyse (im Versuch der Herstellung eines Gesamtbezugs):

   Details und Zwischenergebnisse in Gruppen zusammenstellen, konfrontieren und vergleichen mit verschiedenen Bezugssystemen, Bewertungsräumen (interdisziplinär – mit Texten aus dem Bereich der Psychologie, Philosophie, Soziologie usw.) – Formulierung eines ensemblespezifischen Themas, das die Richtung des einzukrei-   40
   senden Problems angibt und Diagramme, welche die Methode komprimieren. Im visuellen Bereich: Hervorheben durch Vergrößerungen (großformatige Fotoleinwände, Bilder) und Abstraktion durch Zusammenfassungen (Verkleinerungen) im Zustandsfoto, welches viele Details für Außenstehende nicht mehr erkennbar beziehungsweise nachvollziehbar macht.   45

Betont werden muss, polyphones Ausdehnen wechselt ab mit Zusammenfassungen. Die Zeit spielt eine besondere Rolle, insbesondere auch bei der notwendigen Gewinnung von Distanz; und so erstreckt sich die Entstehung und Modifikation vieler Ensembles über mehrere Jahre (ist theoretisch nie abgeschlossen). Durch den Gebrauch verschiedener Medien – Foto, Zeichnung, Arrangement im Raum, Umgangssprache,   50
Intellektuellensprache, usw. und durch die Gegenüberstellung von Spontan-, Reflexions-, Realitäts- und Abstraktionsebene sind Metaebenen (-äußerungen) möglich. Ein zusammenfassendes Foto eines Ensembleaufbaus ist als sogenanntes Bezugsfoto zusammen mit dem realen Objekt Ausgang weiterer Bemühungen, in Anwendung der oben angedeuteten Methode."   55

Vorkoeper, 2007, S.110 f.

Die Arbeitsweise der Künstlerin Anna Oppermann

Auf den Abbildungen der vorangegangenen Seiten sind Aufnahmen der Installation „Pathosgeste" in unterschiedlichen Ausstellungen und unterschiedlichen Bearbeitungszuständen zu sehen. Die Künstlerin selbst nennt diese Installationen Ensembles. Besonders an diesen Ensembles ist, dass sie das Ergebnis und den Arbeitsprozess gleichzeitig sichtbar machen.

Ein Ausgangspunkt wird als Kern des Kunstwerks von der Künstlerin genauestens untersucht, der dann durch die Ergebnisse und Zwischenzustände der Untersuchung, die in das Ensemble integriert werden, immer weiter wächst. Die Untersuchung erfolgt über Fotos, Texte, Zeichnungen, Malereien, Arrangements, Fundstücke, Naturdinge und Plastiken. Diese breiten sich immer weiter im Raum aus.

ANNA OPPERMANN stellte ihre Ensembles nur für ein vorläufiges Ende fertig. Ansonsten erstreckten sich die Arbeiten über lange Zeiträume. Die Künstlerin ließ die Arbeiten immer weiter anwachsen, veränderte ihre Anordnungen in den verschiedenen Ausstellungen und erweiterte ihre Ensembles im Laufe der Zeit. So entstanden immer neue wuchernde Formen und Kompositionen, die allerdings stets auf den Ausstellungsort abgestimmt wurden. Somit gehören sowohl eine Eigendynamik in dem ständigen Wachstum als auch eine durchdachte Struktur in Verbindung mit dem Ausstellungsort gleichermaßen zum Konzept.

In den Detailabbildungen einiger Arbeiten kann man erkennen, dass OPPERMANN häufig von einem Gegenstand, einer Pflanze, einem Gefühl, Zitat oder (hier) Foto ausging, womit sie sich intensiv zeichnerisch und malerisch auseinandersetzte. Diese Auseinandersetzung bezeichnete die Künstlerin als Meditation, als einen Zustand, in dem sie sich ganz in die Erforschung und Abbildung dieses Gegenstandes hineinversetzte. Im Anschluss sammelte sie ihre Gedanken und Assoziationen auf Skizzen, Zettelchen und Notizen und fügte diese dann zusammen. Sie stellte Verbindungen und Beziehungen her und integrierte diese Beziehungsstruktur in ihre Arbeiten. In diesem Sinne arbeitete ANNA OPPERMANN schon damals mit Hypertextstrukturen, ohne das Internet zu benutzen. Immer wieder fotografierte sie die Zwischenzustände, bezog diese dann in ihre Ensembles wieder mit ein oder vergrößerte sie und ließ sie als gültige Arbeiten stehen. Durch diese Arbeitsweise schuf sie jeweils Ensembles, die in ihrer Gesamtheit verwirrend, komplex und vielfältig sind. Teilweise wird eine Ordnung der Dinge deutlich, oft aber auch eine scheinbare Unordnung. Häufig sind in den Ensembles biografische Spuren zu finden. Im vorgestellten Ensemble Pathosgeste untersucht OPPERMANN sehr kritisch ihre Rolle als Künstlerin in der Gesellschaft.

▩ Abbrüche und Lücken

Man kann die Ensembles teilweise entschlüsseln und zu verstehen versuchen, immer muss man jedoch die Abbrüche und Lücken, die sich ergeben, mit den eigenen Gedanken und Assoziationen füllen, die während der Auseinandersetzung mit dem Kunstwerk entstehen. Auch die Schriften, die teils auffällig als einzelne Wortgruppen zentral im Ensemble positioniert sind, bringen die Betrachtenden auf eine Spur, die dann irgendwann endet und sich nicht weiter verfolgen lässt. Da helfen auch die vielen kleineren Notizzettel, die in enger Schrift gefüllt sind, nicht weiter. Man wird innerhalb der Vielfalt auf bestimmte Dinge aufmerksam, wird von ihnen in Anspruch genommen, gelenkt, dann aber wieder fallen gelassen und auf sich selbst zurückgeworfen. Insofern bieten Anna Oppermanns Arbeiten ein Angebot an die Betrachterinnen und Betrachter, sich auf sie einzulassen, die komplexe Gedankenvielfalt der Künstlerin in Ansätzen zu erschließen, sie dann aber mit den eigenen Gedanken und Assoziationen zu verknüpfen. Mit diesem Angebot an die Betrachtenden bezieht die Künstlerin sie ganz bewusst in den künstlerischen Prozess mit ein. Erst wenn dieses Interaktionsangebot angenommen ist, kann man den Arbeiten ANNA OPPERMANNS näher kommen.

Die Kunstwissenschaftlerin ELKE BIPPUS schreibt über die Arbeiten von ANNA OPPERMANN:

„Forschen in der Kunst. ANNA OPPERMANNS Modell der Welterschließung

Ordnung, Experiment, Distanz, Erkenntnismethode, Reflexion, aber auch Assoziation, Automatismus, Privates, Instruktives und Empfindung sind Wörter, die in Beschreibungen von ANNA OPPERMANNS Arbeiten und ihrer Arbeitsweise bemerkenswert häufig auftreten. Die zur Charakterisierung ihrer Ensembles genutzten Wörter entstammen divergenten Begriffsfeldern, wobei die analytischen gemeinhin mit Wissenschaft und die psychologischen mit Kunst in Verbindung gebracht werden. ANNA OPPERMANN geht in ihrer künstlerischen Praxis methodisch ordnend und assoziativ improvisierend vor. Sie versucht damit, der Komplexität der Welt einen adäquaten Ausdruck zu verleihen und tradierte Gegensätze zu überwinden. In dem 1984 publizierten Text „Das, was ich mache, nenne ich Ensemble" schreibt sie: „Dabei wäre ich gern Vermittler zwischen den verschiedenen Disziplinen, zwischen Ratio und sinnlicher Wahrnehmung, zwischen Kunst und Wissenschaft, Normalbürger und Außenseiter."
ANNA OPPERMANN gehört zu jenen Künstlern, die in den 1970er-Jahren ihre künstlerische Arbeit gesellschaftlich, politisch oder historisch kontextualisierten und mit einer an wissenschaftlichen Verfahren orientierten Recherchetätigkeit verknüpften."

Bippus, 2007 S. 55

Arbeitsanregungen

3. Klären Sie die unbekannten Begriffe und versuchen Sie, den Text inhaltlich zu erschließen. Welchem Anspruch an ihre Arbeit versucht die Künstlerin gerecht zu werden? Wie gelingt OPPERMANN dies Ihrer Meinung nach?

4. Vergleichen Sie die Arbeitsweise der Künstlerin ANNA OPPERMANN mit der ästhetischen Forschung!

5. Welche bildnerischen Verfahren hat OPPERMANN eingesetzt? Was könnten Sie für sich als Präsentationsformen übernehmen? Skizzieren Sie wichtige Präsentationstechniken, die die Künstlerin in „Pathosgeste" eingesetzt hat! Skizzieren Sie, wie OPPERMANN das Ensemble als Installation arrangiert hat!

6. Betrachten Sie nun noch einmal das Ensemble! Welche Ideen erhalten Sie von den Darstellungsabsichten der Künstlerin? Was vermuten Sie, welche biografischen Anteile bearbeitet die Künstlerin in diesem Werk?

7. Wie gefällt Ihnen die Auseinandersetzung mit den Ideen und Gedanken der Künstlerin?
Können Sie sich vorstellen, Elemente dieser künstlerischen Strategien für sich selbst aufzugreifen und zu nutzen?

Nikolaus Lang: Spurensicherung

Nikolaus Lang (1941) „Blick in die Kiste zu den verschwundenen Geschwistern Götte" 1973/74. Städtische Galerie im Lenbachhaus, München

Worum geht es im vorgestellten Kunstwerk?

In dem Kunstwerk beschäftigte sich Nikolaus Lang mit den gefundenen Spuren, die die Familie Götte hinterlassen hatte. Lang lebte in einem bayerischen Dorf bei Oberammergau. Dort untersuchte er die Hinterlassenschaften der Familie Götte. Diese ist vor über einem Jahrhundert aus einer ärmlichen Region in der Schweiz in das Dorf Bayersoien gesiedelt. Es ist der Familie nie gelungen, sich in die Dorfgemeinschaft zu integrieren, denn die alteingesessenen Dorfbewohnerinnen und -bewohner standen den Neuankömmlingen misstrauisch und ablehnend gegenüber. Deshalb blieb die Familie immer in der Position der Außenseiter und war gezwungen, unter sich zu bleiben und eine sehr enge Gemeinschaft zu pflegen.

Lang ist es gelungen, 238 Objekte der Familie zusammenzutragen. Viele dieser Fundstücke erscheinen zunächst seltsam oder gar unbedeutend. Vermutlich hätten sie einen „richtigen" Wissenschaftler gar nicht interessiert. Doch gerade die eigentümliche Mischung der Fundstücke machen das Besondere und Interessante dieses Kunstwerkes aus. Die Betrachtenden gewinnen mithilfe dieser Sammlung ganz bildhafte Vorstellungen über diese Familie Götte. Das Nachdenken und Vorstellen der Lebensgeschichte der Personen wird lebendig und hinterlässt starke Eindrücke.

Indem Lang die Spuren dieser Familie sammelte, ordnete und archivierte, konnte er die Geschichte der Familie rekonstruieren und über seine Sammlung den Betrachtenden bildhaft vorstellbar machen.

Detailansicht aus Nikolaus Lang (1941) „Blick in die Kiste zu den verschwundenen Geschwistern Götte"
1973/74. Städtische Galerie im Lenbachhaus, München

Spurensicherung

LANG benutzte ein künstlerisches Verfahren, das als Spurensicherung bekannt geworden ist. Dieses künstlerische Verfahren der Spurensicherung ist eng angelehnt an den wissenschaftlichen Verfahren der Geschichtswissenschaft, der Archäologie und Völkerkunde. Die Kunstschaffenden sammeln, rekonstruieren, dokumentieren, fotografieren, bilden aber auch fehlende Spuren nach. Dabei betonen sie ihre eigene subjektive Auseinandersetzung mit der Vergangenheit.

„Das ausgestellte Material soll dem Betrachter Anlass bieten, Bezüge zu seiner eigenen Biografie herzustellen."

Sabisch, Seydel, 2004, S. 5

Damit wollen die Künstlerinnen und Künstler die Betrachtenden zum individuellen Weitersuchen anregen, sie wollen Wirklichkeit rekonstruieren und zum Fragenstellen über Vergangenes anregen.

Arbeitsanregungen

8. Versuchen Sie gemeinsam in der Lerngruppe die Installation von NIKOLAUS LANG zu erschließen. Verwenden Sie dabei das 4-Ebenen-Modell! Inwiefern handelt es sich bei den vorgestellten Abbildungen um Biografisches?

NIKOLAUS LANG wurde 1941 in Oberammergau geboren. Er ist deutscher Konzeptkünstler und gehört zu den bekanntesten Vertretern der Kunstrichtung Spurensicherung. Lang nahm an zahlreichen Ausstellungen teil, so auch an der documenta 6 und 8.

Das künstlerische Werk

„N. LANG findet, sucht und erfindet Dinge. Er ordnet sie, verortet sie in musealen Systemen, stellt sie aus als Dokumente gelebten Lebens und erfahrener Zeit. Ein Künstler als Spurensucher und Spurensicherer. Als Re-Konstrukteur von Erinnerung, auf der Suche nach der gelebten Zeit. Ob er nun die Inventare des Hauses der Geschwister Götte ar-
5 chiviert oder auf den Spuren der Aborigines in Australien seine anthropologischen und ästhetischen Erfahrungen in Form gegenständlicher Relikte und Fotografien sammelt, immer sind es Dinge, die einmal in alltagskulturellen und oft auch rituellen Kontexten ihre Bedeutungen hatten und über ihn als Gegenstände der Kunst und Musealisierung weiterreichende Bedeutungen erfahren. Die Art und Weise seiner Aufbereitungen, sei-
10 ner Verschriftungen, Kommentierungen, Ordnungen macht sie so zu etwas Besonde-

rem, lädt sie mit zusätzlichen Bedeutungen auf. So sind die sichtbaren alltäglichen Dinge eingebunden in mehrere Dimensionen der wahrnehmbaren Gegebenheiten und Deutungsmöglichkeiten: zum einen stehen sie für sich selbst – für das, was sie sind oder zu sein scheinen: z. B. eine Schüssel aus den Lebenszusammenhängen von Menschen einer anderen Kultur und Zeit. Dann sind sie übergreifend zu deuten als Spuren 15 gelebten Lebens, Hinterlassenschaften von Menschen, die nicht mehr existieren, deren Dinge aber noch immer präsent sind. Und in einem übergreifenden Verständnis sind sie als ontologisches Ding, als anthropologischer Verweis, Zeugnis menschlichen Lebens in einer bestimmten Kultur mit bestimmten geistigen und spirituellen bzw. metaphysischen Orientierungen. Nikolaus Lang hat mit seinen Arbeiten sehr früh in den 20 siebziger Jahren eine Form der Kunst entwickelt, die im weitesten Sinne als Spurensicherung bezeichnet wird. Dieses Konzept der Spurensicherung ist letztlich auch ein Konzept ästhetischer Forschung, vereinen sich darin doch alle Momente, die eine bestimmte Art und Weise der Annäherung an „Welt", wie besondere Formen der künstlerischen Transformationsakte enthalten, verbunden mit Formen der Intensität und 25 Grenzerfahrung, die gerade N. Lang für sich nicht zuletzt bei seinen Arbeiten in Zusammenhang mit seinen anthropologisch orientierten Reisen erfahren hat."

Kämpf-Jansen, 2001, S. 91

Arbeitsanregungen

9. Das künstlerische Konzept Langs wurde als „Spurensicherung" bekannt. Beschreiben Sie die Funktionsweise dieses Konzepts!

10. Versuchen Sie, alle Verfahren, die zur Spurensicherung angewendet werden können zusammenzustellen und notieren Sie diese in Ihr Lerntagebuch!

11. Welche würden Sie davon gern für Ihre ästhetische Biografie übernehmen? Markieren Sie diese!

Exkurs: Was ist die documenta?

Die vorgestellten Künstlerinnen und Künstler haben bereits mit mehreren Arbeiten an der documenta teilgenommen. Anna Oppermann war ehemals an der documenta 4 und 8 beteiligt, Nikolaus Lang an der documenta 6 und 8, Nedko Solakov und Hu Xiaoyuan an der letzten, der documenta 12.

Die **documenta** ist eine weltweit beachtete Ausstellung internationaler zeitgenössischer Kunst, die alle fünf Jahre in Kassel stattfindet. Sie wurde von Arnold Bode, Künstler und Kunsterzieher zum ersten Mal 1955 mit dem Anspruch initiiert, „die deutsche Öffentlichkeit mit der internationalen Moderne und mit der eigenen gescheiterten Aufklärung [zu] konfrontieren und [zu] zu versöhnen."[1] Die Ausstellung erfolgt alle fünf Jahre unter einem anderen Leiter bzw. Leiterin. Somit steht sie jedesmal unter einem anderen Konzept. Im Sommer 2007 fand die documenta zum zwölften Mal statt unter der künstlerischen Leitung von ROGER M. BUERGEL und RUTH NOACK. Wieder ist es gelungen, Positionen der internationalen Kunst aus den unterschiedlichen Regionen der Welt in den verschiedenen Medien zu zeigen.

Die Statistik belegt die Bedeutung der documenta:

> „Die vom künstlerischen Leiter ROGER M. BUERGEL konzipierte Ausstellung der Arbeiten von 109 KünstlerInnen aus 43 Ländern wurde von 754.301 zahlenden Gästen besucht. Dazu kamen 4.390 FachbesucherInnen und 15.537 JournalistInnen aus 52 Ländern. Das bedeutet eine in der jüngeren documenta-Geschichte einzigartige Steigerung der Be-
> 5 sucherzahlen von 16 % bzw. 100.000 mehr zahlenden BesucherInnen als bei der documenta 11.
> Ein Drittel* der BesucherInnen kam aus dem Ausland (* so die Zwischenergebnisse einer Studie, durchgeführt von PROF. HELLSTERN an der Universität Kassel), allen voran aus den Niederlanden, den USA, Frankreich, Belgien und Österreich. Deutlich mehr Publi-
> 10 kum kam bei dieser documenta aus verschiedenen Staaten Osteuropas (angeführt von Polen), aus Australien und den USA sowie aus dem asiatischen Raum: aus Südkorea, Japan und vor allem China, das erstmals auf Platz sechs der Besucherrangliste liegt."

documenta und Museum Friderianum Veranstaltungs-GmbH, über documenta, 2007, o. S.

Foto eines Ausschnitts des Geländes der documenta 12

---

1 documenta und Museum Fridericanum Veranstaltungs-GmbH, über documenta, 2007, o. S.

Arbeitsanregungen

12. Welche Meinung vertreten Sie? Sollten Erzieherinnen und Erzieher sich solche Ausstellungen ansehen? Wären Sie interessiert, die documenta zu besuchen? Warum, warum nicht?

Hu Xiaoyuan

Xiaoyuan wurde 1977 in Haerbin, China, geboren. Sie lebt in Beijing. Ihre erste große Ausstellung war in der Kunsthalle Hamburg (2006), weitere Ausstellungen hatte sie in Chinese Contemporary Gallery, Beijing, und in Shanghai Zendai Museum of Modern Art, beide 2006. 2007 nahm sie an der documenta 12 teil.

Positionen der Künstlerin

„Die Arbeiten von Hu Xiaoyuan berühren auf sehr subtile und intime Weise Fragen nach der menschlichen Existenz. Sie verwendet für ihre Objekte, Zeichnungen und Installationen bevorzugt Materialien, die Lebensspuren in sich tragen oder mit kulturellen Bedeutungen verbunden sind. Ihre Motive haben meist mit dem alltäglichen Umfeld oder der Familiengeschichte zu tun." 5

Gressel, 2007, S. 338.

Im Katalog der documenta 12 wird die Installation von Hu Xiaouyuan erklärt.

„Fließende Seide umhüllt Dinge von Gewicht. Sie sind fest in drei langen Bahnen eingefasst, scheinen hindurch, treten hervor und bleiben doch unter der Oberfläche. Es sind Dinge des alltäglichen Gebrauchs, hinter denen persönliche Erfahrungen liegen. Sie gehören Hu Xiaouyan, ihrer Mutter und ihrer Großmutter. Hier hat sie Dinge ihrer Jugend versammelt wie die Schlüssel, die sie als Schulkind immer umhatte, eine gefälschte 5 Arztbescheinigung, den ersten Liebesbrief. Da ist Privates ihrer Mutter aufbewahrt wie das feine Tuch, das sie als junge Frau sehr mochte, ihr Aussteuerkissen, Bausteine, die sie der Tochter schenkte, aber wieder zurückbekam. Dort schließlich das Wenige, was sie von der Mutter ihrer Mutter noch finden konnte, wie der kleine runde Spiegel, vor dem sie sich kämmte, die Decke, die sie ihr Leben lang benutzte und die dann von 10 Hu weiterbenutzt wurde.
Das Leben verstreut sich im Fluss der Zeit. Nur kleine Tropfen von Erinnerung halten sich darin. Auf der Suche nach vergangenen Zeiten begann sie, Überbleibsel zusammenzureihen. An die Stelle des Gefühls von Verlust tritt die Freude des Wiederfindens. Eine erlebte Beziehung, der Abdruck einer Erfahrung, taucht durch die Dinge wieder 15

Hu Xiaoyuan: The Times (2006), Installation

auf. Sie findet viele Spuren, die ihre Leben miteinander verbinden. Die Erinnerungen sind verwoben und in der Zeit aufgehoben. Das scheinbar Einmalige war schon einmal, wie auch das davor. Die verschiedenen Vergangenheiten existieren gleichzeitig mit allen anderen, nur auf unterschiedliche Bahnen verteilt. Wir hören nicht auf, vergangene Bilder wieder ins Gedächtnis zu holen, noch einmal hinüberzuschauen. Wir versam- 20 meln in uns merkwürdige Übergänge, sind zugleich unsere Kindheit, Jugend, Reife, Alter. Es gibt eigene, nahe und ferne Erinnerungen. Sie hängen nur diesen einen Windhauch voneinander entfernt."

Gressel, 2007, S. 182 f.

Arbeitsanregungen

13. Warum ist das Kunst? Was konnte die Künstlerin mit ihrer künstlerischen Strategie erreichen? Was kann sie damit den Betrachtenden anbieten?

14. Welche Strategien könnten Sie für Ihre ästhetische Biografie übernehmen?

15. Finden Sie Bilder für Begriffe wie Lebensweg, Lebenslauf, Lebensfluss, Lebensuhr usw.! Versuchen Sie diese sprachlichen Bilder nichtsprachlich darzustellen, indem Sie sie zeichnen, malen, bauen, drucken, weben, nähen, konstruieren oder anderweitig in ein Material umsetzen!

Nedko Solakov

NEDKO SOLAKOV wurde 1957 in Cherven Briag (BG) geboren und lebt heute in Sofia (BG).

Positionen des Künstlers

„Ein Kennzeichen seines facettenreichen, konzeptuellen Werks ist der narrative, humorvolle und absurde Umgang mit überlieferten Repräsentationssystemen sowie mit der Sphäre des Alltäglichen. SOLAKOV verwendet nahezu alle Medien, vor allem Malerei, Zeichnung, Schrift, Fotografie und Installation. Die Reflexion der Kunstgeschichte und Kunstbetrachtung sowie der Mechanismen des Kunstbetriebs sind neben seiner Rolle 5 als Künstler zentrale Inhalte seines Werks."

Schöllhammer, 2007, S. 348

Nedko Solakov: „Top Secret" (1989), Objekt

Womit beschäftigt sich der Künstler im vorgestellten Werk?

„Nedko Solakovs *Top Secret* ist eine der Inkunabeln osteuropäischer Kunst aus der Zeit rund um den Fall des eisernen Vorhangs. Solakov memoriert, rekonstruiert und skizziert auf Karteikarten, die in einem Zettelkasten aufbewahrt sind, ein biografisches
5 Mal: sein Verhältnis zum bulgarischen Geheimdienst, dem er als jugendlicher Informant Anfang der 1980er Jahre für kurze Zeit zugearbeitet hatte.
Diese poetisch und mit den Stilmitteln der westlichen Pop- und Concept-Art vorgetragene Selbsteröffnung bleibt fiktionale Rekonstruktion- bis heute sind keine offiziellen Dokumente, die seine Kollaboration belegen würden, aufgetaucht oder veröffentlicht
10 worden. Die Präsentation der Arbeit (welche in den Monaten nach dem endgültigen Zusammenbruch der Volksrepublik im November 1989 entstand) im Rahmen der Ausstellung *End of Quotation* im Sofioter Klub der jungen KünstlerInnen provozierte im April 1990 eine heftige Debatte, auf die Solakov in der vielgelesenen Wochenzeitung *Kultura* mit einer im Parabelton vorgetragenen Erzählung über seine biografischen
15 Verwicklungen in den Überwachungsapparat des Schiwkow-Regimes reagierte.
Das mimetische Objekt des Karteikastens wird in *Top Secret* zur Metapher auf die Verwaltungsstrukturen und Subjektivierungsverfahren des sozialistischen Staates. Wie die kleinen Skizzen und Texte auf den Zeichnungen spielt es als Form mit psychologischen Theoriebildern von Identifikation und Erinnerung. Solakov konfrontiert einen zu-

künftigen politischen Blick auf das Vorgängige mit ästhetischen Möglichkeitsformen 20
einer bildhaften Wiederannäherung. In einer biografisch nicht unriskanten Situation
besteht er auf einem doppelten Begriff der Wahrheit. Top Secret ist im postsozialisti-
schen Kontext bis heute eine erratische Arbeit geblieben."

Schöllhammer, 2007, S. 130

Arbeitsanregungen

16. Um diesen Text erfassen zu können, erarbeiten Sie sich bitte die einzelnen Begriffe!
    - Inkunabel
    - Eiserner Vorhang
    - Memorieren
    - Parabelton
    - Schiwkow-Regime
    - Mimetisches Objekt
    - Postsozialistisch
    - Erratisch

17. Warum macht Solakov das? Warum denunziert er sich selbst mit den künstlerischen
    Mitteln, ohne die Spitzeltätigkeit überhaupt begangen zu haben?
    Was könnten die Absichten des Künstlers dafür gewesen sein?

18. Erläutern Sie den Zusammenhang zwischen persönlicher Biografie und gesellschaftli-
    cher Situation, der in „Top Secret" bearbeitet wird!

19. Was könnten die Absichten Solakovs mit „Top Secret" gewesen sein?

2.4.2 Methoden des ästhetischen Biografierens

Welche Methoden es zum ästhetischen Biografieren gibt, soll erneut mithilfe Kahrmanns
erarbeitet werden.

„Die systematische Auseinandersetzung mit der Frühzeit unserer ästhetischen Erfahrung unter ästhetischen Aspekten ist äußerst selten. Gründe dafür lassen sich schnell
finden. Ohne spezifische Verfahren sind die Zusammenhänge der frühen ästhetischen
Sozialisation nicht zu erhellen. Um diese Verfahren anwenden zu können, muss vor allem Zeit zur Verfügung stehen, Zeit, die man für diesen Zweck nicht so ohne Weiteres 5
erübrigt. Warum sollte es auch notwendig sein, sich mit Situationen, die ästhetisches
Bewusstsein gebildet haben, auseinanderzusetzen? Den Sinn dieses Unternehmens
erfassen viele erst, wenn sie praktisch erleben, was dies bedeutet. Natürlich wird es
jedem einleuchten, dass sich ästhetisches Bewusstsein nicht „irgendwie" konstituiert

10 hat, sondern dass es Stationen in der Entwicklung gibt, die sich meist in Orientierung an Zeiterscheinungen und Vorbildern entwickeln.

Erst bei der systematischen Aufarbeitung der ästhetischen Biographie werden solche Erlebnisse aktuell und führen in vielen Fällen dann zu einem ungeahnten Kreativitäts-schub. Und mit oft jahrelanger Verspätung wird die aktive Auseinandersetzung mit
15 dem Gegenstand aufgenommen.

AKTIVIERUNGS- UND ANWENDUNGSMÖGLICHKEITEN FÜR VERGESSENE BILDER

Erinnerungen an die Aktivierung unserer vergessenen Bilder haben wir alle. Ein Blick in den alten Spielzeugschrank bei einem Elternbesuch zeigt uns dies. Jedes dieser alten Spielzeuge erzählt uns eine ganze Geschichte, und je länger wir die Teddybären, Pup-
20 pen, Autos, Hampelmänner in der Hand halten, desto mehr fällt uns dazu ein. Ganze Geschichten laufen filmmäßig in uns ab. In der Regel legen wir jedoch die Gegenstän-de nach kurzer Zeit wieder weg und gehen anderen Beschäftigungen nach. Das „Hal-ten" dieser Erlebnisse ist wichtig, um ihnen genauer auf die Spur zu kommen. Dafür fehlt uns meist die Zeit und die Methode.
25 Gegenstände aus Spielschränken sind eine Hilfe für Werkstätten, die ästhetisch-bio-grafisches Arbeiten zum Gegenstand haben. Das kann so ablaufen, dass jede/r aus-führlich Gelegenheit erhält, sich zu einem Gegenstand zu äußern. Diese Berichte wer-den protokolliert und/oder auf Tonträger aufgenommen. Die Reflexion sollte sich nicht auf die verbale Ebene beschränken. Bevor ein Bericht geschrieben wird, ist es sinnvoll,
30 eine farbige Abbildung vom Gegenstand anzufertigen. Dafür ist einige Zeit notwendig, und während dieser Arbeit werden sich Bilder und Rahmengeschichten, die mit dem Gegenstand zusammenhängen, vermehren. Das anschließende Schriftliche geht so leichter von der Hand und nimmt an Umfang und Tiefe zu.

Jeder wird der Meinung sein, er hätte ein ästhetisches Bewusstsein. Wenn wir genauer
35 nachforschen, wie dieses denn beschaffen sei, müssen wir feststellen, dass wir uns nur sehr undeutlich dazu äußern können. Über vieles müssen wir länger nachdenken, um eine Antwort zu bekommen. Da wir uns selten damit systematisch auseinandersetzen und kaum Einzelerlebnisse miteinander vernetzen, sind uns immer nur Teilaspekte un-seres ästhetischen Bewusstseins gegenwärtig. Um so etwas wie unseren ästhetischen
40 „Status Quo" zu ermitteln, ist es eine Hilfe, Fragen zu benutzen. Diese sollten alle wich-tigen Aspekte umfassen, um zu möglichst vollständigen Ergebnissen zu kommen."

Kahrmann, 2005, o. S.

Arbeitsanregungen

20. Was schlägt der Autor vor, wie man den vergessenen Bildern auf die Spur kommen kann? Notieren Sie die Schrittfolge des Vorgehens in Ihr Lerntagebuch! Entwerfen Sie dazu ein Schaubild, in dem Sie die Folge der Arbeitsschritte grafisch darstellen!

Um sich mit seiner ästhetischen Biografie beschäftigen zu können ist es vorteilhaft, sich zunächst mit einem Objekt oder Foto aus der eigenen Kindheit auseinanderzusetzen. Dabei werden sich weitere Bezüge öffnen, denen man dann auf den unterschiedlichsten Wegen nachgehen kann. Zu einzelnen Abschnitten werden, wie von Kahrmann eingefordert, einige Fragen gestellt. Sie müssen dabei nicht unbedingt jede einzelne beantworten. Die Fragen sollen für Sie eine Hilfe sein, sich auf das Thema einzulassen und sich in die einzelnen Aspekte hineinzudenken.

Orte der Erinnerung

Oft bewahren Eltern auf dem Dachboden oder an anderen Orten Gegenstände aus vergangenen Zeiten auf. Häufig kann man in Kisten gepackt alte Schulhefte, Zeugnisse, Playmobil, Barbies, Legos und anderes Spielzeug wiederfinden. Manche haben auch alte Kleidung, die ersten Schuhe, das Taufkleidchen oder eine besonders niedliche Mütze aufbewahrt. Irgendwann wurden diese Dinge dann in Kisten verpackt, auf den Dachboden gestellt und sind allmählich aus dem Blick und später in Vergessenheit geraten.

Arbeitsanregungen

21. Kennen Sie solche Orte? Haben Sie Zugang zu diesen Orten? Stöbern Sie dort etwas herum und starten Sie eine Suche nach Gegenständen aus Ihrer Kindheit! Horchen Sie dabei in sich hinein! Welche Gefühle spüren Sie, wenn Sie einen bestimmten Gegenstand gefunden haben? Betrachten sie den Gegenstand ganz genau! Welche Erinnerungen erwachen? Schreiben Sie sie auf!

Dachboden mit aufbewahrten Gegenständen

Objekte aus der Kindheit

Arbeitsanregungen

22. Wählen Sie ein Objekt aus Ihrer Kindheit aus. Das kann der alte Teddy, eine Puppe aber auch ein Kleidungsstück oder ein Foto oder Bild sein.

23. Betrachten Sie Ihr Objekt aus der Kindheit ganz genau. Suchen Sie sich geeignetes Material und bilden Sie dieses Kindheitsobjekt so präzise und detailliert wie möglich ab. Lassen Sie sich dabei genügend Zeit. Verwenden Sie ein ästhetisches Verfahren, dass Ihnen nahe liegt und mit dem Sie sicher umgehen können. Im Lehrbuch „Kreatives Handeln" sind eine Vielzahl an Verfahren und Techniken dargestellt, die Sie benutzen können.[1] Lassen Sie sich ganz auf das Abbilden Ihres Objektes ein!

    Sie werden bemerken, wie Gedanken, Erinnerungen und Assoziationen auf Sie einströmen. Lassen Sie diesen freien Lauf und versenken Sie sich ganz in Ihr Tun!

    Vielleicht ist es Ihnen möglich, beim Zeichnen, Malen oder anderem künstlerischen Tun Ihre Gedanken auf einen Tonträger aufzunehmen. Andernfalls schreiben Sie sie danach in Ihr Lerntagebuch.

FRAGEN

- Wie sehen Sie Ihr Objekt aus der Kindheit heute? Wie haben Sie es früher wahrgenommen? Hat sich Ihr Bild von diesem Gegenstand verändert? Was könnte der Grund dafür sein?

- Fragen Sie nach! Wer hat diesen Gegenstand verpackt und weggestellt? Warum hat derjenige ihn aufbewahrt? Weshalb wurde der Gegenstand nicht weggeworfen? Wann ist der Gegenstand das letzte Mal aus der Kiste genommen worden? Warum ist dies geschehen?

TEDDY OSCAR

Diese genaue Abbildung bildet den Ausgangspunkt Ihrer ästhetischen Biografie. Versuchen Sie nun nach dem Konzept der ästhetischen Forschung Ihre ästhetische Biografie voranzutreiben. Welchen Alltagsbezug können Sie zu diesem Objekt herstellen? Welches wissenschaftliche Bezugsfeld können Sie für Ihr Objekt eröffnen? Wie können Sie künstlerische Verfahren und Strategien übernehmen und beim Biografieren einsetzen? Und welche Selbstreflexionen lösen diese Arbeiten bei Ihnen aus? Vergessen Sie während des gesamten Prozesses nie, Ihr Lerntagebuch zu führen. Dies ist das Medium, das Ihre Ideen, Erfahrungen, Erkenntnisse, Ihr gesamtes Material aufnehmen soll.

---

1 Cieslik-Eichert, Jacke, 2009

2.5 Arbeitsanregungen und Präsentation

Hier sind einige Verfahren als Arbeitsanregungen für Sie genauer vorgestellt. Gleichzeitig sind sie den einzelnen Bezugsfeldern der ästhetischen Forschung zugeordnet. Bei einigen von ihnen sind die Übergänge fließend und können nicht eindeutig einem einzelnen Bezugsfeld zugeordnet werden. So ist dies zum Beispiel beim Sammeln der Fall. Zum einen handelt es sich um alltägliches ästhetisches Handeln, zum anderen gehört es ebenso zum wissenschaftlichen Arbeiten, auch in der Kunst wird das Sammeln betrieben. In solchen Fällen erfolgt die Zuordnung willkürlich zu einem Bezugsfeld, das aber ebenso auch einem anderen hätte zugeordnet werden können.

Die folgende Tabelle soll Ihnen die Orientierung erleichtern.

Bezugsfeld Alltag	Bezugsfeld Kunst	Bezugsfeld Wissenschaft
Sammeln	Zeichnen	Recherchieren
Fälscherwerkstatt: Dokumente alt machen	Objekte	Dokumentieren
Gipsabdrücke	Installationen	Interviews
Texte/Schriften	Inszenierung	Orte kartografieren/ Mapping
	Performance	

Arbeitsanregungen

1. Entwickeln Sie eine ästhetische Biografie, die sich mit Ihrem Erzogensein befasst! Gehen Sie dabei nach dem Konzept der ästhetischen Forschung vor und beziehen Sie alle vier Bezugsfelder in Ihre Arbeit mit ein! Planen Sie die Ausstellung Ihres Kunstwerkes rechtzeitig mit. Führen Sie während des ganzen Prozesses Ihr Lerntagebuch. Es ist Teil Ihrer ästhetischen Biografie. Stellen Sie sich zwischendurch immer wieder die Fragen: Was erfahren Sie über Ihre Erziehung? Wie sehen Sie die erinnerten Situationen heute aus der Rückschau heraus? Welche Wirkungen hatten sie auf Sie? Was können Sie mit diesem Wissen anfangen?

2.5.1 Verfahren zum ästhetischen Biografieren

Bezugsfeld Alltag

Sammeln

Sammeln gehört ganz selbstverständlich zu unserer Lebenswelt und gleichfalls zur Lebenswelt von Kindern und Jugendlichen. Was ist Sammeln überhaupt?

Vieles, was vorher zerstreut war, wird so bewegt, dass es nachher um der Anschauung willen beisammen ist. Das Sammeln als Prozess bezeichnet eine aktive zielgerichtete Handlung. Gesammelt wird stets Gleiches, also Dinge, die etwas gemeinsam haben. Das heißt, ein Begriff, der das Gleiche bezeichnet, wird zur Auswahlhilfe bzw. zum Sortierinstrument.[1] Ohne diesen Begriff gibt es kein Sammeln.

Ein Beispiel: Man sammelt Steine, Münzen, Kerzen, Hosen, Fotos, Karten oder Dinge, die violett sind.

Man sammelt zwar Gleiches, aber nicht dasselbe. Die Dinge, die gesammelt werden, haben jeweils auch etwas Verschiedenes. Das macht dann das Besondere des Einzelstückes aus. Z. B. werden Briefmarken gesammelt. Die unterschiedlichen Marken sind alle Briefmarken, aber es gibt eben welche aus Marokko, Frankreich oder aus der ehemaligen DDR, gestempelte oder ungestempelte, wertvolle und weniger wertvolle usw. Hat man von derselben Briefmarke mehrere, werden die doppelten oder mehrfach vorhandenen zum Tausch frei, während ein Exemplar in der Sammlung behalten wird. Das heißt, man sammelt Gleiches, betrachtet aber von vornherein die Unterschiede mit, die dann das Besondere der Sammlung ausmachen.

Briefmarken unsortiert *Briefmarken im Album*

Insofern ist Sammeln ein Prozess, der sehr strukturiert abläuft. Das Sammeln der Kinder weist die gleichen Merkmale auf. Auch wenn sie ganz andere Ordnungssysteme haben als Erwachsene, suchen sie dabei spielerisch heraus, nach welchen Kriterien sie ihre Sammlung anlegen können und wie die Dinge zusammengehören. Das gemeinsame Merkmal, das zum Sortierinstrument erhoben wird, zeugt von der Kreativität sowie der intellektuel-

---

1 Vgl. Sommer, 1999, S. 26

len Leistung der Kinder. Immer zeigt das Aufbewahren von Sammlungsstücken, dass das Kind Interesse an den Dingen hat und sie ergründen will.

Damit wird der besondere Wert sichtbar, der das Sammeln bei der Erschließung der Welt durch die Kinder hat. Es werden Begriffe gebildet, Strukturen geschaffen, es wird verglichen, ausgewählt, getauscht, aufbewahrt, ausgestellt. Es entstehen Kommunikationsanlässe. Aber nicht nur das. Dadurch, dass das Sammeln immer auch ein Aufbewahren, Anschauen und Zeigen beinhaltet, werden im gleichen Maße Möglichkeiten zur ästhetischen, kognitiven sowie motorischen Bildung und Entwicklung gegeben. Ebenso kommt durch das Aufflammen der Sammelleidenschaft Emotionalität ins Spiel. Sammeln ist somit als eine ganzheitliche Form der Aneignung von Wirklichkeit durch die Kinder zu betrachten und verdient viel Aufmerksamkeit in der Arbeit mit ihnen. Das begründet die Notwendigkeit des Schaffens von Gelegenheiten, das Anregen und Ermutigungen zum Sammeln.

Beim ästhetischen Biografieren können viele Gelegenheiten genutzt werden, mit den Kindern und Jugendlichen zu biografischen Inhalten zu sammeln und diese Sammlungen in angemessenen Präsentationen auszustellen, sich mit den Inhalten zu befassen und die Sammlungen zu würdigen.

Arbeitsanregungen

2. Tauschen Sie sich über Ihre Vorstellungen und Erfahrungen darüber aus, was Kinder häufig sammeln! Was sammeln dagegen Jugendliche? Was sammeln Mädchen, was sammeln Jungen? Was denken Sie, woher rühren die Unterschiede?

3. Schreiben Sie in Ihr Lerntagebuch! Was sammeln Sie? Was haben Sie früher gesammelt? Warum haben Sie damit aufgehört? Erinnern Sie sich! Welche Gefühle verbinden Sie mit Ihren Sammlungen aus Ihrer Kindheit?
   Legen Sie eine Sammlung unterschiedlicher Gegenstände, Bilder, Fotos und Objekte aus Ihrer Kindheit an! Was könnten mögliche Sortierbegriffe sein?

4. Wenn Sie nicht die Möglichkeit haben, **tatsächliche** Objekte aus **Ihrer** eigenen Kindheit als Sammlung anzulegen, könnten Sie versuchen, Objekte zu finden, die aus Ihrer Kindheit stammen **könnten**. Dazu können Sie sich Fotos aus Ihrer Kindheit ansehen und die Dinge, die Sie auf dem Foto umgeben, genau betrachten. Kommen Sie mit anderen Personen aus dieser Zeit ins Gespräch und unterhalten Sie sich über Ihre typischen Spielsachen, Bekleidungen, Haarfrisuren, Waschmittel, Körperpflegeprodukte, Süßigkeiten, usw. Diese wiedererweckten Informationen können Sie zum Ausgangspunkt nehmen und Dinge sammeln, die auch Ihre Kindheit begleitet haben.
   Hören Sie dabei in sich hinein! Welche Gefühle und Erinnerungen lösen die einzelnen Dinge bei Ihnen aus! Notieren Sie diese oder sprechen Sie sie auf Band!

Fälscherwerkstatt: Dokumente alt machen

Sie haben bereits den Künstler Nikolaus Lang kennengelernt, der die Methode Spurensicherung in seinem künstlerischen Werk benutzt hat. Diese Methode ist auch für Ihre ästhetische Biografie anzuwenden.

Bezogen auf Ihre Biografie könnte es dabei auch um die Fragestellung gehen: Wie hätte es sein können? Spurensicherung beinhaltet auch das Legen von Spuren und ermöglicht damit den Umgang mit Fiktivem. Hier kann erprobt werden, wie das Leben anders hätte verlaufen können oder was geschehen hätte können. Damit kann künstlerisch ausgelotet werden, was passiert wäre, wenn ein Leben eine ganz andere Wendung genommen hätte. Es könnten Wünsche wahr gemacht werden, indem die Spuren in ganz andere, mögliche Gefilde gelegt werden. Immer geht es dabei um eine Auseinandersetzung mit Möglichkeiten, die ebenso wie die Realität hätten eintreten können.

Im Rahmen der Arbeit mit Kindern und Jugendlichen bietet sich damit die Chance, Probehandlungen vorzunehmen. Indem sie Spuren legen und damit andere ästhetische Biografien erfinden, können sie ausloten, was passieren würde, wenn sie diese oder jene Entscheidung treffen würden oder gewisse Ereignisse eingetreten sein würden. Dieses Erfinden hat durch das spielerische Vorwegnehmen und Durchdenken von möglichen Situationen viel Potenzial zur Erprobung und zur Bewältigung schwieriger Lebenssituationen. Durch einen humorvollen Blick und das Wissen dass alles nur erfunden ist, könnten die Kinder und Jugendlichen befreit von den sonstigen Anforderungen, die an sie gestellt werden, in Fantasien schwelgen und diese künstlerisch und spielerisch ausagieren.

Ein anderer Aspekt wäre, durch das Legen von Spuren Geschichten oder Ereignisse zu beweisen bzw. glaubhaft zu machen. Nikolaus Lang sammelte Artefakte, die das Leben der Geschwister Götte in seinem Dorf belegten. Durch die Sammlung dieser Spuren entsteht im Auge der Betrachter eine Vorstellung von den Menschen und der Art, wie sie gelebt haben. Aber ebenso könnten falsche Spuren die Betrachter lenken und diesen gewissermaßen „gefälschtes Beweismaterial" untergeschoben werden. Das Spiel mit echt und falsch, mit wahr und unwahr kann eine reizvolle Gelegenheit sein, darüber nachzudenken, wie wir wahrnehmen, was wir glauben usw.

Wenn Sie die Betrachtenden Ihrer Arbeit auf eine bestimmte Fährte locken und deren Gedanken und Assoziationen in eine bestimmte Richtung lenken möchten, sollten Sie Spuren legen. Wenn Sie diese so gestalten, dass sie nicht ganz eindeutig zu verstehen sind, können Sie die Fantasie der Betrachter mit in Ihre Arbeit einbeziehen, in dem Sie sie dadurch auffordern, sich Ihre eigenen Gedanken zu einem gewissen Sachverhalt zu machen.

Arbeitsanregungen

5. Vergegenwärtigen Sie sich, wie die vorgestellten Künstlerinnen und Künstler Spuren gelegt haben und dabei vorgegangen sind! Welche Möglichkeiten fallen Ihnen ein, gewollt „gefälschte" Spuren zu legen? Diskutieren Sie verschiedene Absichten und deren Realisation!
    Skizzieren Sie Ihre Favoriten in Ihr Lerntagebuch und notieren Sie sich dazu die Wirkungsabsichten!

Um gefälschte Spuren zu legen können Sie ganz unterschiedlich vorgehen. Häufig benötigt man dazu Verfahren, um Dokumente, Objekte, Fotos oder anderes Material alt und „gelebt" aussehen zu lassen.

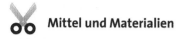 **Mittel und Materialien**

Um ein Dokument aus Papier geheimnisvoll und „benutzt" wirken zu lassen, können Sie wie folgt vorgehen:

- Das Papier in die Sonne legen und gilben lassen,
- mit wässrigen Tinten behandeln,
- knicken, falten, knüllen,
- Bindfäden, Stricke, Seile an den „Dokumenten" befestigen.
- Siegelwachs mit Monogrammen benutzen.
- Die Enden des „Dokuments" ankokeln.

Folgende Materialien können Sie dazu gut verwenden:
- Maggi, Kaffeesatz oder Schwarztee
- Zitrone
- Milch
- Erde
- eine Kerze und Feuer
- einen Backofen

Ein Rezeptbeispiel

Benutzen Sie für dieses Rezept etwas stärkeres Papier, das übliche 80g-Schreibpapier ist hierfür nicht geeignet. Bestreichen Sie das Papier mit Milch und föhnen Sie es anschließend mit einem Haartrockner bis es den gewünschten Farbton annimmt.

Alternativ kann man schwarzen Tee benutzen. Dazu müssen die mit Schwarztee befeuchteten Blätter zwischen saugende Pappen oder stärkere Papiere gelegt und beschwert werden, damit sie nicht wellen. Die Ränder des Papiers können mit Zitronensaft kräftig eingerieben werden. Diese hält man danach vorsichtig über eine Kerzenflamme, um sie zu bräunen. Wer es ganz dramatisch mag, kann dabei noch vorsichtig die Ränder ankokeln. Dazu sollte eine Kerze und besser kein Feuerzeug benutzt werden. Dies kann man gut über einem großen Teller oder direkt über der Spüle tun.

Weiter kann man das Papier in kleinste Teilchen falten und die Falten selbst miteinander verreiben oder mehrfach hintereinander zerknüllen, damit sieht das Papier knittrig aus und wird weicher.

Besonders wirkungsvoll ist es, das geknitterte Papier, das durch die Feuchtigkeit an den Fingerspitzen weich geworden ist, bei geringer Temperatur in den Backofen zu legen. Dabei wird es hart und brüchig, es wirkt am Ende der Behandlung uralt.

Texte und Schriften

Das Lesen von Texten gehört zu unserem täglichen Leben. Wir lesen um uns zu bilden, wir lesen um uns zu orientieren, wir lesen aber auch zum Vergnügen. Für die verschiedenen Bedürfnisse setzen wir unterschiedliche Textsorten ein. So sind Anleitungen zum Gebrauch einer Waschmaschine anders formuliert als ein Witz in der Wochenendausgabe einer Lokalzeitung.

Wir selbst konsumieren nicht nur Texte, sondern produzieren ebenso Texte für die verschiedenen Anlässe und Erfordernisse in unserem Leben. Auch dafür unterscheiden wir nach den Anforderungen. Bewerbungen formulieren wir anders als beispielsweise eine sms. Ganz selbstverständlich wechseln wir zwischen den unterschiedlichen Kontexten, in denen wir unsere Texte herstellen, hin und her. Da sie zu unserem täglichen Repertoire uns auszudrücken gehören, ist unsere Textproduktion ästhetisches Verhalten im Alltag.

Auch beim Biografieren kann die Arbeit mit Texten eingesetzt werden. Zum einen sollen Sie für Ihr Lerntagebuch Texte entwerfen, zum anderen können aber auch Texte Teil Ihres ästhetischen Produkts, Ihrer ästhetischen Biografie sein. Sowohl die Ensembles von ANNA OPPERMANN als auch das Objekt „Top Secret" von Nedko Solakow integrieren Texte in unterschiedlicher Form. Sie dienen der Spurensicherung sowie bei OPPERMANN der Selbstvergewisserung. Über die Texte sammelte die Künstlerin ihre Gedanken, Ideen und Assoziationen zum Ausgangsthema oder der Ausgangsfragestellung und baute sie dann als dazugehörendes Material in ihre Ensembles mit ein.

Für die ästhetische Biografie lassen sich durch den Inhalt des Textes aber auch durch die **Textform** unterschiedliche Wirkungen erzielen. So kann vielleicht ein Gedicht geschrieben werden und mit in die Arbeit einbezogen werden. Vielleicht könnte auch eine Gebrauchsanleitung aus Ihrer Sicht als Kind, wie Ihre Eltern oder Geschwister mit Ihnen hätten umgehen sollen, geschrieben werden.

Die gewünschten Aussagen können über die Gestaltung der **Schrift** verstärkt werden. Schriften gehören heute ganz selbstverständlich zur Jugendkultur. Sie sind ein typisches und gebräuchliches ästhetisches Verhalten von Kindern und Jugendlichen. Viele eifern den Schriftzügen der Graffiti-Szene nach, die zum Teil einen hohen künstlerischen Wert haben und von der Industrie bereits kommerzialisiert, benutzt und eingesetzt werden. Hier wirken z. B. die einschlägigen Musiksender durchaus geschmacksbildend. Als eigenständige, kurze Schriftzüge, finden Schriften im Alltag der Jugendlichen ihren Raum, z. B. auf Bekleidung und Sportgeräten wie z. B. Skate-Boards. Insofern hat das Gestalten von Schriften einen sehr hohen Lebensweltbezug und sollte als Bindeglied zwischen Alltagsästhetik und künstlerischem Gestaltungswillen der Jugendlichen gefördert werden.

Einige Jugendliche interessieren sich darüber hinaus sehr für Kalligrafie. Dabei werden mit Feder und Tusche meist alte Schriften sehr kunstvoll übernommen, die einen hohen Wirkungsfaktor haben und bei den Betrachtern häufig viel Bewunderung auslösen. Vorlagen dafür kann man in einschlägigen Kunstmärkten erhalten.

Schriftstücke

Arbeitsanregungen

6. Überlegen Sie gemeinsam, welche Textsorten für das Biografieren in Frage kommen! Entscheiden Sie sich für eine, vielleicht etwas ungewöhnliche Textsorte und recherchieren Sie, welche Anforderungen an diese gestellt werden. Schreiben Sie einen Text in dieser Textsorte, wie z. B. eine Gebrauchsanleitung, um mit Ihnen als Kind umzugehen, ein Kommentar zu einem Objekt Ihrer Kindheit oder eine Rezension über ein Kinderbuch, das Sie besonders mochten usw.

7. Sammeln Sie weitere Ideen zu den verschiedenen Möglichkeiten, beim ästhetischen Biografieren mit Text und Schriften zu arbeiten!

8. Schreiben Sie ein fiktives Tagebuch aus der Sicht eines Gegenstandes oder einer Person, die Sie Ihr Leben lang oder einen gewissen Lebensabschnitt begleitet hat!

9. Schreiben Sie Zettelchen, auf denen Sie Äußerungen über Sie selbst notieren, die von bestimmten Personen aus Ihrer Kindheit stammen könnten! Fügen Sie diese wie bei ANNA OPPERMANN in eine Installation zu Ihrer ästhetischen Biografie mit ein!

Lyrik als Anregung

Gipsabdrücke

Mit Gips können auf einfache Weise wirkungsvolle Spuren gelegt werden. Dazu eignen sich besonders Gussformen. So kann man beispielsweise Gipsabdrücke herstellen, die wie archäologische Fundstücke anmuten, indem man in eine trockene Sandkuhle Blätter, Gräser, Schneckenhäuser, kleine Skelette oder ähnliches legt und diese Kuhle dann mit Gips ausgießt. Nach der Trocknungszeit von ca. 20 Minuten kann der Gips vom „Fundstück" abgebrochen werden und der Abdruck ist fertig. Dieser kann dann weiterbearbeitet werden. Auf gleiche Weise können Schuhabdrücke, die beliebten Hand- und Fußabdrücke und ähnliches genommen werden.

 Mittel und Materialien

Beim Anrühren des Gipses sind ein paar einfache Regeln zu beachten.
Man füllt etwas Wasser in einen Gipsbecher. Der Gips, den man günstig im Baumarkt besorgen kann, wird in den Gipsbecher eingestreut, so lange, bis sich kleine trockene Inseln

bilden. Danach kann man noch etwas Gips nachstreuen, um eine etwa gleich hohe Füll-schicht zu erzielen. Erst wenn der Gips komplett mit Wasser vollgesogen ist, kann umge-rührt werden. Stört man währenddessen den Prozess des Aufnehmens von Wasser, bilden sich Klumpen. Nach dem Anrühren lässt man den Gips noch etwas stehen. Wenn er be-ginnt anzuziehen, das heißt, er wird fester, sollte er in die Gussformen gegeben werden. Danach bleiben ca. 20 Minuten Trocknungszeit abzuwarten bis das gegossene Objekt be-wundert werden kann.

Bezugsfeld Kunst

Zeichnen

Beim Zeichnen werden innere Bilder in äußere Bilder umgewandelt und als Zeichnung um-gesetzt. Dies erfordert einen intensiven Auseinandersetzungsprozess mit den zu zeichnen-den inneren Bildern. Durch den Versuch seine Sicht der Dinge, Objekte, Fotos usw. zeichne-risch darzustellen, entsteht die Chance, sich intensiv auf das erinnerte Erlebte einzulassen. Man geht die erinnerten Details erneut gedanklich durch und ist dadurch in der Lage, das Erlebte genauer und intensiver ins Bewusstsein zurückzuholen und damit immer reichhal-tiger aus dem Erlebten zu schöpfen und weitere Erinnerungsprozesse in Gang zu setzen. Wie KAHRMANN im Eingangsartikel ausführte, benötigt man dazu Zeit. Das genaue Zeichnen erfordert ebenfalls Zeit und Muße.

Wenn man etwas genau erfassen und zeichnerisch wiedergeben möchte, muss man den Wahrnehmungsprozess verlangsamen, sich auf Bestimmtes fokussieren und genau beob-achten und untersuchen. Erst diese Verlangsamung des Blicks bewirkt, dass man das Ob-jekt erfassen und verstehen kann. Man kann erst dann genau zeichnen, wenn man das Gebilde in seiner Gesamtheit verstanden hat. Die Verlangsamung der Wahrnehmung, die auf ein bestimmtes Objekt gerichtet ist, das der Erinnerung dient hilft somit, den Fluss der Erinnerungen anzuregen und sich auf dieses Geschehen einzulassen. Aus diesem Grunde sind die zeichnerischen Elemente einer ästhetischen Biografie von besonderem Wert. Ins-besondere für den Einstieg in den biografischen Prozess bietet sich das genaue Zeichnen von Kindheitsobjekten oder Fotos an. Für den weiteren Verlauf der ästhetischen Biografie wären Serien von Zeichnungen vorstellbar oder Zeichnungen, die mit anderen ästheti-schen Produkten verbunden werden, wie z. B. in den Ensembles von ANNA OPPERMANN.

Arbeitsanregungen

10. Erinnern Sie sich an Ihr Lieblingskuscheltier und zeichnen Sie dieses so genau und detai-liert, wie möglich. Lassen Sie dabei Ihren Gedanken freien Lauf! Überlegen Sie, wer Ih-nen dieses Kuscheltier zu welchem Anlass geschenkt hat, warum genau dieses Ihr Lieb-lingskuscheltier wurde, was Sie mit ihm gemacht haben, wo es sich heute befindet und ob Sie es gern wieder haben würden! Notieren Sie Ihre Gedanken in Ihr Lerntagebuch!

11. Zeichnen Sie Ihr Lieblingskuscheltier aus unterschiedlichen Positionen und stellen Sie eine Serie her. Sprechen Sie dabei Ihre Gedanken und Erinnerungen laut aus und nehmen Sie sie auf einen Tonträger auf! Sie können auch den Prozess filmen und für eine Installation Ihrer ästhetischen Biografie verwenden.

Objekte

Der Begriff Objekt bezeichnet in der Kunst einen Gegenstand, der mehr oder weniger bearbeitet zum Kunstwerk erklärt wird. Hintergrund für dieses Vorgehen ist die Idee, dass es in Zeiten, in der sich die Fotografie entwickelt hat, nicht mehr notwendig ist, die Wirklichkeit möglichst genau abbildend nachzuahmen. Als besonders konsequentes Vorgehen erklärte 1913 MARCEL DUCHAMP eine Fahrradfelge, die er im Museum ausstellte, als Plastik, also als Kunst. Er nannte diese (sowie vom Prinzip her ähnliche) Plastiken „Readymades", und tauschte damit die künstlerische, die Wirklichkeit nachahmende Abbildung mit einem **wirklichen Ding** aus, in dem er dieses zur Kunst erklärte. Durch diesen Akt erfuhr die Kunst eine Befreiung und brachte etliche neue künstlerische Verfahren hervor, wie z. B. die Assemblage oder Montage. Grundsätzlich

Schüssel als Kunstobjekt

ist es seitdem möglich, jedes Ding und jedes Material als Objekt künstlerisch zu untersuchen und somit zum Gegenstand von Kunst zu erheben.

Arbeitsanregungen

12. Welche Objekte Ihrer Kindheit würden Sie gern zum Kunstwerk erheben und warum? Skizzieren Sie mögliche Entwürfe für ein Objekt aus Ihrer Kindheit!

Installationen

Bei Installationen werden von Anfang an die Beziehungen zum umgebenden Raum in die Erarbeitung und Konzeption des Kunstwerkes einbezogen. Es geht dabei darum, das Kunstwerk mit der Wirkung des Raumes zu verbinden. Würde man dieses Kunstwerk aus seinen räumlichen Bezügen trennen, würde es dadurch seinen Sinn nicht mehr vollständig entfalten können. Eine Installation berücksichtigt, dass die Betrachtenden von jeder Seite auf das Kunstwerk blicken oder auch in sie hineintreten können. Mitunter werden Installationen mit dem Anspruch, möglichst viele Sinne anzusprechen konzipiert, beispielsweise beziehen Klang- und Toninstallationen die auditive Wahrnehmung mit ein.

Arbeitsanregungen

13. Unternehmen Sie einen Erkundungsgang! Suchen Sie in Ihrer Fachschule und in der Umgebung nach Möglichkeiten, wo Sie Ihre ästhetische Biografie installieren können, indem Sie den umgebenden Raum einbeziehen! Trauen Sie sich dabei auch ungewöhnliche Räume und Orte zu! Skizzieren Sie Ihre Vorstellungen in Ihr Lerntagebuch und überlegen Sie, wie Sie Ihre Installation anlegen können!

14. Sammeln Sie gemeinsam Ideen, wie möglichst viele Sinne in die Wahrnehmung einer Installation einbezogen werden können! Überlegen Sie, ob Sie auch Ideen entwickeln können, den Hör-, Geruchs- oder Tastsinn in Ihrer Installation aufzugreifen!

Inszenierung

Beim Inszenieren geht es darum, sich selbst und vielleicht andere in eine bestimmte vorgestellte Situation zu begeben. Man begibt sich in die Rolle einer bestimmten Person oder versucht ein Gefühl bzw. eine Situation detailliert zu erfassen. Viele Künstlerinnen und Künstler arbeiten mit der Inszenierung, um dadurch das Erfahren des Zustandes in einer anderen Rolle auszuloten. Eine dafür bekannte Künstlerin ist CINDY SHERMAN. Sie begibt sich in immer unterschiedliche Rollen, inszeniert sich selbst darin mit akribisch genauer Ausschmückung dieser Rolle und fotografiert sich so.

Arbeitsanregungen

15. Sammeln Sie Ideen, wie Sie sich selbst in unterschiedlichen Rollen inszenieren könnten! Welche Requisiten und Materialien benötigen Sie dazu? Wie können Sie die Inszenierung dauerhaft bewahren?

16. Schlüpfen Sie in die Rolle Ihrer Mutter und inszenieren Sie sich darin. Filmen Sie sich oder erstellen Sie eine Fotoserie. Schreiben Sie in Ihr Lerntagebuch, wie Sie sich in der Rolle fühlen. Welche neuen Erfahrungen konnten Sie machen?

17. Inszenieren Sie sich und einige vertraute Personen Ihrer Lerngruppe als Ihre Freundinnen und Freunde in der Grundschule. Sie können dazu ein Foto aus dieser Zeit benutzen. Können Sie sich an Ihre damaligen Gefühle erinnern? Wie erklären Sie sich dieses Phänomen?

18. Inszenieren Sie in Ihrer Lerngruppe eine zukünftige Situation, beispielsweise, wie Sie sich alle in fünf Jahren bei einem Klassenreffen wiedersehen und was aus Ihnen geworden ist!

19. Erstellen Sie eine Fotoserie, in der Sie sich selbst zu bestimmten wichtigen Ereignissen Ihres Lebens inszenieren. Führen Sie dazu ein Tagebuch, in dem Sie Ihre Erlebnisse dieser wichtigen Tage niederschreiben. Wie hätten Sie mit den Augen des damaligen Kindes dieses Ereignis wahrgenommen und erzählt? Wie sehen Sie diese heute? Berücksichtigen Sie dabei, wie sich die Größenverhältnisse verändert haben.

20. Inszenieren Sie eine fiktive Biografie einer Person, die Sie gern geworden wären. Stellen Sie durch die Inszenierung von wichtigen Lebensereignissen das Leben dieser Person nach! Was hätte passieren müssen, damit das Leben so geworden wäre, wie Sie es sich heute wünschen würden? Schenken Sie diesen Momenten bei der Inszenierung besondere Aufmerksamkeit!

Performance

Performance versteht sich als eine unvermittelte Darbietung von künstlerischen Aussagen, die durch die Person der Künstlerin oder des Künstlers selbst erfolgt. Dies führt häufig zu mehrdimensionalen, multimedialen, die traditionellen Gattungen sprengenden Erscheinungsformen, die Elemente des Theaters und Tanzes oder auch der Fotografie, des Filmes, des Videos, usw. einbeziehen. Durch die unmittelbare Beteiligung der kunstschaffenden Person kommentiert sie damit auch immer die Kunst. Insofern erfolgt eine Performance auch selbstreflexiv, denn die Künstlerin oder der Künstler bezieht sich selbst als über Kunst nachdenkend mit ein. Gleichzeitig geht es dabei auch um den Kontakt zum Publikum, das mit seinen Reaktionen auf die Performance das Kunstwerk erst vollständig macht. Insofern versucht Performance soziale und individuelle Lernprozesse zu ermöglichen.

Arbeitsanregungen

21. Eine Performance zur ästhetischen Biografie zu entwickeln erfordert Mut. Überlegen Sie in der Kleingruppe, welche Möglichkeiten für eine Performance Ihnen einfallen. Überlegen Sie, wie eine solche Performance festgehalten werden kann. Versuchen Sie in Kleingruppen, eine Miniperformance zu dokumentieren. Sprechen Sie über Ihre Erfahrungen als Performancekünstlerin oder -künstler, als Fotograf oder Fotografin, Kameramann bzw. -frau oder Zuschauer oder Zuschauerin. Wie ging es Ihnen in den einzelnen Rollen? In welcher haben Sie sich wohl oder unwohl gefühlt? Warum?

Bezugsfeld Wissenschaft

Recherchieren

Das wissenschaftliche Recherchieren ist ein Verfahren, mit dem man umfassende Informationen und Fakten zu einem Tatbestand oder einer Fragestellung ermittelt. Diese sollen sachlich korrekt und möglichst objektiv sein, also jeder andere sollte durch eine gleiche

Recherche die gleichen Informationen generieren können. Viele Berufsgruppen führen Recherchen durch: Forscher/Forscherinnen, Wissenschaftler/Wissenschaftlerinnen, Journalisten/Journalistinnen, Archäologen/Archäologinnen, Kriminalisten/Kriminalistinnen, Juristen/Juristinnen, Polizisten/Polizistinnen aber auch Versicherungsangestellte oder Sozialpädagogen/Sozialpädagoginnen.

Es gibt verschieden Quellen, die zum Recherchieren herangezogen werden können, z.B. Lexika und Fachliteratur, das Internet, das Wissen und die Erfahrungen bestimmter Menschen, usw. Letztendlich handelt es sich bei den meisten Quellen in irgendeiner Form immer um Spuren gelebten Lebens. Das können sein: Abfallprodukte, Bilder, Fotos, Dokumente, Schmuck, Kleidung, Wohnungen, Sammlungen, Grabstätten ebenso wie Musik, Kunst und Literatur. Alles, was zum Generieren von Fakten und Informationen brauchbar ist, kann zum Recherchieren herangezogen werden. Besonders für Künstlerinnen und Künstler ist dies eine interessante Arbeitsmethode, denn für sie gelten die strengen Regeln wissenschaftlich korrekter Recherche nicht. Sie haben die Freiheit, ihre Recherchen so anzulegen, wie sie es für ihren künstlerischen Prozess gebrauchen können. Die vorgestellten Künstlerinnen und Künstler, Nikolaus Lang, Anna Oppermann, Nedko Solakow und Hu Xiaoyuan, nutzen alle die Methode der Spurensicherung zur Recherche, aber auch als Ausdruck ihrer biografischen Arbeit.

Arbeitsanregungen

22. Stellen Sie sich vor, Sie sind eine Vertreterin oder ein Vertreter einer der oben genannten Berufsgruppen. Übernehmen Sie die Recherchemethoden dieser Berufsgruppe für Ihre ästhetische Biografie!

Dokumentieren

Beim Dokumentieren handelt es sich um ein grundlegendes wissenschaftliches Verfahren. Was immer Forschende im Feld vorfinden, was immer sie entdecken, erleben usw., wird dokumentiert. Häufig werden dazu Notizen gemacht, es werden Protokolle geschrieben, es werden Pflanzen, Steine, Objekte gesammelt, fotografiert und in irgendeiner Form festgehalten und der Anschauung zugänglich gemacht. Die Dokumentationen dienen der Überprüfbarkeit der wissenschaftlichen Forschung, sie dienen der Ideen- und Hypothesenbildung, sie belegen wissenschaftliche Ergebnisse und anderes mehr.

BEISPIELE

- Ein Familienstammbaum, der mit Hinweisen zu bestimmten Fragestellungen entwickelt wird, z.B. können die Personen besonders erfasst werden, die soziales Engagement entwickelt haben, oder Frauen und Männer, die mehrfach verheiratet waren, die Kinderzahl kann angegeben werden usw.

- Es werden Hochzeitsfotos der Familien in den einzelnen Generationen unter gewissen Fragestellungen verglichen und dokumentiert.

- Es können räumliche Bewegungen (Migrationen) dokumentiert werden.

- Es werden Berufe, Schulbildung, erreichte Lebensalter, das Alter bei der Geburt des ersten Kindes, Kinderzahl, Hochzeiten, Scheidungen oder irgendwelche familiäre Besonderheiten gefunden und dokumentiert.

- Es kann erfasst werden, wie der Erziehungsstil der Personen war, z. B. wie gestraft wurde oder wie (und ob) gelobt wurde.

- Es kann jede Fragestellung, die für Sie von Interesse ist, in unterschiedlicher Form dokumentiert werden.

Oft entstehen durch die Dokumentationen der Forschungsarbeit neue Erkenntnisse, manchmal auch solche, nach denen gar nicht geforscht worden ist, gewissermaßen als Nebenprodukt. Und doch sind diese Erkenntnisse ebenso wichtig und interessant, wie die, die geplant ermittelt worden sind. Dadurch werden neue Spuren entdeckt, die man weiter verfolgen kann. Die Dokumentationen sind für das ästhetische Biografieren von großer Bedeutung, liefern sie doch andere und neue Sichtweisen auf Dinge, die man schon zu kennen glaubt.

Arbeitsanregungen

23. Wie können Dokumentationen beim ästhetischen Biografieren angelegt werden?

24. Entwickeln Sie einige Ideen davon, welche Informationen sich lohnen würden, für Ihre ästhetische Biografie zu dokumentieren!

25. Welche Formen der Dokumentation würden sich dafür besonders eignen?

Interviews

In der Erziehungswissenschaft spielen Methoden der qualitativen Sozialforschung eine zunehmend wichtige Rolle. Das Interview ist eine solche Methode, in der Personen die Möglichkeit haben, sich zu einem Thema oder bestimmten Fragestellungen zu äußern. Dabei werden die Interviews unterschiedlich stark gelenkt. Es gibt beispielsweise Leitfrageninterviews, bei denen ein vorher vorgefertigter Fragekatalog abgearbeitet wird, aber auch narrative Interviews, bei denen die Interviewten durch einen Impuls ermutigt werden, zu einem bestimmten Themenkomplex zu sprechen. Wichtig ist es, die Interviewten vorher darüber zu informieren, was mit dem erhobenen Material geschehen soll und wofür das Interview benötigt wird. Häufig kann man Personen finden, die stolz darauf sind, durch ihre Auskünfte den Forschenden weiterhelfen zu können und ihre Informationen zu wissenschaftlichen Zwecken zur Verfügung zu stellen. Wichtig ist dabei immer, verantwortlich und vertraulich mit dem Material umzugehen.

Interviewsituation in freundlicher Arbeitsatmosphäre

Arbeitsanregungen

27. Tauschen Sie Ihre Ideen darüber aus, wann es sich anbieten würde, für Ihre ästhetischen Biografien Interviews durchzuführen. Wer könnte als Interviewpartnerin oder -partner besonders spannende Informationen liefern? Welche Interviewformen bieten sich an?

28. Nehmen Sie ein ausgedachtes Interview auf, das Sie zu wichtigen Punkten in Ihrem Leben führen! Bauen Sie dieses in Ihre ästhetische Forschung mit ein und lassen Sie es als Teil einer Installation laufen.

Orte kartografieren und Mapping

Ein wissenschaftliches Verfahren, welches sich mit der Dokumentation von verschiedenen Orten, Räumen und Wegen befasst, ist das Kartografieren. Wir alle kennen Landkarten, Reiseplaner und Navigationsgeräte, die auf diesem Verfahren basieren. Durch das Anlegen von Karten, das durch Legenden erläutert wird, können die unterschiedlichsten Themen auf ihre lokalen Zusammenhänge hin untersucht werden. So können Häufigkeiten eines bestimmten Merkmals im Ort erfasst werden, oder Bewegungen bestimmter Personen bzw. Gruppen untersucht und dargestellt werden.

Schülerarbeit Mapping

Der Prozess der Erkundung von Räumen mit ästhetischen Mitteln heißt Mapping. Das Mapping kann sich auf tatsächliche Räume beziehen, es können aber auch andere kulturelle Erscheinungen durch Mapping erforscht werden. Beim Mapping werden die Kartografien mit Bildern und anderen ästhetischen Handlungen verknüpft, sie werden in den Prozess des Kartografierens mit einbezogen. Das ästhetische Produkt wird Atlas genannt.[1]

Arbeitsanregungen

30. Sammeln Sie verschiedene Möglichkeiten, Biografisches zu mappen! Welche Rolle nimmt dabei das Dokumentieren ein?

31. Untersuchen Sie Ihre Wege, die Sie an einem Tag zurücklegen! Zeichnen Sie dazu Ihre Bewegungen in eine Karte ein! Gibt es ein Zentrum? Vermessen Sie Ihre Bewegungen und vergleichen Sie sie mit denen von anderen Personen!
    Überlegen Sie: Wie hat sich der Radius Ihrer Bewegungen im Laufe Ihres Lebens verändert?

32. Erstellen Sie eine Landkarte aus einem wichtigen Jahr Ihres Lebens und tragen Sie darin Ihre Bewegungen ein! Erfinden Sie eine sinnvolle Legende, in der Sie bedeutende Ereignisse einzeichnen. Erstellen Sie eine zweite Karte aus Ihrem heutigen Leben auf Transparentpapier und legen Sie diese über Ihre erste Karte. Mappen Sie so einige weitere bedeutsame Jahre und legen Sie diese übereinander! Erfinden Sie eine Karte für ein bestimmtes Jahr oder Ereignis! Mappen Sie mit diesen Karten Ausschnitte Ihres Lebens!

33. Schreiten Sie Wege, die Sie als Kind regelmäßig zurückgelegt haben ab! Gehen Sie diese Wege zu den gleichen Zeiten, wie Sie sie damals gegangen sind, etwa früh in den Kindergarten, mittags wieder nach Hause, nachmittags auf den Spielplatz usw. Machen Sie Fotos von der Umgebung. Vergleichen Sie diese mit Fotos von früher! Wie hat sich die Umgebung verändert? Welche Menschen sind Ihnen damals begegnet, welche heute? Notieren Sie Ihre Gedanken! Schreiben Sie eine Geschichte aus der Sicht eines Weges!

Selbstreflexion und Ich-Erfahrung

Ästhetische Forschung setzt sich aus vier Bezugsfeldern zusammen, zu denen gearbeitet und geforscht wird. Im vorangegangenen Kapitel wurden Verfahren vorgestellt, die man für eine ästhetische Biografie einsetzen kann, und den Bezugsfeldern der ästhetischen Forschung zugeordnet. Zum vierten Bezugsfeld Selbstreflexion und Ich-Erfahrung werden hier keine weiteren Verfahren vorgestellt, weil es in einer ästhetischen Biografie immer um Selbstreflexion und Ich-Erfahrung geht. Sie ist zugleich das Ergebnis ästhetischer Forschung.

---

1 Vgl. Busse, 2004 S. 7

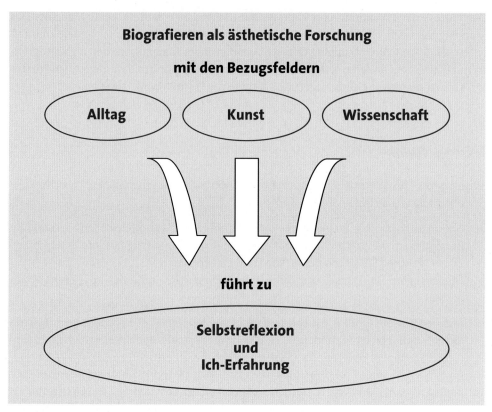

Biografieren als ästhetische Forschung

mit den Bezugsfeldern

Alltag   Kunst   Wissenschaft

führt zu

Selbstreflexion und Ich-Erfahrung

Selbstreflexion und Ich-Erfahrung als Ziel des ästhetischen Biografierens

Für dieses Bezugsfeld gilt das Anlegen des Lerntagebuchs als Verfahren (vgl. S. 99).

Arbeitsanregungen

34. Überlegen Sie in Ihrer Lerngruppe, wie ein Lerntagebuch geführt werden sollte, um für Sie eine Hilfe und Bereicherung darzustellen! Notieren Sie sich interessante Überlegungen als Anregungen, die Sie selbst umsetzen und erproben können!

FRAGEN

Nutzen Sie die Fragen als Anregung, den Prozess der Selbstreflexion und Ich-Erfahrung zu unterstützen.

- Wer hat Sie erzogen? Was haben Ihre Eltern/Ihre Geschwister zu Ihnen gesagt? Wie haben sie Sie gelobt oder bestraft? Welche Erzieherin/welchen Erzieher mochten Sie gerne oder welche konnten Sie überhaupt nicht ausstehen? Gibt es in Ihrer Umgebung, in Ihrem zu Hause noch irgendwelche Gegenstände, die Sie daran erinnern, wie Sie erzogen worden sind?

- Vielleicht finden Sie noch Fotos oder Geschriebenes, die Sie in diese Zeit zurückversetzen können und Ihnen Auskunft geben können. Welche Bedeutung haben diese Dinge in Ihrem Leben? Was erzählen sie über Sie?

- An welche Ereignisse erinnern Sie sich? Was hatten Sie an? Welche Räume/Orte sehen Sie vor sich? Wie hat es gerochen? Was haben Ihre Eltern zu Ihnen gesagt? Worüber haben sie geschimpft? Worüber haben sie gelacht? Wofür sind Sie gelobt worden? Wer hat Sie gelobt? Was haben Sie geschenkt bekommen? Worüber haben Sie sich gefreut? Wer hat Sie bestraft? Welche Dinge waren dabei in der Nähe?

- Wie möchten Sie Kinder belohnen? Wann wollen Sie sie trösten? Wie wollen Sie die Kinder erziehen?

- Wovor hatten Sie Angst? Wo ist Ihre Angst geblieben? Was sind Kinderängste? Woher wissen Sie das?

- Inwieweit kann Ihre ästhetische Biografie, so wie Sie sie bis jetzt erarbeitet haben, Ihre Gedanken, Anliegen und Ideen vermitteln? Ist Ihre Umsetzung bereits auf einem guten Weg? Was brauchen Sie noch, um sich zu verdeutlichen und verstehbar zu machen? Wo benötigen Sie Hilfestellungen? Welche Probleme sehen Sie?

Arbeitsanregungen

35. Besprechen Sie den Zwischenstand Ihres Arbeitsprozesses in Ihrer Lerngruppe!

2.5.2 Präsentation: Umgang mit dem Intimen und Persönlichen

Die Präsentation der ästhetischen Biografie kann auf verschiedene Weise geplant und konzipiert werden. Zu beachten ist, dass schon recht früh im Arbeitsprozess gemeinsam mit der Lerngruppe über das Präsentieren gesprochen werden muss. Denn anders als bei anderen künstlerischen Projekten gilt es hier zu bedenken, dass es um biografisches Material geht und dass demzufolge sehr sensibel damit umgegangen werden muss. Das Problem beim Ausstellen der ästhetischen Biografien liegt in der Schwierigkeit, mit dem Intimen und Persönlichen umzugehen. Nicht jede oder jeder Studierende möchte, dass in ihrem oder seinem Lerntagebuch geblättert wird und alle Notizen und Details genau zur Kenntnis genommen werden. Ein weiterer Aspekt ist, dass mitunter Gegenstände oder Fotos eingearbeitet werden, die von großer persönlicher Bedeutung sind, so dass ein möglicher Verlust in einer unbewachten Dauerausstellung nicht riskiert werden kann.

Deshalb ist frühzeitig und einvernehmlich zu klären, ob die Präsentation als eine temporäre oder eine Dauerausstellung angelegt werden soll. Es muss überlegt werden, ob das Material bewacht oder verschlossen werden kann oder ob es unbewacht und für jeden zugänglich bleiben kann. Dabei sind die Traditionen mit Ausstellungen umzugehen, und das Milieu in der Fachschule zu berücksichtigen.

Schülerarbeit in einer Glasvitrine

Wenn nur einzelne den Wunsch haben, ihre Arbeiten abschließbar zu präsentieren, können Vitrinen eingesetzt werden. Dann sollte die Idee schon rechtzeitig eingeplant werden, um die Eigenschaften und Gegebenheiten einer Vitrine in das Konzept einzuarbeiten.

Eine andere Ausstellungsform wäre, eine Präsentation zu veranstalten, die nur an einem bestimmten Zeitpunkt stattfindet und im Anschluss wieder abgebaut wird. Hier könnten die einzelnen Werke persönlich vorgestellt und erläutert werden. Dabei könnte ein Austausch zwischen den Betrachtenden und den Ausstellenden stattfinden.

In diesen Fällen bietet sich eine Ausstellungsform mit Selbstpräsentation vor laufender Videokamera an. Diese kann immer wieder angesehen und Interessierten vorgeführt werden. Die Teilnehmenden entscheiden selbst, was und wie viel sie präsentieren und erläutern möchten. Vorteilhaft ist es, wenn dazu ein weiterer Erzieherinnen- und Erzieherkurs eingeladen wird und das Publikum stellt.

Eine Möglichkeit Teile der Lerntagebücher zu präsentieren ist, einzelne Ausschnitte, die die Lerngruppe freigibt zu fotografieren, und diese Fotos als neu zusammengestelltes Lerntagebuch oder als Fotowand aller zu zeigen. Interessant ist ebenso, die Ausschnitte auf einem Monitor neben der Gesamtausstellung als fortlaufende Diashow oder Film zu zeigen. Damit haben alle die Möglichkeit, die Dokumente zu Gesicht zu bekommen und Vorstellungen über den Schaffensprozess zu erhalten.

Besonders sinnvoll ist es, einzelne ästhetische Biografien in den Unterricht im Fach Sozialpädagogische Theorie und Praxis einzubinden, wenn ein thematischer Zusammenhang gegeben ist.

Wichtig bei der Präsentation ist, dass die Persönlichkeitsrechte aller Darstellenden gewahrt werden.

2.6 Reflexion über das Projekt und den Einfluss auf die eigene Biografie

Die Reflexion der Lernsituation ist nicht ganz einfach zu bewerkstelligen. Sowohl beim Umgang mit Kunst als auch beim biografischen Lernen handelt es sich um nicht abgeschlossene Prozesse.

Wenn sie gelingen, können sie eine Veränderungen des Blicks und neue Sichtweisen hervorbringen, die ihrerseits neue Entwicklungen und persönliches Wachstum anregen können. Gleichwohl können sie auch verstören, irritieren und Personen aus ihrem Gleichgewicht bringen. Solche Prozesse können genutzt werden, um Statisches aufzubrechen und eine Entwicklung zu ermöglichen.

Die Reflexion soll Erkenntnisse bringen, **inwieweit die ästhetische Biografie dazu geführt hat, über die genossene Erziehung nachzudenken und die Zusammenhänge mit dem eigenen Erziehungsverhalten zu verstehen**. Es geht vor allem um die Erweiterung der Personal- und Sachkompetenz.

Folgende Fragen helfen dabei:

Kann ich meine neu gewonnenen Erkenntnisse in Form eines Merksatzes oder als ein Fazit formulieren?

- Hat die künstlerische Bearbeitung des Themas mit dem Konzept der ästhetischen Forschung tatsächlich neue, andere Erkenntnisse zutage befördert?
- Ist dieses Konzept wirklich geeignet, einen ganzheitlichen Zugang zur Fragestellung herzustellen?
- Ist dies eine sinnvolle Lernform für mich?
- Wie zufrieden bin ich mit meinem ästhetischen Produkt?
- Wie beurteilen ich die Arbeit mit meinem Lerntagebuch?
- Inwiefern haben ich Neues gelernt?
- Hat sich meine Einstellung zu Kunst und dem Wirken von Kunst verändert?
- Inwieweit traue ich mich ästhetisches und künstlerisches Handeln beim Bearbeiten von Problemfeldern tatsächlich einzusetzen?
- Inwieweit fühle ich mich nun kompetent, ein solches Lernen auch mit Kindern und Jugendlichen anzuregen und anzuleiten?

2.7 Weitere Lernsituationen

Sie haben mit der vorgestellten Lernsituation das ästhetische Biografieren kennengelernt und eine eigene ästhetische Biografie produziert. Dabei ging es inhaltlich um Sie selbst, denn Ihre eigene Biografie sollte hinsichtlich Ihrer Erziehung mit ästhetischen Mitteln erforscht werden.

Im Weiteren sollen Ihnen zwei Lernsituationen vorgestellt werden, in denen Sie mit Kindern und Jugendlichen Ihre erworbenen Kompetenzen zum ästhetischen Biografieren in unterschiedlichen Altersgruppen anwenden können.

2.7.1 Lernsituation: Offene Ganztagsschule (OGS)

Der Praktikant Paul hat eine Stelle für sein Berufspraktikum in der Betreuung einer offenen Ganztagsschule erhalten. Hier werden die Schülerinnen und Schüler in der Zeit vor Schulbeginn sowie nach Schulschluss bis um 17:00 Uhr betreut. Das Angebot umfasst Mittagessen, Hausaufgabenbegleitung und viele verschiedene Arbeitsgemeinschaften und Freizeitaktivitäten. Die Betreuung wird von Kindern der ersten bis vierten Klassen genutzt.

Paul macht die Arbeit viel Spaß. Die Altersgruppe liegt ihm sehr, da er mit den Kindern schon viel unternehmen und komplexere Projekte erarbeiten kann. Insgesamt gestaltet sich seine Arbeit als sehr erfreulich. Seine Ideen kommen bei den Kindern meistens gut an und er wird bereits als Mitarbeiter akzeptiert.

Doch über ein Thema kommt Paul bei seiner Arbeit immer wieder ins Grübeln. Er ist erstaunt, mit welchem Spielzeug die Kinder heutzutage umgehen und aufwachsen. Er selbst hatte natürlich auch reichlich Spielzeug gehabt. Doch was die Kinder immer in die OGS mitbringen und was sie in diesem Zusammenhang alles erzählen, versetzt ihn ziemlich in Erstaunen.

Eines Tages sieht er in einem Kunstbuch die Abbildung von Jeff Koons „Rabbit" von 1986. Es handelt sich dabei um eine spiegelnde Stahlskulptur, welche einem Plüschtier nachgestaltet worden ist. Paul fragt sich, was diese Figur mit einem Spielzeug gemein hat. Irgendwie ist er davon fasziniert und abgestoßen zugleich. Auf jeden Fall interessiert er sich sehr für dieses Objekt. Er kann sich gut vorstellen, dass es auch für seine Kindergruppe interessant wäre, sich damit auseinanderzusetzen. Ihm kommt die Idee, dass er mit den Kindern etwas zum Thema Spielzeug heute und früher machen möchte. Er würde gern mit den Kindern ihr heutiges Spielzeug mit dem ihrer Eltern und Großeltern vergleichen. Dann fallen ihm immer weitere Ideen für sein Projekt ein. Er stellt sich vor, dass er mit den Kindern über „Rabbit" sprechen möchte. Danach sollen besondere Spielzeuge von den Kindern ebenfalls als Kunstobjekte inszeniert werden. Dann könnten die Kinder ihre Eltern und Großeltern nach ihren Spielzeugen befragen. Dazu könnten Collagen angefertigt werden. Vielleicht wäre ein Elternteil oder eine Oma bzw. Opa bereit, ein altes Spielzeug mitzubringen und vorzustellen? Darüber könnten die Kinder erfahren, wie ihre Eltern und Großeltern ihre Kindheit verbracht haben. Paul stellt sich weiter vor, dass die Kinder ein altes Spiel, das die Großeltern schon spielten, nachbauen und selbst spielen können. Als krönender Abschluss könnte eine Ausstellung mit den gesamten Produkten der Projektgruppe arrangiert werden, in der die Kinder ihre Objekte, Collagen und Spiele präsentieren und den anderen und den Eltern vorstellen. Vielleicht wäre es sogar möglich, an dieser Ausstellung alte Gesellschaftsspiele gemeinsam zu spielen.

*Jeff Koons (*1955): Rabbit (1986) rostfreier Stahl, 104,1 x 48,3 x 30,5 cm*

Doch zuvor will Paul sich noch genau mit „Rabbit" auseinandersetzen. Falls die Kinder fragen, warum das „Spielzeug" denn Kunst sei, will er auf jeden Fall antworten können.

2.7.2 Lernsituation: Kindergarten

Antonia arbeitet schon einige Monate in ihrem Berufspraktikum in der Kita Bratapfel. Hier sind zwei Gruppen für unter Dreijährige und zwei altersgemischte Gruppen, die jeweils bis nachmittags um 16:30 Uhr geöffnet haben. Antonia arbeitet in einer altersgemischten Gruppe. Sie hat einen guten Kontakt zu den Kindern bekommen und fühlt sich besonders für den kreativen Bereich in ihrer Gruppe zuständig.

Im Gruppenraum sind häufig verschiedene Kinderarbeiten als Ausstellung arrangiert. Im Eingangsbereich hängen Gipshandabdrücke der Kinder. Eines Tages stellt die fünfjährige Sissy fest, dass ihre Hand nicht mehr in den Abdruck passt. Sie erinnert sich noch, wie sie ihn damals vor zwei Jahren gemacht hat. Damals hatte sie eine rote Samtjacke angehabt. Die passt ihr heute nicht mehr und sie hat sie mit ihrer Mutter auf dem Flohmarkt verkauft. Eigentlich hätte sie ihre rote Samtjacke gerne behalten, denn sie war so schön weich und leuchtete in ihrer Lieblingsfarbe. Nun ist Sissy ein wenig traurig.

Antonia denkt über diese Situation nach. Wie ist das denn mit dem Aufbewahren? Wer bestimmt, was die Kinder aufbewahren dürfen? Gehen wir Erwachsenen vielleicht viel zu sorglos mit den persönlichen Dingen und den Schätzen der Kinder um? Wie sollte man denn damit umgehen?

Antonia beschließt dazu mit den Kindern eine ästhetische Forschung durchzuführen. Sie möchte mit den Kindern untersuchen, was sie gerne aufbewahren und wie sie ihre Schätze sammeln und aufbewahren können.

Sie hat auch schon eine Anfangsidee. Sie will die Kinder dazu anregen, ihre persönliche Schatzkiste zu gestalten und ihre wichtigen Dinge darin zu sammeln. Diese soll die Kinder dann bis zur Einschulung begleiten und von ihnen immer weiter gefüllt, ergänzt oder aber Einzelnes ausgetauscht werden. Sie stellt sich das so vor, dass die Kinder zunächst sammeln und dann ein oder mehrere ausgewählte Lieblingsdinge genauer untersuchen und abbilden. Einzige Bedingung soll sein, dass die persönliche Sammlung in diese Kisten passen muss. Dann kommt ihr die Idee, dass zu große Dinge von den Kindern als Abbildung, Foto, Malerei oder Zeichnung aufbewahrt werden können. Für Sissy hat sie schon ein Stückchen roten Samtstoff besorgt. Diesen kann das Mädchen dann als „Stellvertreterobjekt" für ihre rote Samtjacke aufbewahren.

Antonia will mit den Kindern aber auch eine gemeinsame Gruppensammlung entwickeln, in denen auch größere Sammlungsstücke ausgestellt werden können.

In der Fachschule hat sie bereits gelernt, dass sich Künstlerinnen und Künstler, die sich mit Spurensicherung beschäftigt haben, Sammlungen als Teil ihres künstlerischen Handelns sehen. Sie beschließt, dazu noch einmal genauer zu recherchieren, um sich selbst Anregungen zu holen und um den Kindern solche Sammlungen zu zeigen.

Sie ist schon ganz gespannt darauf, was die Kinder als Gemeinschaftssammlung anlegen wollen und wie sich das gemeinsame Projekt entwickeln wird. Zunächst möchte sie aber erst einmal abwarten, welche Vorschläge die Kinder zu dem Vorhaben machen werden.

 **Literaturhinweise zum Thema „Ästhetisches Biografieren"**

Cieslik-Eichert, Andreas/Jacke, Claus: Kreatives Handeln. Troisdorf, Bildungsverlag EINS, 2009

Kirchner, C.: Kinder & Kunst. Was Erwachsene wissen sollten, Seelze-Velber, Klett/Kallmeyer, 2008

Afrikanische Kunst 3

Kopf, Ibo, Nigeria (s. Abb. S. 220)

Afrikakarte, Kupferstich, 18. Jahrhundert

3.1 Einführung: Ungefilterter Zugang zur Kunst Afrikas

Wer in unserem Zeitalter der Globalisierung eine Schule verlässt, hat oft einen mehrjährigen Kunstunterricht hinter sich. In der Regel wird man aber wenig oder gar nichts über die alte und traditionelle afrikanische Kunst erfahren haben. In einer Zeit des Lernens und der Aneignung von Wissen über Kunst wird wohl höchst selten (bzw. nie) thematisiert, dass afrikanische Kunst existiert und in breit gefächerter Form das künstlerische Schaffen eines ganzen Erdteils repräsentiert. Als „Standardprogramm" stehen die alten Kulturen der Antike, die Epochen der europäischen Geschichte und die Kunstrichtungen der klassische Moderne im Mittelpunkt. Kunstbetrachtung beschränkt sich so, geografisch gesehen, auf eine Ost-West-Achse unserer Weltkugel. Moskau – Berlin – Paris – London – New York ist wohl die bekannteste „Kunstachse". Alles, was deutlich außerhalb dieser Achse liegt, wie beispielsweise die Stammeskunst Schwarzafrikas, bleibt so gut wie unbeachtet und unerwähnt. Jedoch trifft man im Erziehungsberuf immer häufiger auf Menschen anderer Kulturen, so wie es die Globalisierung und die zunehmende Migration mit sich bringen.

Die Betrachtung der europäischen bzw. „westlichen" Kunst wird in der Regel immer personenbezogen gesehen. Man kennt die Kunstschaffenden, ihre Lebensdaten, die Orte ihres Schaffens und ihre besonderen Lebensumstände. Über ihre Werke gibt es detaillierte Dokumentationen, Verzeichnisse und kunstwissenschaftliche Veröffentlichungen. Originale in Museen und ein reiches Angebot an Literatur und Abbildungsmaterial über die Künstlerinnen und Künstler und ihren jeweiligen Werdegang stehen zur Verfügung. Bei afrikanischer Kunst ist es anders. Stammeskunst ist nicht signiert. Auch durch das Fehlen von schriftlichen Aufzeichnungen bieten sich so gut wie keine Möglichkeiten, um einzelne Kunstschaffende, ihren Lebensweg oder ihr Gesamtwerk zu verfolgen. Zu den Stücken, welche wir in Museen, Galerien oder der Fachliteratur finden, gibt es meistens keine – oder nur sehr spärliche – Informationen. Deshalb müssen alle Objekte in erster Linie durch sich selbst, ihre magische Ausstrahlung, Kraft und Qualität zu uns „sprechen".

Skulpturen von Maries Eltern, Ewe, Ghana/ Togo (siehe auch S. 215)

3.2 Lernsituation: Kindergarten und afrikanische Kultur

3.2.1 Darstellung der Lernsituation

Die Schülerin Julia K. beginnt ihr Praktikum im örtlichen Kindergarten. Ihre Anleiterin bringt sie am ersten Tag in eine Gruppe von zehn Kindern, um einen ersten Kontakt aufzunehmen und die Kinder besser kennenzulernen. In der Gruppe ist auch ein dunkelhäutiges Mädchen namens Marie. Auf Nachfrage bei der Anleiterin erfährt Julia, dass die Eltern von Marie aus dem westafrikanischen Land Togo stammen.

Da es bis Weihnachten nicht mehr weit ist, wird öfters über christliche Feste und deren Gestaltung gesprochen. Der Praktikantin fällt auf, dass Marie bei diesen Themen auffällig ruhig und zurückhaltend ist. Nach ein paar Tagen kommt sie mit Marie ins Gespräch. Das Mädchen erzählt, dass man bei ihr zu Hause einen anderen Glauben hat. Am nächsten Tag bringt sie ein Foto mit. Auf dem Foto sieht man drei kleine geschnitzte Figuren aus braunem Holz. Die Figuren scheinen merkwürdig glatt zu sein. Eine der drei Figuren trägt ein einfaches Kleidchen aus einem Stück Stoff. Bei einer Figur erkennt man einen Riss. Bei einer anderen ist der rechte Fuß abgebrochen. Marie weiß nicht viel über die Skulpturen. Sie erzählt jedoch, dass die Figuren zu Hause einen besonderen Platz haben und von ihren Eltern verehrt werden. Regelmäßig werden sie gefüttert und gewaschen. Manchmal näht ihre Mutter den Figuren auch ein neues Kleid. Das Interesse von Julia K. ist geweckt. Auf einmal kommen der Praktikantin viele Gedanken und Fragen. Was bedeuten diese drei Figuren? Wer hat sie geschnitzt? Und warum werden sie gefüttert? Sind sie Objekte einer unbekannten Religion? Oder vielleicht kleine Kunstwerke oder persönliche Erinnerungsstücke?

Sie beschließt ihre Anleiterin zu fragen, ob sie mehr über Maries afrikanische Heimat weiß, da diese die Eltern des Mädchens kennt. Man könnte ja ebenfalls einmal bei den Lehrenden nachfragen. Vielleicht findet man auch im Internet etwas über Glaubensrichtungen in Togo? Julia fasst einen ersten Entschluss. Bis zum Ende des Praktikums will sie mit den Kindern eine Ausstellung über Glaubensrichtungen in Afrika machen. Sie hofft, dass Marie damit auch ihre Zurückhaltung ablegt. Gleichzeitig will sie den anderen Kindern nahebringen, dass es in fernen Ländern und Kulturen wohl noch viele andere Arten des Glaubens und religiösen Denkens gibt. Zuerst will die Praktikantin Julia K. nach Quellen suchen, um sich selbst ein notwendiges Wissen zu diesem Thema anzueignen.

3.2.2 Impulse zur Bearbeitung

Wer in einer sozialpädagogischen Einrichtung arbeitet, trifft dort oftmals auch Kinder (oder Jugendliche), deren Eltern aus fremden Kulturen stammen. Liegen diese Länder weit außerhalb unseres Kulturraums, weiß man in der Regel nur wenig über die Bewohnerinnen und Bewohner und ihr Leben. So verhält es sich sicher auch mit den Ländern und Menschen des afrikanischen Kontinents. Ein fundiertes Wissen über afrikanische Kunst, die eng mit alten und traditionellen Glaubensvorstellungen zusammenhängt, kann man nicht voraussetzen. Will man sich Kenntnisse über Stammeskunst aneignen und persönliche Wissenslücken schließen, bieten sich zahlreiche Informationsquellen an. Damit beginnt möglicherweise eine spannende Reise in eine unbekannte Welt.

Die Quellen für Nachforschungen können sehr unterschiedlich sein. Vor allem durch das Internet sind Informationen sehr schnell zu bekommen. Man braucht nur ein paar Suchbegriffe und erhält im Bruchteil von Sekunden zahlreiche Treffer. Julia könnte es beispielsweise mit „Togo+Ewe" versuchen. Von ihrer Anleiterin hat sie erfahren, dass Maries Eltern dem westafrikanischen Stamm der Ewe, die in Togo und Ghana leben, angehören. Bei den Eltern nachzufragen wäre sicher eine gute Möglichkeit, um Informationen aus erster Hand zu erhalten. Aber Julia will es erst einmal allein probieren. Zunächst erstellt sie eine Liste mit allen Punkten, die ihr einfallen, um an Informationen zu gelangen.

Dazu gehören beispielsweise:

- Internet
  Julia kann den Internetzugang der Einrichtung oder den Zugang bei ihr zu Hause nutzen.
- Bibliotheken
  Viele große Bibliotheken haben nicht nur einen Buchbestand, sondern oft auch Datenbanken, die man vor Ort mit Hilfe des Computers einsehen kann.
- Buchläden
  In manchen Städten findet man Buchläden, die sich auf Kunst und Design spezialisiert haben. Neben einem Angebot an Büchern findet man oft auch DVDs mit Filmen über fremde Kulturen und weitere Publikationen über außereuropäische Kunst.
- Zeitungen und Zeitschriften
  Man kann nachfragen, ob es in den Archiven der Zeitungen Berichte über afrikanische Kunst gibt.
- Museen
  Man könnte in Erfahrung bringen, ob es in der Nähe Museen mit einem Bestand an afrikanischer Kunst gibt. So wäre auch der Besuch mit einer Kindergruppe möglich. Weiterhin lässt sich nachfragen, ob eine Mitarbeiterin oder ein Mitarbeiter des Museums (z. B. ein Museumspädagoge/-gin) für Fragen oder eine Führung zur Verfügung steht.
- Galerien
  Galeristen, die außereuropäische Kunst anbieten, sind in der Regel immer auch Spezialisten, die viel über ihr Fachgebiet wissen. Dort bieten sich auch Gelegenheiten, um Stücke selbst in die Hand zu nehmen, um sie genauer betrachten zu können.
- Befragung von Expertinnen und Experten
  Ethnologen/-ginnen, Sammler/-innen oder Journalisten/-innen sind weitere Personen, die viel Interessantes über fremde Kulturen wissen.
- Kulturelle Einrichtungen der Stadt
  Viele Städte unterhalten kulturelle Einrichtungen, die als Treffpunkte dienen und wo man etwas über ferne und fremde Kulturen erfahren kann.

Eine Lernsituation ist auch immer eine Situation, umgekehrt ist eine Situation aber nicht immer eine Lernsituation. In der Regel wird das, was eine Lernsituation ausmacht, als „Problem" bezeichnet, welches nach einer Lösung verlangt. Anders ausgedrückt könnte man auch sagen, dass das Besondere ein „Auslöser" ist. Wird dieser Auslöser bewusst wahrgenommen, geschieht das fast von einem Moment auf den anderen. Ebenso schnell kann dabei eine erste Idee für einen komplexen Lernprozess mit verschiedensten theoretischen und praktischen Aktivitäten entstehen.

Sich selbst zu informieren, ist sicher ein ebenso notwendiger wie unverzichtbarer Schritt, um eine Thematik angemessen erfassen zu können. Aber für eine Erzieherin oder einen

Erzieher kann das nicht ausreichen. Gleichzeitig sind sie gefordert, ihr erworbenes Wissen in sinnvolle pädagogische Lernangebote für Kinder oder Jugendliche umzusetzen und dafür entsprechende Handlungsstrategien zu entwickeln. Man muss wissen, welche Ziele man hat und wie man sie erreichen kann. Die Reflexion der eigenen Vorgehensweise ist somit ein wichtiger Aspekt professionellen Handelns in sozialpädagogischen Einrichtungen.

In der Beschreibung der vorgestellten Lernsituation ist ein Auslöser des Interesses eine Fotografie. Aber genauso kann der auslösende Impuls von den Erziehenden selbst, einem gesehenen Film, einem Zeitungsartikel, einem „Schlüsselerlebnis" oder ähnlichen herkommen. Wie und in welchem Umfang eine Erzieherin oder ein Erzieher dann weitergehende Aktivitäten plant, gestaltet und durchführt, hängt von ihr bzw. ihm selbst, getroffenen Absprachen, zeitlichem Spielraum und vielleicht auch von der Ausstattung der Einrichtung ab. Gerade ein ungewöhnlicher thematischer Inhalt, wie hier die Kunst Afrikas, ist ein besonders gutes Beispiel, da der Lerngewinn (für alle Seiten) sehr groß sein kann.

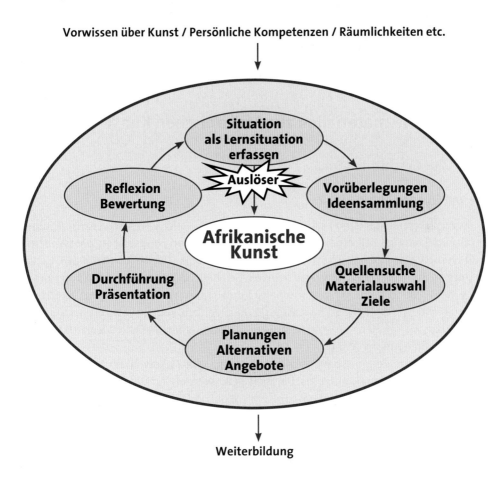

Handlungsphasen – hier: Thematischer Inhalt „Afrikanische Kunst"

Sehr alte Steinritzungen in Südafrika, Ansichtskarte

3.3 Arbeitsmaterialien zur Afrikanischen Kunst

3.3.1 Zur Geschichte Afrikas

Vor- und Frühgeschichte Afrikas

Für die Anwesenheit der Urmenschen in Afrika gibt es an vielen Orten Beweise und Spuren, die bis in die heutige Zeit erhalten geblieben sind. Von allen Fundstücken, die bisher entdeckt wurden, stammen die ältesten aus Gebieten in Kenia, Tansania und Malawi. Genauere Untersuchungen geben den verschiedenen Schädel- und Knochenfunden von Hominiden (= Menschenartigen) ein Alter zwischen 3,5 und 6 Millionen Jahren. Neben Skelettteilen belegen Funde wie einfache Steinwerkzeuge, Speerspitzen, Faustkeile aus Feuerstein oder Schmuck aus Eierschalen, dass die Geschichte des Menschen im Osten des afrikanischen Kontinents ihren Anfang nahm.

Zahlreiche weitere Zeugnisse menschlicher Existenz gibt es sowohl im Norden als auch Süden des afrikanischen Kontinents. Beispielsweise wurden auf dem Tassili-Hochplateau im Südosten Algeriens Piktographen (= Felsmalereien) und Petroglyphen (= Steinritzungen)[1] gefunden, die hauptsächlich Menschen, Tiere, Jagdszenen oder Muster zeigen. Nicht weit davon, im libyschen Akakus, wurden weitere Malereien und Gravuren entdeckt. Ähnliche Spuren aus der Frühzeit fand man auch im südafrikanischen Namibia. In der Regel werden

---

1 vgl. Phillips, S. 186 ff, S. 550 ff

die Bilder als eine Beschwörung des Jagdglücks interpretiert. Möglicherweise sind die Malereien aber auch in Trance entstandene Traumbilder aus dem Unterbewusstsein eines Schamanen. In dem Fall wären die Bilder Werke von Spezialisten, die als Bindeglieder zwischen ihrer Gruppe und einer höheren spirituellen Vorstellungswelt zu verstehen sind. Neben dieser magischen Bedeutung sieht eine andere Interpretation in den Malereien „nur" Bilder, die als Gedächtnisstützen dienten, um sich an wichtige Situationen oder Momente zu erinnern. Die Zeichnungen wären so, neben der Deutung einer „Kontaktaufnahme" mit einer unsichtbaren Macht, als eine Art zeichnerisches Tagebuch zu verstehen.

Entwicklung in neuerer und neuster Zeit

Für die europäischen Seefahrer des 15. Jahrhunderts war der afrikanische Kontinent, und besonders das Landesinnere Schwarzafrikas, für lange Zeit ein weißer Fleck auf ihren See- bzw. Landkarten. Afrika war die „terra incognita", das unbekannte Land. Abgesehen von den ersten Kontakten mit Küstenstämmen, wusste man kaum etwas über das Leben, die Kultur oder die Kunst der afrikanischen Völker. In den folgenden Jahrhunderten wurde die Geschichte Schwarzafrikas entscheidend durch die Sklaverei und Kolonialzeit geprägt. Noch in den 60er-Jahren des 20. Jahrhunderts fand man in den Atlanten, welche die Küsten Westafrikas zeigten, die Bezeichnungen Pfefferküste, Elfenbeinküste, Goldküste und Sklavenküste. Diese Namen konnte man in früheren Zeiten wohl wörtlich nehmen. Bis auf die Bezeichnung „Elfenbeinküste", mit der heute ein ganzes Land gemeint ist, sind alle anderen Namen aus den Landkarten verschwunden. Erst im Laufe des 20. Jahrhunderts begann eine ernsthafte Auseinandersetzung mit der Geschichte und dem künstlerischen Schaffen Afrikas. Dennoch ist über einige alte Kulturen, die, von Europa unbemerkt, südlich der Sahara aufblühten und wieder vergingen, sogar bis zur heutigen Zeit fast nichts bekannt.

Art der künstlerischen Darstellung

Da in den nordafrikanischen Staaten der Islam vorherrscht, sind in diesen Ländern aus religiösen Gründen keine figürlichen Darstellungen des Glaubens zu finden. Arbeiten von künstlerischem Interesse beziehen sich in Nordafrika und den angrenzenden Saharagebieten eher auf Textilien, Lederarbeiten, Schmuckobjekte, Waffen, Architektur, ornamentreiche Mosaiken oder Gebrauchsgegenstände des Alltags.[1] Aber auch die Kalligrafie (= Schönschreibkunst) hat in den islamischen Staaten einen hohen Rang. Vergleichbar mit den ägyptischen Hieroglyphen wurde die arabische Schrift so weiter entwickelt, dass sie als ein höchst dekoratives Element sowohl auf Flächen als auch auf Objekten aller Art zu finden ist. Im Süden des Kontinents ist relativ wenig an afrikanischer Stammeskunst zu entdecken. Das Gebiet, welches unter dem Gesichtspunkt der „Kunstproduktion" von besonderem Interesse ist, erstreckt sich von Westafrika über Zentralafrika und Ostafrika bis Madagaskar. Anders als in den trockenen Wüstenzonen des Nordens und Südens gibt es hier wald- und regenreiche Gebiete. Wald, und damit das genügende Vorhandensein von Holz, ist die notwendige Voraussetzung für eine Schnitztradition, bei der spirituelle Vorstellun-

---

1 vgl. Phillips, S. 560 ff

Afrikakarte mit den Hauptverbreitungsgebieten der Stämme, welche aufgrund ihrer spirituellen Vorstellungen Kultobjekte herstellen – Landkarte, Kupferstich, 18. Jahrhundert

gen durch figürliche Werke wiedergegeben werden. Besonders in West-, Zentral- und Ostafrika sind zahlreiche Stämme und Volksgruppen zu finden, die ihre Glaubensvorstellungen durch Skulpturen, Plastiken oder andere Objekte sichtbar machen.

Der Begriff „Volksgruppe"

Der Begriff „Volksgruppen" ist in diesem Zusammenhang die übergeordnete Bezeichnung für Gemeinschaften, die einen Ursprung, eine Schöpfungsgeschichte, einen Glauben oder eine Hauptsprache (mit zahlreichen Dialekten) haben. Volksgruppen gliedern sich in Stämme und Unterstämme. Die kleinste Einheit bilden großfamilienartige Zusammenschlüsse. Dabei kann die Größe von unter hundert Personen einer Kleingruppe bis zu vielen Millionen Menschen einer Volksgruppe variieren.

Vorhandene Ländergrenzen sind für viele Stämme von geringer Bedeutung, da diese mit der Kolonisierung und Aufteilung Afrikas durch die Europäer zum Ende des 19. Jahrhunderts gezogen wurden, somit „künstlich" sind und nichts mit alten afrikanischen Traditionen zu tun haben. Viele Stämme leben auch heute noch, Grenzen überschreitend und ignorierend, in mehreren Ländern. Aktuelle politische Bedeutung haben diese Grenzen aber sehr wohl, weil sie die Stämme trennen und unterschiedlichen Regierungen, Gesetzgebungen und Amtssprachen zuordnen.

Village Croocoast Liberia.

Dorfgemeinschaft in Liberia (der „Chef" ist sicherlich die Person mit der europäischen Uniformjacke und dem Tropenhelm in der Mitte), Ansichtskarte

Alles, was im hier dargestellten Sinn unter „Afrikanischer Kunst" verstanden wird, bezeichnet in erster Linie die Produkte, welche die Länder West-, Zentral- und Ostafrikas hervorgebracht haben. Stämme und Volksgruppen, bei denen die Lebens- und Glaubensvorstellungen durch Objekte bzw. figürliche Arbeiten verkörpert werden, liegen im Wesentlichen innerhalb der drei Markierungen auf der Landkarte von Afrika (s. S. 164).
Einen guten und (fast) kompletten Überblick über die Stämme bieten beispielsweise Lexika oder Handbücher über die afrikanische Kunst.

Einfluss der geographischen Gegebenheiten

Für Europa war der Mittelmeerraum die Geburtsstätte für eine kulturgeschichtliche Entwicklung, die wie ein roter Faden bis in die heutige Zeit führt. Die Ägypter, Griechen und Römer zählen zu den bekanntesten Kulturen der Antike. Durch den direkten Zugang zum Mittelmeer hatten die drei Kulturen für lange Zeit wichtige Rollen im Mächtespiel der Staaten, die mit ihren Schiffen und Armeen diesen Raum beherrschten. Überall an den Küsten des Mittelmeers haben sie ihre Spuren hinterlassen. Zahlreiche archäologische Ausgrabungsstätten geben anschauliche Zeugnisse über das Leben in früheren Zeiten. Aber auch die Museen vieler europäischer Großstädte besitzen oftmals hervorragende Arbeiten dieser Kulturen. Ohne weit reisen zu müssen, ermöglichen die Ausstellungen Einblicke in längst vergangene Epochen menschlichen Daseins und künstlerischen Schaffens.
Wenn man die geografische Lage betrachtet, so bildet das Mittelmeer mit den angrenzenden Ländern einen relativ kleinen, in sich geschlossenen Raum. Durch regen Handel, For-

schung, Austausch von Wissen oder Entwicklung von Sprachen und Schriften war der Mittelmeerraum immer eine Region des lebendigen Miteinanders. Gesellschaften bildeten und ordneten sich zu Staaten, die sich gegenseitig beeinflussten, befruchteten und auch bekämpften. Sie blühten auf, erlangten Größe und Macht durch militärische Stärke, und vergingen auch wieder. Daneben gab es ebenso ferne wie alte Kulturen, die hoch entwickelt waren und über besondere Kenntnisse verfügten. In China konnte man beispielsweise das Geheimnis der Papierherstellung lange Zeit hinter einer unüberwindlichen Mauer im Verborgenen bewahren. In Afrika gab es zwar keine von Menschen gebaute Mauer wie in China, aber die Sahara bildete eine natürliche Barriere zwischen den Mittelmeerstaaten des Nordens und dem restlichen Afrika. Eine Durchquerung der Wüste war schwierig, langwierig und ohne ortskundige Führer ein gefährliches Wagnis. Wenn eine Erforschung Afrikas stattfinden konnte, war diese zunächst nur über den Seeweg möglich. Dazu waren verständlicherweise besonders die europäischen Länder in der Lage, die über ihre Häfen direkten Zugang zum Atlantik hatten, über umfangreiche seemännische Kenntnisse verfügten, genaue Seekarten erstellten und hochseetüchtige Schiffe bauen konnten.

Handelswege

Über Land führten Handelswege von Ägypten nach Äthiopien und Ostafrika. Weitere Handelsstraßen führten von Nordafrika quer durch die Sahara bis nach Westafrika. Im Laufe der Geschichte Afrikas wurden Städte gegründet, die ihren Reichtum vor allem dem Handel verdankten. Timbuktu, im westafrikanischen Mali gelegen, war für lange Zeit eine

Händler mit Salzplatten auf dem Markt in Timbuktu, Ansichtskarte

wichtige Station für Karawanen, die durch das Saharagebiet zogen. Neben den Landwegen zählten von jeher die großen Flüsse zu den natürlichen Handelsadern. Doch alle diese Wege waren fast ausschließlich für den innerafrikanischen Handel von Bedeutung. Mit dem Auftauchen der Europäer veränderten sich auch die bisher bestehenden Strukturen. Mehr und mehr verlagerten sich die großen Umschlagplätze für Waren jeglicher Art an die Küsten. Städte, die in Küstennähe oder an Flussmündungen lagen, gewannen an Bedeutung. Sie wuchsen rasch und oft entwickelten sie sich zu den Hauptstädten der jeweiligen Länder.

Erschließung Afrikas durch die Europäer

Im 15. Jahrhundert begann die Erschließung Afrikas durch die Portugiesen. Sie waren die ersten Europäer, welche die Küsten West-, Süd- und Ostafrikas ansteuerten und dort Stützpunkte anlegten. Doch zunächst war man an Afrika selbst gar nicht interessiert. Vielmehr galt es einen Seeweg nach Indien zu finden, um am lukrativen Geschäft des Gewürzhandels teilzuhaben. Über Land war das Geschäft mit den seltenen und kostbaren Gewürzen fest in arabischer Hand. Europäischer Endpunkt der Handelsstraße war Venedig, welches durch die enormen Gewinnspannen zu großem Reichtum kam. Der Portugiese Vasco da Gama, der mit vier Schiffen im Jahr 1497 Lissabon verließ, war der erste, der tatsächlich den Seeweg zu den indischen Händlern fand. Bei seiner Rückkehr im Jahr 1499 konnte er die Vermutungen über eine Seeverbindung bestätigen. Damit war die arabische und italienische Vormachtstellung im Gewürzhandel beendet. Zunehmend galt das Interesse nun auch den Küstenstreifen, die längs dieses Seewegs lagen. Um die fremden Küsten und die Mündungen größerer Flüsse zu erforschen, brauchte man schnelle Schiffe mit wenig Tiefgang. In dieser Zeit entstand in Portugal ein neuer Schiffstyp, die Karavelle. Mit den neuen Zweimastern, die wesentlich wendiger waren als die Karracken – ein größerer Schiffstyp mit drei Masten -, segelte man in bisher unbekannte Gewässer. Wie die fantasievollen Illustrationen der alten Seekarten oft zeigen, war die Furcht vor gefährlichen Meeresströmungen, Untiefen, Sturm umpeitschten Küsten und Meeresungeheuern ein ständiger Begleiter der Seefahrer. Den Portugiesen folgten die Spanier, Briten, Franzosen und Holländer. Gold, Elfenbein, seltene Pflanzen, besondere Vogelfedern, Tierhäute, Kautschuk, Gewürze, Erdnüsse, Pflanzenöle und zu Platten oder Kegeln gepresstes Salz zählten zu den wichtigsten Handelsgütern. Etwa ab dem Jahr 1520 kam der Mensch als „Handelsware" hinzu. Unter der Bezeichnung „Dreieckshandel" begann das traurigste Kapitel in der Geschichte Afrikas. Ein Hauptanlegepunkt für die Sklavenschiffe war die Insel Hispaniola in der Karibik. Dort wurden die Sklavinnen und Sklaven verkauft und dann gezwungen auf den Feldern oder in den Minen Nord-, Mittel- und Südamerikas zu arbeiten. Als eines der letzten Länder in Europa schaffte Portugal den Sklavenhandel im Jahr 1876 ab.
Die Schiffe, die an den Küsten Afrikas anlegten, brachten Soldaten, Missionare, Chronisten, Kartenzeichner, Botaniker, Kaufleute der großen Handelshäuser und Gesandte der jeweiligen europäischen Herrscher. Mit den Häuptlingen und Clanchefs der küstennahen Stämme wurden Handelsverträge und Verträge über Gebietsansprüche abgeschlossen. Stützpunkte und Sammelstellen für die Handelswaren wurden schnell in Kanonen bestückte Forts mit

dicken Steinmauern ausgebaut. Einerseits dienten diese Forts, die wie die Perlen einer Kette die Küsten Afrikas umziehen, zur Lagerung von Waren oder als Sammelpunkte für den Sklavenhandel. Andererseits boten sie Schutz vor Angriffen von der See- oder Landseite. Darüber hinaus waren die Forts Ausgangspunkte für die weitere Kolonisierung des Landes.

Kolonialismus im 19. Jahrhundert

Mit der fortschreitenden Inbesitznahme des afrikanischen Kontinents kamen im 19. und 20. Jahrhundert die Belgier, Italiener und Deutschen als Kolonialmächte hinzu. Doch, obwohl Afrika vor der europäischen „Haustür" lag, verhinderten besonders die ungewohnte Hitze und die Angst vor dem unbekannten Landesinneren für lange Zeit eine weitergehende Erforschung und Erschließung durch die krankheitsanfälligen Europäer. So beschränkte sich die Kolonisierung zunächst auf die schmalen Küstenstreifen des afrikanischen Kontinents. Erst in der zweiten Hälfte des 19. Jahrhunderts begann eine systematische Erschließung des Landesinneren, die dann jedoch in kürzester Zeit vor sich ging. In der Berliner Konferenz von 1884/85, die OTTO VON BISMARCK einberufen hatte, wurde die Aufteilung Afrikas unter den Großmächten Europas beschlossen. Damit begann ein Wettlauf bzw. eine Wettfahrt um Gebietsansprüche und genaue Grenzziehungen.

Lediglich die Gebiete von Liberia und Äthiopien blieben von einer Besetzung durch die europäischen Länder ausgeschlossen. Das westafrikanische Liberia, welches im Jahr 1847 von befreiten Sklaven gegründet wurde, stand unter dem Schutz der Vereinigten Staaten. Anders verhielt es sich in Äthiopien. Dort wurde unter König MELENIK II. der Vormarsch Italiens erfolgreich gestoppt.

Karte von 1900 aus der ehemaligen deutschen Afrikakolonie Togo, Ansichtskarte

Arbeitsanregungen

In Bibliotheken, Museen oder im Internet findet man Informationen über archäologische Funde in Ostafrika, die wichtige Erkenntnisse über die Geschichte der Menschheit liefern. Mögliche Themen sind beispielsweise:

1. Von den Hominiden: Erstellen Sie eine Liste, die in chronologischer Folge die verschiedenen Typen der Hominiden enthält. Auch eine Ausstellung mit Texten und Abbildungen bietet sich an.

2. Höhlenmalereien in verschiedenen Ländern Europas: Suchen Sie nach Beispielen für Höhlenmalereien in Frankreich und Spanien. Planen Sie dazu eine Ausstellung mit Texten und Bildern.

3. Seefahrer und Entdecker: Suchen Sie im Internet nach den wichtigsten Entdeckern um das Jahr 1500. Planen Sie dazu eine Ausstellung mit Texten und Bildern.

4. Sklaverei in Afrika: Stellen Sie dar, was unter dem Begriff „Dreieckshandel" verstanden wurde und welche Folgen sich daraus ergaben. Planen Sie dazu eine Ausstellung mit Texten und Bildern.

5. Die Kolonialzeit: Suchen Sie (z.B. im Internet) nach Informationen über das Interesse der europäischen Länder an Afrika zum Ende des 19. Jahrhunderts. Planen Sie dazu eine Ausstellung mit Texten und Bildern.

3.3.2 Alte Kulturen

Ägypten

Die bekannteste und am meisten erforschte alte Kultur Afrikas ist zweifellos die ägyptische Kultur.[1] Ein starkes europäisches Interesse daran wurde durch die NAPOLEONISCHEN FELDZÜGE (zwischen 1798 und 1801) geweckt. Zeichnungen, die vor Ort angefertigt wurden und halb vom Sand bedeckte Tempelanlagen oder Statuen zeigten, waren willkommene Nahrung für die Fantasien europäischer Abenteurer und Schatzsucher. Damit war der „Dornröschenschlaf" Ägyptens beendet. Vor allem in Frankreich brach ein wahrer Begeisterungssturm, der als „Ägyptomanie" bezeichnet wurde, aus. Die Zeichnungen, welche NAPOLEON im Buch „Déscription de l'Egypte" zusammenfassen ließ, waren dermaßen genau und detailliert, wie es später erst mittels der Fotografie möglich sein sollte. Angeregt durch das Buch, kamen bis zum Ende des 19. Jahrhunderts neben Wissenschaftlerinnen und Wissenschaftlern weitere Illustrierende aus Frankreich, England oder Deutschland, die mit Stiften und Pinseln ihre Reiseeindrücke auf Papier und Leinwand festhielten. Das geheimnisvolle Ägypten zog aber nicht nur Archäologinnen und Archäologen, die ein wissenschaftliches Inter-

---

1 vgl. Phillips, S. 64 ff

Eine Reisegesellschaft vor der Sphinx und den Pyramiden, Ansichtskarte

esse an der Geschichte und den Relikten einer alten Kultur hatten, in seinen Bann. Gegen Ende des 19. und bis in die erste Hälfte des 20. Jahrhunderts galt es für eine gehobene und entsprechend begüterte Gesellschaftsschicht als „chic" und standesgemäß, sich auf eine Reise zu den Stätten antiker Kulturen zu begeben. Nicht zuletzt durch ihre Lage in der Nähe des Nils waren die ägyptischen Sehenswürdigkeiten bequem mit dem Schiff und der Eisenbahn zu erreichen. Wer dorthin reiste, wollte oftmals auch Souvenirs mitbringen. Neben Artefakten waren Tier- und Menschenmumien begehrte „Reiseandenken". Auf der britischen Insel war es beliebt, mit abenteuerlichen Geschichten und Mumien die geladenen Gäste einer Party bei schummerigem Kerzenlicht in Angst und Schrecken zu versetzen. Dennoch dienten Mumien eher selten als „Scherzartikel" oder zur Vervollständigung einer privaten Ägyptensammlung. Die meisten hatten einen völlig anderen Verwendungszweck. Ganze Schiffsladungen von Mumien wurden nach England gebracht, um dort, feinst vermahlen, zu Farbe verarbeitet zu werden. Solange es Nachschub gab, wurde auf der britischen Insel ein spezieller Braunton, der als „mummy-brown" (= Mumien-Braun) bekannt war, hergestellt. Aber auch als Düngemittel oder Brennstoff fanden Mumien eine zweifelhafte Verwendung. Darüber hinaus wurden zu Pulver zerstoßene Mumien in Apotheken verkauft, da man der schwarzen, Asphalt ähnlichen Substanz der mumifizierten Körper, besondere Heilkräfte nachsagte.

Ohne jeden Zweifel zeigen die Bauwerke, Skulpturen und weiteren Objekte aus der alten Kultur Ägyptens eine künstlerische und handwerkliche Qualität, mit der sich kaum etwas aus dieser Zeit vergleichen lässt. Aber auch in anderen Gebieten Afrikas entstanden Kunstwerke von bemerkenswert hohem Niveau.

Die Nok

Zu den Bodenfunden, die in jüngerer Zeit gemacht wurden und das Bild über die afrikanische Kunst bedeutend erweitert und verändert haben, gehören Objekte, die mit dem Namen Nok bezeichnet werden.[1] Es ist dem Zufall zu verdanken, dass diese Arbeiten überhaupt bekannt wurden. Als Anfang der 40er-Jahre des 20. Jahrhunderts in Nigeria nach Zinn gesucht wurde, fand man unter meterdicken Erdschichten Figuren, Köpfe und weitere Fragmente aus Terrakotta. BERNARD FAGG, ein Forscher und Völkerkundler, hielt sich zu dieser Zeit in der Nähe auf. Beim Anblick eines Terrakotta-Kopfes aus dem Fundgebiet war ihm sofort klar, dass hier etwas bisher Unbekanntes zutage gefördert worden war. Nach dem nahe der Fundstelle gelegenem Dorf Nok wurden alle Funde dieser unbekannten Kultur benannt. Mit dem Namen Nok bezeichnet man heute ein großflächiges Gebiet Nigerias von etwa 300 km Länge und 150 km Breite. Im Norden, Westen und Süden wird dieses Gebiet von den Flüssen Kaduna, Niger und Benue umschlossen.

Methoden zur Altersbestimmung von Terrakotten, wie beispielsweise die Thermolumineszenz-Methode[2], ergaben, dass die Fundstücke ein Alter von etwa 2200 Jahren (mit einer Abweichung von plus oder minus 400 Jahren) hatten. Nach den ersten Funden stieß man auf immer mehr Objekte aus dieser rätselhaften Kultur. Wahrscheinlich gehörten die ausgegrabenen Tonköpfe ursprünglich zu großen und kleinen Figuren, von denen sie abgebrochen wurden. Die größten bisher gefundenen Nok-Figuren bzw. Figurenfragmente haben eine Höhe von über einem Meter. Folglich müssen die Nok-Künstler Öfen mit entsprechend großen Brennkammern für ihre Tonarbeiten gehabt haben, da ein Brennen über dem offenen Feuer äußerst schwierig gewesen wäre. Auch Geräte und Schmuck aus Zinn, Eisen und Stein wurden zutage gefördert. Für alle, die sich bisher mit der Kunst afrikanischer Kulturen befassten, waren die Nok-Arbeiten in viererlei Hinsicht sensationell.

- Das Erstaunlichste an den Nok-Objekten ist zunächst das hohe Alter. Alles, was vor den Nok-Funden an afrikanischer Kunst bekannt war und als alt bezeichnet wurde, stammte, wie beispielsweise die Stücke der höfischen Kunst Benins, die Plastiken aus Djenné, die Terrakotten aus Ife oder die Bronzen aus Kumbi-Saleh, etwa aus dem Jahr 1000 n. Chr. oder aus späterer Zeit. Kunstwerke, die zweifellos vor dem Beginn unserer Zeitrechnung angefertigt wurden, waren bis zu den Nok-Funden gänzlich unbekannt.

- Ein auffälliges Merkmal der Nok-Figuren ist ihre scheinbare Lebendigkeit. Bei den Köpfen aus hellbraunem und rötlichem Ton sind Augen, Nasenlöcher und Ohren meistens durchstochen. So wirken die Augen nicht starr wie bei Skulpturen oder Plastiken, bei denen die Augen geschnitzt bzw. geformt sind. Je nach Lichteinfall verändert sich der Gesamtausdruck eines Nok-Gesichtes erheblich. Auch die Münder sind bei sehr vielen Köpfen leicht geöffnet. Man glaubt fast, sie wollten gerade etwas sagen. Die Nok-Köpfe scheinen verschiedenste menschliche Empfindungen wiederzugeben. Lachende, traurige, stolze, verärgerte, erstaunte, mürrische, Fratzen schneidende und viele andere Gesichtsausdrücke sind bei Nok-Arbeiten zu finden. Dadurch wird der Eindruck von Lebendigkeit noch verstärkt. Äußerst merkwürdig, irritierend und rätselhaft wirken auch die modellierten

---

1 vgl. Phillips, S. 526 ff; Leuzinger, S. 104 ff; Schaedler, S. 195 ff
2 Der zu untersuchende Stoff wird erhitzt und das dabei austretende Licht wird gemessen.

Mischwesen aus Ton. Manche der menschlichen Köpfe haben ein Raubtiergebiss oder einen Vogelschnabel. Sehr auffällig sind auch die deutlich verlängerten Hinterköpfe vieler Figuren. Ein Abbinden mit straff sitzenden Bandagen bei Kleinkindern ist in Afrika nicht unbekannt. Bei einigen Stämmen, die darin ein Schönheitsideal sehen, findet man solche Praktiken. Beim Abbinden des Schädels eines Kleinkinds passt sich das Gehirn der Verformung an, ohne dabei Schaden zu nehmen.

- Des Weiteren sind Nok-Objekte äußerst detailreich und individuell gearbeitet. Die Figur in der afrikanischen Kunst wird weitestgehend nackt dargestellt. Nok-Figuren hingegen zeigen verschiedenartige Bekleidungen. Man findet ausgearbeitete lange Gewänder mit Gürteln, unterschiedliche Kopfbedeckungen, Haarbänder, breite Halsbänder, Arm- und Fußschmuck, Ohrringe und anderes mehr. Auch die unterschiedlichen Frisuren, die sehr fein und mit vielen Details geformt sind, erzeugen einen höchst individuellen Ausdruck der Nok-Funde.

- Die Körperhaltung vieler Nok-Figuren ist bemerkenswert „bewegt". In der afrikanischen Kunst stehen die Figuren meistens starr und gerade, mit den „Händen an der Hosennaht". Nok-Figuren hingegen vermitteln den Eindruck, als ob sie „in Aktion" wären. Sie zeigen unterschiedliche Arm- und Beinhaltungen. Einige scheinen etwas zu tragen, andere greifen nach etwas und wieder andere kämmen sich gerade die Haare.

Sokoto – Katsina – Ife

Weitere Terrakottafunde, die im 20. Jahrhundert im Norden Nigerias gemacht wurden, benannte man nach den Orten ihrer Entdeckung als „Sokoto" und „Katsina". Datierungen durch Tests ergaben, dass viele der Terrakotten etwa um 150 n. Chr. entstanden sind. Die Sokoto- und Katsina-Plastiken sind insgesamt weniger „feinsinnig" und nicht so detailliert wie die Nok-Objekte. Sie sind einfacher und rauer, aber dennoch besitzen die Stücke eine starke und beeindruckende Ausstrahlung.

Im Südwesten Nigerias fand man Objekte, die als „Ife" oder „Ife-Kultur" bezeichnet werden.[1] Im Wesentlichen entstanden die gefundenen Bronzen und Terrakotten zwischen 1100 und 1400 n. Chr. Viele Ife-Stücke sind elegante und ausdrucksstarke Arbeiten. Sie haben eine gleichermaßen hohe künstlerische wie auch handwerkliche Qualität. Im Laufe der Zeit wurden die Kenntnisse des Gießens von dünnwandigen Bronzen von Ife nach Benin weitergegeben.

Djenné – Kumbi-Saleh – Hemang

Neben dem Nok-Gebiet zählen die Gegenden von Djenné (Mali), der alten Hauptstadt Kumbi-Saleh (im heutigen Grenzgebiet von Mali und Mauretanien) und Hemang (Ghana) zu den bekanntesten Fundstätten von jahrhundertealten Terrakotten und Bronzen. Bis heute stößt man immer wieder auf Objekte aus vergangenen und teils unbekannten afrikanischen Kulturen. Auch beim Umgraben der Äcker werden des Öfteren zufällige Bodenfunde gemacht. Im Umkreis der heutigen Stadt Djenné gibt es zahlreiche Grabungsfelder,

---

1 vgl. Leuzinger, S. 152 ff

die bislang noch nicht systematisch erforscht wurden. Terrakotten aus diesem Gebiet werden auch als „Mopti-Djenné" bezeichnet.

Das Ausgrabungsgebiet von Hemang im südlichen Ghana ist vor allem durch ausdrucksstarke Tonköpfe, die Gefäßdeckel oder Urnen schmückten, bekannt geworden.

Benin

Das alte afrikanische Königreich Benin wurde etwa um das Jahr 900 n. Chr. gegründet.[1] Von jeher war in Benin der Oba (Bezeichnung für den König) die höchste und mächtigste Person. Im 15. Jahrhundert erreichten portugiesische Seefahrer als erste Weiße die Küsten Westafrikas. Die Taktik der europäischen Eroberer im 15. Jahrhundert muss damals immer sehr ähnlich gewesen sein. Sobald sie die Küste gesichtet hatten und küstennahe Dörfer ausgemacht waren, wurde die Bevölkerung durch Kanonenschüsse, Waffenrasseln und lautes Schreien in Angst und Schrecken versetzt. Nach der Landung wurde jeder Widerstand, wenn er sich bot, durch die Überlegenheit der Waffen niedergeschlagen. Bei den nachfolgenden Plünderungen wurde alles, was wertvoll und brauchbar erschien, auf die Schiffe verladen. Gleichzeitig versorgte man sich vor der Weiterfahrt mit dem notwendigen Proviant. So geschah es auch an der Küste Benins. Doch hier bestätigte sich die Vermutung, dass die Küstendörfer unter der Herrschaft eines großen und mächtigen Reiches stehen mussten, welches weiter im Landesinneren lag. Im Jahr 1486 knüpfte João Affonso d'Aveiro, der als Gesandter des portugiesischen Königs kam, erste Kontakte zum Oba von Benin. Damit begann ein rasch aufblühender und umfangreicher Handel mit Elfenbein, Gold, Gewürzen und sonstigen Waren. Andere europäische Länder wie England, Frankreich und Holland folgten den Portugiesen. Dabei verstand es der König von Benin geschickt, die konkurrierenden Länder

Bronzen und Elfenbein-Schnitzerei aus Benin (Westafrika).

Bronzen und eine Elfenbeinarbeit aus Benin im Kgl. Ethnologischen Museum München, Hofgarten-Arkaden, Ansichtskarte

---

1 vgl. Leuzinger, S. 152 ff; Schaedler, S. 220 ff

in Handelsangelegenheiten gegeneinander auszuspielen. Von den europäischen Kaufleuten und Gesandten wurden auch erste Beschreibungen über Benin nach Europa gebracht. Die Blütezeit Benins lag im 15. und 16. Jahrhundert. Über 200 Städte und deren Bevölkerung standen unter der Herrschaft des afrikanischen Königs. Der Oba verfügte über Häuptlinge und Clanchefs, die nur auf seinen Befehl hörten. Für alle wichtigen Ämter gab es Minister und Untergebene. Für alle Handwerksberufe gab es gut ausgebildete Spezialisten. In den Aufzeichnungen der Europäer wurden der Reichtum der Hauptstadt, die höfische Kunst und der prunkvolle große Palast des Königs beschrieben. Vor allem fielen die Bronzetafeln auf, welche die Pfeiler des Palastes schmückten und eine geschichtliche Bilderchronik über Benin darstellten. Die Tafeln dienten als „Gedächtnisstützen", wenn es darum ging an die höfischen Etikette zu erinnern oder die alten Geschichten der Könige von Benin zu erzählen.

Ebenso detailreich gestaltet wie die Tafeln waren die lebensgroßen Köpfe aus Bronze. Über ihre genaue Bedeutung gibt es zwei Vermutungen. Einerseits wird angenommen, dass sie besiegte Kriegsgegner darstellen. Nachdem man den unterlegenen König enthauptet hatte, wurde sein Kopf dem Oba übergeben. Dieser gab ihn an seine Bronzegießer weiter, um eine Metallplastik herstellen zu lassen. Andererseits werden die Köpfe als Porträtdarstellungen der verstorbenen Könige von Benin interpretiert. Oben hatten manche Bronzeköpfe kreisrunde Öffnungen, in die Elefantenstoßzähne (als Zeichen von Macht, Stärke und Reichtum) gesteckt werden konnten.

Ursprünglich kam die Kunst des Bronzegießens aus Ife. Etwa um das Jahr 1280 wurde der Bronzeguss von Benin übernommen und weiterentwickelt. Alle Bronzearbeiten wie z. B. Porträts der Königinnenmütter, Tierköpfe, kleine Hüftmasken, Ritualgeräte oder Schmuck hatten eine ungewöhnlich hohe künstlerische Qualität. In ihrer Art konnten die dünnwandigen Bronzegüsse, die alle nach der Methode der „Verlorenen Form"hergestellt wurden, mühelos mit den Arbeiten der besten europäischen Werkstätten konkurrieren.[1] Sämtliche Arbeiten aus Holz oder Elfenbein hatten ebenfalls einen hohen handwerklichen Stand. Nach der Blütezeit Benins folgte ein langsamer und unaufhaltsamer Verfall.

METHODE DER „VERLORENEN FORM"

Zunächst wird ein Modell aus Bienenwachs im Maßstab 1:1 angefertigt. Das Modell wird dann mit verdünnter Tonmasse umschlossen. Weitere Schichten aus Ton und Ziegenhaar folgen. (Das Ziegenhaar hinterlässt beim Verbrennen feinste Luftkanäle, die zum Gelingen des Gusses beitragen.) Nach dem Trocknen der Tonform wird diese über dem Feuer erhitzt, das Wachs wird flüssig und fließt über die Gusskanäle heraus. An dieser Stelle der Gussform wird nun eine geschlossene Tonkugel geformt, in sich Metallschrott befindet. Über dem Feuer werden die Metalle erhitzt, bis sie flüssig sind. Ist der richtige Zeitpunkt erreicht, wird die Form gedreht und das flüssige Metall ergießt sich in die Hohlräume, die das Wachsmodell hinterlassen hat. Nach dem Abkühlen wird die Tonform zerschlagen (daher: „Verlorene Form") und der fertige Guss wird herausgenommen und nachbearbeitet.

---

1 vgl. Klever, S. 71 ff

Arbeitsanregungen

Nachforschungen über die alten Kulturen Afrikas können ebenso spannend wie aufschlussreich sein. Mögliche Themen sind beispielsweise:

6. Das alte Ägypten: Stellen Sie dar, welche Bedeutung der Pyramidenbau für die Ägypter hatte. Planen Sie dazu eine Ausstellung mit Texten und Bildern.

7. Alte Kulturen südlich der Sahara: Suchen Sie (z. B. im Internet) nach Informationen über die Kultur der Nok und planen Sie eine Ausstellung mit Texten und Bildern.

3.3.3 Religion und Glauben in Schwarzafrika

Innerhalb der lebendigen animistischen Religionen, die in Afrika ausgeübt wurden und werden, haben die unterschiedlichsten Tiere wie beispielsweise Krokodile, Elefanten, Schlangen, Löwen, Hasen, Füchse, Vögel etc. wichtige Rollen in den Schöpfungsgeschichten, Kulten oder Märchen eines Stammes.[1] Im afrikanischen Busch lernen die Kinder schon von klein auf, welche Tiere gefährlich sind und wie man sich ihnen gegenüber verhalten

Das seltene Foto zeigt, wie Stammesobjekte im Kult verwendet werden, Die beiden Maskenträger der Minianka tragen Antilopen-Aufsätze der Tjiwara-Gesellschaft in Mali, Ansichtskarte

---

1 vgl. Klever, S. 92 ff

muss. Sie lernen auch, ob und welche Bedeutungen die einzelnen Tiere für den Stamm haben. Der Dorfalltag ist somit geprägt durch ein Leben in und mit der Natur. Es liegt nahe, dass derartig enge Bezüge zwischen den Menschen und allem, was die umgebende Natur darstellt und bietet, auch in der Vielfalt der Glaubensvorstellungen zu finden sind. Den Tieren werden in diesen Vorstellungen differenzierte und wichtige Bedeutungen und Aufgaben zugeschrieben. In den afrikanischen Naturreligionen wird eine gelebte und „hautnahe" Gläubigkeit praktiziert, die bis in die verschiedensten Bereiche des Alltags der Menschen hineinwirkt.

Mäuseorakel der Baule

Ein bekanntes Beispiel für die Bedeutung eines Tieres ist das Mäuseorakel der BAULE (Elfenbeinküste). Die Maus, welche von anderen vielleicht als gering und unbedeutend angesehen wird, hat bei den BAULE eine wichtige Botenfunktion. Beim Mäuseorakel wird die Maus in einen Topf gesetzt, der auf der Erde steht. Im Boden hat er ein kleines Loch. Im Topf liegt bereits in einer Schale ein kleiner Holzstab, an dem zehn kleine Hühnerknochen mit Schnüren parallel nebeneinander befestigt sind. Wenn die Maus im Topf ist, wird er mit einem Deckel verschlossen. Danach wird der Maus das Problem erklärt. Nach einer bestimmten Zeit wird der Deckel entfernt und die Schale mit den kleinen Knochen vorsichtig herausgenommen. Je nachdem, wie die Maus die Lage der Knochen durch ihre Bewegungen verändert hat, fällt die Antwort des Wahrsagers aus. Da die Maus ein Tier ist, welches sowohl auf als auch in der Erde lebt, halten die BAULE sie für einen Boten, der eine Verbindung zwischen den Toten – den Ahnen – und den Lebenden herstellen kann.

Die mündliche Überlieferung

In West-, Zentral- und Ostafrika lebt eine Vielzahl an Stämmen, die alle ihre besonderen Gottheiten, Religionen und Riten haben. Aber nur über einige dieser Stämme gibt es ein umfangreicheres Wissen und entsprechende Publikationen. Über die meisten Stämme ist bis heute nur sehr wenig bekannt. Schriftliche Aufzeichnungen aus der Vergangenheit sind nicht vorhanden, da in den Kulturen Schwarzafrikas allein die mündliche Weitergabe von Wissen üblich war. Um heute noch etwas zu erfahren, braucht man einen nahezu detektivischen Spürsinn, viel Geduld und ebensoviel Zeit. Die Religionen Schwarzafrikas sind mit einem riesigen Puzzle vergleichbar. Viele Teile sind noch vorhanden, aber mindestens ebenso viele sind bereits verloren gegangen. Bis heute versuchen Völkerkundler/-innen, Wissenschaftler/-innen und Kunstinteressierte die vorliegenden Stücke zusammenzusetzen, um wenigstens ein Teilbild zu bekommen. Zu denen, die profunde Kenntnisse über bestimmte Gebiete Afrikas besitzen, gehört KARL-HEINZ KRIEG. In den letzten 50 Jahren hat er etwa die Hälfte der Zeit in Westafrika gelebt und „Puzzleteile" gesammelt. Die folgende Geschichte über die SENUFO, einen Stamm Westafrikas (Elfenbeinküste), wurde mir im Sommer 1997 von KARL-HEINZ KRIEG erzählt. Dazu muss man wissen: Die SENUFO gehören zu den Ackerbauern. Sie führen regelmäßig Wettbewerbe durch, bei denen der beste und schnellste Feldarbeiter eine Trophäe in Form eines Bauernstabs erhält.

„Am Anfang der Zeit lebten die Menschen und die Geister zusammen. Aber irgendwann wurden die Menschen faul. Sie wollten nicht mehr arbeiten und überließen den
Geistern die ganze Arbeit. Als die Geister genug davon hatten, gingen sie zu Gott und
beschwerten sich. Dieser hörte sie an und gewährte ihnen eine Besonderheit. Er machte sie unsichtbar. Von einem Moment auf den anderen waren die Menschen allein und   5
mussten alle Arbeiten selbst tun. Die nun unsichtbaren Geister schauten ihnen dabei
zu und konnten selbst entscheiden, ob sie etwas ändern wollten. Wenn unsichtbare
Geistermädchen junge, kräftige und gut aussehende Männer sahen, kamen sie im
Schlaf zu ihnen. Sie legten sich zu den Männern und „klebten" an ihnen. Damit nah-
men sie den Männern alle Kraft und keiner konnte am nächsten Tag seine Feldarbeit   10
verrichten. Aber die weiblichen Geister sprachen auch zu den Männern. Sie sagten:
„Wenn ich nicht mehr an dir kleben soll und wenn du deine Kraft wiederhaben willst,
dann musst du ein Abbild von mir schaffen". Von nun an wurden Bauernstäbe geschnitzt, die von einer weiblichen Figur gekrönt sind."

Gespräch mit Karl-Heinz Krieg, 1997

Die Geschichte ist ein Beispiel für ein Denken, welches in der afrikanischen Vorstellungswelt in vielfältiger Weise zu finden ist.

Zentrale Rolle des Abbilds

Als Grundsatz gilt: **„Indem man ein Abbild erschafft, befreit man sich und kann das Problem lösen."**
Durch die Herstellung des Abbildes einer spirituellen Vorstellung erhält man die Möglichkeit mit diesem „Ding", diesem „handgemachten Gegenüber", welches die Verkörperung
einer Idee darstellt, umzugehen.[1] Mit einer geschnitzten oder geformten Figur lässt sich
Verschiedenes tun. Man kann mit ihr reden, sie befragen, waschen, füttern, ihr opfern, sie
mit Schmuck behängen und vieles mehr. Somit ist die Umsetzung der Vorstellung eines
kosmischen Wesens in ein sicht- und greifbares Objekt die logische Konsequenz, um nicht
in Hilflosigkeit zu leben. In dieser Form praktischer und lebensnaher Problemlösung liegt
auch gleichzeitig der Grund für die Herstellung von zahlreichen afrikanischen Stammesobjekten. Problemlösung ist dabei das Stichwort, welches im afrikanischen Denken, sowohl
in der Religion als auch im Alltag, durchgängig von Bedeutung ist. Für jedes Problem, jeden
bösen Traum, jedes Unglück, jede Krankheit, jede offene Frage oder Notlage gibt es eine
Erklärung bzw. Lösung. Wer in einer schwierigen Situation ist, sucht den Priester auf. Der
hört sich das Problem an, befragt die Geister und gibt konkrete Anweisungen, was zu tun
ist. Diese bestehen in dem Auftrag eine Figur herstellen zu lassen, einen besonderen Talis-
man zu tragen, ein Opfer zu bringen, eine bestimmte Medizin herzustellen oder ähnlichem.
In den verschiedenen Situationen des alltäglichen Lebens haben die figürlichen Darstellungen ihren praktischen Sinn. Sie sind Ansprechpartner, Respekt fordernde Verkörperungen

---

1 vgl. Krieg/Lohse, S. 58 ff

Hinten in der Mitte steht Dikoki, die wichtigste Figur auf dem Foto, Ansichtskarte

der Ahnen, Glücksbringer, Helfer bei Krankheiten, Diebsucher in Rechtsfragen, Deutungshilfen bei der Wahrsagung und vieles mehr. Sie sind, allgemein gesagt, **Vermittler**, die konkrete und genau vorbestimmte Aufgaben zu erfüllen haben. So findet man bei den BAULE männliche oder weibliche Figuren, die einen jenseitigen Partner darstellen. Der Glaube dieses Volkes beruht darauf, dass jeder Mensch im Jenseits als männliches und gleichzeitig weibliches Wesen vorhanden ist. Aber nur einer von beiden wird geboren. Die andere Hälfte des Ichs bleibt im Jenseits. Anstelle dieser fehlende Hälfte wird eine Figur geschnitzt, die als Ansprechpartner verwendet wird. In allen schwierigen Lebenssituationen kann die geschnitzte Figur um Rat gefragt werden. Insofern ist afrikanische Stammeskunst in einem religiösen und gleichzeitig in einem weltlichen Sinne, nämlich als praktische und/oder psychologische Lebenshilfe, zu sehen. Dieser Gedanke zeigt deutliche Parallelen zu den altägyptischen Vorstellungen, in denen das Diesseits und Jenseits als zwei nebeneinander existierende Welten verstanden wurden. In Unkenntnis derartiger Sachverhalte wurden in früheren Zeiten viele afrikanische Kultobjekte zerstört. Unter den Missionaren und Offizieren, die hauptsächlich für die Zerstörung der Kulte verantwortlich waren, gab es auch einige, die afrikanische Stammeskunst als Beispiele und Beweise „barbarischen" Lebens nach Europa brachten, um sie einer breiteren Öffentlichkeit zu zeigen. Diese „Kriegsbeute" bildete oft die Grundlage für die späteren Sammlungen der Museen Europas.

Ausstellungen in Europa im 19. und 20. Jahrhundert

Ein Beispiel für die Präsentation zusammengetragener Stammeskunst war die Ausstellung der Basler Mission in Bern von 1927. Dort war der „Götze Dikoki" eine zentrale Figur. Die

Das „gestellte" Foto soll afrikanischen Alltag zeigen. Die Karte wurde 1909 in Hamburg verschickt, Ansichtskarte

überlebensgroße Holzfigur stand vor einer nachgebauten Strohhütte zwischen Figuren, Masken, Musikinstrumenten und Topfpflanzen. In ähnlicher Weise wurde die Ausstellung auch in Deutschland gezeigt. Präsentationen dieser Art hatten großen Zulauf. Boten sie doch die Möglichkeit, sich das „Exotische" aus der Nähe anzusehen. Gleichzeitig waren die Ausstellungen eine anschauliche Vorbereitung für alle, welche die Absicht hatten nach Afrika zu reisen. Die Präsentation fremden Lebens hatte so eine „lehrreich-pädagogische" Funktion. Völkerschauen und Kolonialausstellungen wurden zum Ende des 19. und bis in die erste Hälfte des 20. Jahrhunderts in vielen europäischen Großstädten veranstaltet. Viele dieser Völkerschauen zeigten zirzensische Darbietungen, Tänze, Scheingefechte oder Reitervorführungen. Aber oft mangelte es an einer auch nur halbwegs angemessenen Form, welche die Würde der Menschen Afrikas respektierte. Die Grenzen der Darstellung und Präsentation von Exotik und fernen Kulturen wurden spätestens dann überschritten, als Afrikanerinnen und Afrikaner nach Europa gebracht wurden, um sie wie eine „lebendige Kriegsbeute" aus den Kolonien einem neugierigen und schaulustigen Besucherpublikum vorzuführen.

Vielfalt der Religionen

Schwarzafrika ist, entsprechend der Größe und der Vielzahl der Stämme, reich an Legenden, gleichnishaften Erzählungen und Schöpfungsgeschichten verschiedenster Art. In allen Mythen gibt es einen Schöpfergott. Aber dieser wird höchst selten bzw. gar nicht dargestellt. Der Schöpfergott ist zwar in allem gegenwärtig, aber mit dem Akt der Schöpfung

(z. B. durch eine Geste oder ein Wort) ist seine Arbeit getan. Er hat kein weiteres Interesse an den Menschen und will eher in Ruhe gelassen werden. Somit kümmern sich die Menschen auch nicht weiter um ihn. Für den Alltag der Menschen eines Stammes sind die untergeordneten Gottheiten, Halbgötter, Götterboten, Geister, Hilfsgeister, Vermittlerwesen, Traumgestalten und Urahnen von lebensnäherer und größerer Bedeutung. Dabei fordern diese allgegenwärtigen Wesen Beachtung und Opfer von den Menschen. Zu den Wesen einer spirituellen „Zwischenwelt" – zwischen den Menschen und dem Schöpfergott – zählen auch bestimmte Tiere. In den Mythen eines Stammes können sie als kosmische Boten wichtige Rollen innehaben.[1]

Alle Schöpfungsgeschichten sind in sich geschlossene Erklärungssysteme für die Entstehung der Welt und das eigene menschliche Dasein. Dabei sind die Namen, Bedeutungen und Wichtigkeiten der Schöpferwesen und Helfer von Stamm zu Stamm verschieden. Wird z. B. der Affe als ein kosmisches und mythisches Wesen von einem Stamm verehrt (und ist somit tabu), ist er vielleicht für einen anderen Stamm, der nur einige hundert Kilometer entfernt lebt, nichts weiter als ein willkommener Braten. Aber auch im afrikanischen Alltag sind Tiere mit symbolischem Denken belegt. Beispielsweise stehen der Löwe, der Elefant oder der Büffel für Stärke, Überlegenheit, Macht oder Schlauheit. Weiterhin können Tiere mit Sprichwörtern oder Lebensweisheiten zu tun haben. Insgesamt ergibt sich so ein breites Spektrum an Symbolik mit Abstufungen und unterschiedlichen Wichtigkeiten.

RELIGION
ein Schöpfergott
eine besondere Schöpfungsgeschichte
Gottheiten, Geister und Helfer
kosmische Wesen
Urahnen und Ahnenverehrung
Tiere von besonderer Bedeutung
etc.

LEBEN
Bünde für Männer und Frauen
Hierarchien innerhalb eines Stammes
Übernahme von bestimmten Tätigkeiten
Feste, Feiern, Rituale
Probleme und Krankheiten
Zukunft und Wahrsagung
Rechtsstreitigkeiten
etc.

VERMITTLER
Verschiedene Gottheiten
Ahnen- und Totenfiguren
Zauberfiguren
Glücksbringer und Schutzfiguren
Orakelfiguren
Prestigeobjekte
Masken
etc.

Dreiecksbeziehung von Leben, Vermittlern (Plastiken und Skulpturen) und Religion

---

1 vgl. Schmalenbach, S. 32 ff

Mami Wata – die Gottheit aus den Fluten

Ein Beispiel, bei dem die verschiedenen Glaubensrichtungen zur Entstehung einer neuen Religion führten, ist der Kult von Mami Wata. Mami Wata (oder Mammy Water) ist die Mutter des Meeres, die Göttin, die aus den Fluten kommt. Auf den ersten Blick sieht Mami Wata überhaupt nicht afrikanisch aus. Und dennoch ist sie eine rein afrikanische „Erfindung". Die Ursprünge des Kultes liegen wohl in einer Zeit, als die ersten Europäer mit ihren Schiffen die Küsten Westafrikas ansteuerten. Die Afrikaner hielten die Weißen, die plötzlich, wie aus dem Nichts, mit Kanonen bestückten Schiffen aus den Fluten auftauchten für Götter bzw. für die Boten der Götter. Wie es im europäischen Schiffsbau zu dieser Zeit üblich war, trugen die Schiffe am Bug eine bemalte Galionsfigur aus Holz. Beliebte Motive für Galionsfiguren waren Neptundarstellungen, Nixen oder andere Fabelwesen des Meeres. Gerade die Nixenfiguren, diese Mischwesen, die halb Frau und halb Fisch waren, beeindruckten die Afrikaner so sehr, dass sie die Idee der Sirene des Meeres aufgriffen und einen eigenen Kult daraus schufen. Etwa zum Ende des 19. und zu Beginn des 20. Jahrhunderts erfuhr der Kult von Mami Wata eine wesentliche Erweiterung. Europäische Schaustellerplakate, die Nixenwesen und Schlangenbändigerinnen zeigten, fanden von West- bis Zentralafrika große Verbreitung. Hauptsächlich Inder, die solche Bilder nachdruckten, verkauften und damit zu geschäftlichem Erfolg kamen, trugen ihren Teil zum Kult von Mami Wata bei. Die Darstellung von Mami Wata, die immer europäische Gesichtszüge, langes glattes Haar und einen Fischleib als Unterkörper hatte, erhielt ein zusätzliches Attribut. Die Schlange kam als ein weiteres Erkennungszeichen hinzu. Bei den meisten Darstellungen windet sich die Schlange um den Hals oder Leib von Mami Wata. Neuere Figuren von Mami Wata sind fast immer bunt bemalt. Dabei lässt die rosafarbene oder weiße Bemalung des Gesichts keinen Zweifel, dass es sich um eine Göttin handelt, die von außerhalb nach Afrika gekommen ist. Der besondere Inhalt des Kultes beruht auf dem Glauben, dass er seinen Anhängerinnen und Anhängern zu Glück, Luxus und Reichtum verhilft. Genauso kann er Menschen, die nicht dem Kult angehören, in Armut, Erfolglosigkeit oder Krankheit stürzen. Die Priester von Mami Wata sind bis heute geachtete und wichtige Bindeglieder zwischen der Gottheit und den Menschen. Entsprechend groß sind ihre Macht und der Respekt, der ihnen entgegen gebracht wird. Auf den Schreinen von Mami Wata findet man verschiedene Opfergaben, die als Zeichen von Modernität und Lebensart zu verstehen sind. Schminke, Parfums, Geld, Alkohol oder andere Luxusartikel zählen zu den typischen Opfergaben. Mami Wata schließt aber auch andere Glaubensvorstellungen und -richtungen auf eine höchst afrikanische Art mit ein. Sowohl christliche, als auch hinduistische Glaubensinhalte stellen in Form von geschnitzten Skulpturen einen – wenn auch untergeordneten – Teil des Gesamtkultes dar. Mami Wata ist somit eine Gestalt, in der die Inhalte von Weltreligionen verschmelzen und auf eine typisch afrikanische Weise neu interpretiert werden.

Eine einzige und allein gültige Religion oder spirituelle Vorstellungswelt hat es in Schwarzafrikas nie gegeben.[1] Immer waren (und sind) es die ungeheure Vielzahl an Kulten, Geschichten und Glaubensrichtungen, welche Afrika so spannend und studierenswert machten – und weiterhin machen. Was das heutige Wissen über bestehende Kulte betrifft, lassen sich hier drei wesentliche Gruppen unterscheiden.

---

1 vgl. Krieg/Lohse, S. 59 ff

Mami Wata(r), Ewe, Togo – eine „junge" Figur, wie sie heute für den Kult hergestellt wird, 25,5 cm hoch (Holz, Lackfarben)

1. Erforschte „offene" Kulte

   Kulte sind bekannt, da sie von Völkerkundlerinnen und Völkerkundlern erforscht und dokumentiert wurden. Diese Kulte lassen sich als „offen" bezeichnen, da ihre Inhalte und Rituale – zumindest teilweise – auch Fremden gegenüber mitgeteilt oder gezeigt werden. Oft sind solche Dokumentationen – auch in fotografischer Form oder als Film – nur möglich, wenn über viele Jahre oder Jahrzehnte das Vertrauen der Stammesältesten erworben wurde. Marcel Griaule, der die Mythen der Dogon erforschte, ist ein Beispiel für einen derartigen Völkerkundler und Forscher.

2. Unerforschte „offene" Kulte

   Mit Sicherheit gibt es zahlreiche Kulte, die zwar „offen" sind, aber nie eingehend erforscht, dokumentiert oder publiziert wurden. Alle, die noch ernsthafte Forschungen betreiben wollen, müssen sich beeilen, weil mit dem Tod der Alten eines Stammes auch das Wissen um Geschichten und Traditionen stirbt. Da es üblicherweise keine schriftlichen Aufzeichnungen gibt, ist ein solcher Verlust genauso unvermeidbar wie irreversibel.

3. Geheime Kulte

   Neben den „offenen" Kulten und Gesellschaften gibt es eine Vielzahl an geheimen Kulten und Bünden, in welche Außenstehende niemals Einblick haben werden. Daher kann es hier auch keinerlei Aussagen darüber geben. Man weiß nur, dass diese Bünde bis in die heutige Zeit existieren. Nicht selten müssen Eingeweihte um ihr Leben fürchten, falls bekannt wird, dass sie geheimes Wissen an Fremde weitergegeben haben. Die Angst vor der Rache der Gottheit bzw. der Priester und Kultanhängerinnen und -anhänger wird hier zum realen Teil des gelebten afrikanischen Glaubens.

Arbeitsanregungen

Bis in die heutige Zeit gibt es in Afrika zahlreiche Formen des Glaubens. Neben einer Suche nach Informationen bietet sich hier auch eine Befragung von Experten an. Mögliche Themen sind beispielsweise:

8. Mamy Wata, ein besonderer Kult mit zahlreichen Wurzeln: Suchen Sie (z. B. im Internet) nach Informationen über diesen westafrikanischen Kult und planen Sie eine Ausstellung mit Texten und Bildern. (- hier könnte ein Museumsbesuch, falls möglich, geplant werden.)

9. Vodou, ein oft missverstandener Begriff: Suchen Sie (z. B. im Internet) nach Informationen über diese Religion, die es in Westafrika und der Karibik gibt. Planen Sie dazu eine Ausstellung mit Texten und Bildern.

3.3.4 Objekte im Kult und Alltag

In der europäischen bzw. westlichen Kunst liegt der Herstellungsprozess eines Kunstobjekts in allen Phasen in der Hand des Künstlers. Wenn man afrikanische Kunst verstehen will, muss man sich von einer derartig europäisch geprägten Denkweise und Erwartungs-

Orakelbrett, Yoruba, Nigeria – 30 cm Durchmesser (Holz)

Orakelstab, Yoruba, Nigeria, 26,5 cm hoch (Holz) – Der Stab wird mit dem Orakelbrett zur Wahrsagung verwendet.

haltung gegenüber Kunstobjekten lösen. Das, was dem afrikanischen Stammesobjekt sein Aussehen gibt, ist in der Regel ein Prozess von ineinandergreifenden Abfolgen, an denen verschiedene Personen wie Auftraggeber, Schnitzer, Zauberpriester und Anwender beteiligt sind. In diesem Zusammenhang böte es sich an, den Begriff „Kunst" um die Begriffe „Design" und „Alltagsdesign" zu erweitern, da die Bandbreite der sammelwürdigen Objekte von Kochlöffeln und Friseurschildern bis zu Darstellungen von Ahnen und Gottheiten geht. Abgrenzungen oder Unterscheidungen gibt es aus afrikanischer Sicht nicht. Alles gehört – mit mehr oder weniger Bedeutung – wie selbstverständlich zum Leben dazu. Da ein europäisch definierter Kunstbegriff allen afrikanischen Stämmen völlig unbekannt ist, würden Unterscheidungskategorien, ob etwas „Kunst" oder eher „Design" ist, immer von außen gesetzt werden. Doch wo sollte man eine Grenze der Unterscheidung ziehen? Der Versuch einer Definition, welche sicher nur ein äußerst subjektives Verständnis von Kunst zeigen würde, hätte zwangsläufig zur Folge, dass bestimmte Bereiche ein- und andere ausgeschlossen würden. Aber das kann nicht der Sinn einer offenen Betrachtungsweise der Kunst Afrikas sein. Deshalb werden hier die umfassenden und eingeführten Begriffe „Afrikanische Kunst" oder „Stammeskunst" verwendet. Beide Bezeichnungen sind Sammelbegriffe für alle möglichen Objekte, die aufgrund ihrer Herstellung und Verwendung als echt gelten (siehe **Kunst, Fälschung, Kopie, Kitsch**, vgl. S. 197). Alles, was darunter zusammengefasst wird, bezeichnet hauptsächlich dreidimensionale Objekte wie Figuren, Masken, Musikinstrumente, Hocker, Stühle, Türen, Trinkbecher, Pfeifenköpfe, Schalen, Krüge, verzierte

Kalebassen, Webrollenhalter, Hauspfosten, Leitern, Trommeln, Orakelgeräte, Spielbretter, Steinschleudern, Waffen, Goldgewichte, Schmuck, geschmiedete und gegossene Metallobjekte, Arbeiten aus Stoff oder Leder und vieles mehr. Damit reicht die Vielfalt der Stammeskunst von profanen Stücken für jedermann bis zu Respekt fordernden Objekten eines Kultes, die nur Eingeweihte zu Gesicht bekommen. Hierin liegt ein wesentlicher Unterschied zwischen afrikanischer und europäischer Kunst. Gleichzeitig stellt sich die Frage, ob unter den vorhandenen Gegebenheiten afrikanische und europäische Kunst überhaupt miteinander verglichen werden können. Ein besonderer Unterschied liegt in den Begleitumständen und Vorstellungen, die bei Stammesobjekten meistens auf eine spirituelle Ebene von Bedeutungen verweisen. Ungeachtet dieser Aspekte hat das afrikanische Objekt aber auch ein Eigenleben.

Ein qualitätsvolles Kunstwerk besitzt eine „Aura". Es hat eine Ausstrahlung, eine Magie, die den Betrachter anzieht und zum Anschauen einlädt. Aber während westliches Museumspersonal mit scharfen Augen darüber wacht, dass die teuer erworbenen und gesicherten Kunstwerke von den Besuchern nicht berührt werden, wird das afrikanische Stammesobjekt in den meisten Fällen zum Anfassen und zur jahrelangen Benutzung hergestellt. Bei manchen afrikanischen Objekten, die in Europa ihr weiteres Dasein hinter Absperrungen oder Glas fristen, glaubt man fast Hilferufe wie: „Fass mich an!" oder „Gib mir Leben!" zu hören. Sicher, ob ein und dasselbe Objekt in Afrika im Kult benutzt wird oder in einem europäischen Museum steht, ändert an dem Objekt selbst direkt nichts. Doch die Herauslösung aus einem lebendigen und sinngebenden Umgang im Kult macht es im Museum zu einem Ausstellungsstück, welches nun hinter einer Glasscheibe steht und seine eigentliche Bestimmung als Vermittler nicht mehr erfüllen kann. Auch wie die Präsentation selbst im Museum stattfindet, stellt oft schon eine Isolierung dar, die es dem Betrachter zusätzlich schwer macht, das einzelne Stück, außer in den bildhauerischen Qualitäten seiner skulpturalen Erscheinung, beurteilen oder verstehen zu können. Auf afrikanischen Schreinen und Altären findet man häufig ganze Figurengruppen, bei denen die einzelnen Figuren untereinander in Beziehung stehen. Dabei gibt es, je nach machtvollen Wirkungsmöglichkeiten, eine klare und eindeutige Hierarchie von Bedeutung und Wichtigkeit. Jedoch wird nur derjenige, welcher über die entsprechenden „Insider-Kenntnisse" verfügt, sagen können, welche der Figuren der „Chef" eines Orakels ist. Wenn diese Kenntnisse nicht vorhanden sind, ist schwierig bzw. unmöglich einzelne Stücke in ihrer Funktion einschätzen oder einordnen zu können. So gesehen ist afrikanische Stammeskunst eine lebendige Kunst von mehr oder weniger komplizierten Zusammenhängen, die dem Betrachter ein erweitertes Verständnis abverlangt.

Werthaftigkeit der Objekte

Das, was wir mit europäischen Augen als ein Kunstobjekt bezeichnen, ist für den Afrikaner in erster Linie ein Gebrauchsgegenstand, der einen bestimmten Zweck zu erfüllen hat. Beispielsweise sind Figuren, die im Kult verwendet werden, solange von Wert, wie sie die ihnen zugedachten Aufgaben erfüllen. Hat der Gegenstand irgendwann nicht mehr die „Kraft", die ihn stark und wirkungsvoll macht, wird er als wertlos angesehen. Die Folgen daraus können sehr verschieden sein. Oft wird die Kultfigur zerstört, wenn sie ihren Zweck

Fetischfiguren der Ewe, Togo/Ghana

Fetischfigur der Yaka, Kongo. Das magische Mittel wurde aus der Vertiefung entfernt.

nicht mehr erfüllt. Sie kann aber auch für den Verkauf freigegeben werden. Dazu bedarf es in der Regel der Befragung und dem Einverständnis der Geister. Sind diese einverstanden, wird, wenn es sich beispielsweise um ein „Kraft geladenes" Kultobjekt handelt, vor dem Verkauf jegliche Medizin entfernt. Dies können z.B. kleine Tierhörner sein, die mit einer geheimen Substanz gefüllt sind. Weiterhin findet man kleine Beutel mit Medizin, besondere Federn, Schneckengehäuse, Münzen, Nägel, Ketten, Tierzähne, Tierschädel, Knochen, Reptilienhaut, Fellstücke und vieles mehr. Häufig wird die Figur durch ein rituelles Bad „entkräftet". Gleichzeitig wird bei einem Schnitzer eine neue Figur in Auftrag gegeben. Die neue Figur wird dann, in umgekehrter Reihenfolge, dieser rituellen Prozedur unterzogen. Aber auch andere Gründe können für den Afrikaner die Figur wertlos werden lassen. Eine typische Besonderheit afrikanischer Holzskulpturen ist, dass sie in fast allen Fällen aus einem Stück geschnitzt sind. Es gibt relativ wenig Figuren, die angesetzte oder bewegliche Teile haben. Sehr oft ist schon die Herstellung der Figur bereits eine kultische Handlung. Der Schnitzer geht in den Busch – möglicherweise an eine bestimmte Stelle, die andere nicht betreten dürfen – und bringt den Geistern ein Opfer dar. Dieses ist sozusagen eine Entschuldigung dafür, dass er für seine Arbeit einen Baum fällen muss.[1] Aus dem Stamm schnitzt er beispielsweise eine Figur. Bekommt diese Figur später einen Riss (z.B. weil das feuchte Holz zu schnell trocknete), kann das ein Grund sein, weshalb man glaubt, das Objekt besäße nicht mehr die nötige Kraft, um die Geister zu aktivieren. Ist der Schaden nicht

---

1 vgl. Klever, S. 114 ff

zu groß und handelt es sich um ein bedeutendes Kultobjekt aus Holz, welches schon genutzt wird, wird es mit Nägeln oder Metallklammern repariert. Ansonsten können solche Objekte auch abgegeben und zum Verkauf angeboten werden. Meistens sind afrikanische Reisende, welche auf ihren Fahrrädern entlegene Dörfer aufsuchen, die Aufkäufer von Stammeskunst. Über Zwischenhändler gelangen die Stücke in die Galerien der afrikanischen Großstädte oder direkt an europäische Interessenten. Manche Objekte kommen aber auch durch den plötzlichen Niedergang eines Kultes, durch religiöse Umorientierung, Kriege oder das Desinteresse junger Afrikaner an den Traditionen und Werken des eigenen Volkes in den Handel. Ein weiterer Verkaufsgrund kann sein, dass das Objekt an die Besitzerin oder den Besitzer gebunden ist bzw. war. Allein für sie oder ihn hatte es Bedeutung und Wirkung. Stirbt sie oder er, kann das Kultobjekt problemlos verkauft werden, da niemand sonst etwas damit anfangen kann.

Arbeitsanregungen

Der Übergang zwischen afrikanischen Kultobjekten und Alltagsgegenständen ist fließend. Mögliche Themen sind beispielsweise:

10. Kunst und Design: Erstellen Sie eine Dokumentation über die Geschichte des Löffels.

11. Museumsbesuch: Planen Sie einen Museumsbesuch und befragen Sie einen Experten (Museumspädagogen) zu den ausgestellten Stücken.

3.3.5 Afrikanische Handwerker

Afrikanische Handwerker, die für den Kult oder den Alltagsgebrauch arbeiten, sind in der Regel Spezialisten, die nur einen bestimmten Beruf ausüben.[1] Die bekanntesten und größten Berufsgruppen sind: Schnitzer, Schmiede, Gelbgießer, Steinbildhauer, Töpfer, Weber, Stoffdrucker und Lederarbeiter. Dabei gibt es in fast allen Fällen traditionelle Vorbestimmungen, wer welche Tätigkeit ausüben kann bzw. darf. Beispielsweise sind es fast immer Männer, die als Weber arbeiten, da diese Tätigkeit als eine Vorbestimmung angesehen wird. Frauen bleibt dieser Berufszweig meistens verschlossen. Die Arbeiten der Frau-

Weber der Malinke. Oben erkennt man einen einfachen Webrollenhalter, Ansichtskarte.

---

1 vgl. Fischer/Homberger S. 48 ff

en und Kinder beschränken sich auf das Spinnen der Wolle und alle anderen vorbereitenden Tätigkeiten für das Weben.

Beispiel: Schnitzer

Am Beispiel des Schnitzers lässt sich darstellen, was bei der Herstellung von Kultobjekten aus Holz zu beachten ist. Afrikanische Schnitzer verwenden traditionell die einheimischen Hölzer, die „vor der Haustür" liegen. Doch von den vielen Hölzern, welche der Wald bietet, werden oft nur drei oder vier Holzarten gewählt. Man unterscheidet dabei zwischen Weich- und Hartholz. Weichhölzer werden eher – aber nicht immer – für Masken verwendet. Weichholz ist leicht und lässt sich wesentlich einfacher bearbeiten als Hartholz. Außerdem ist das Tragen einer Maske aus leichtem Holz erheblich angenehmer. Aus Harthölzern oder hartem Wurzelholz werden – aber nicht immer – Figuren oder andere Objekte geschnitzt, die lange Zeit in Gebrauch sein sollen. Beispielsweise findet man an der Elfenbeinküste ein besonderes Holz, das Iroko. Dort sagt man, dass das Iroko einen Mann ernähren kann. Es wird vor allem wegen seiner Haltbarkeit sehr geschätzt. Aus Iroko werden beispielsweise Mörser oder Stampfer für den täglichen Gebrauch geschnitzt. Skulpturen aus Ebenholz sind eher die Ausnahme. Fälschlicherweise werden afrikanische Skulpturen im Allgemeinen oft mit diesem Holz in Verbindung gebracht. Das fast schwarze Ebenholz findet man jedoch hauptsächlich in Ostafrika. Die Makonde schnitzen daraus ganze Gruppen von bizarr und surrealistisch wirkenden Geisterfiguren.

Cameroun Français - Mission des Prêtres du Sacré-Cœur de St-Quentin

8. Art Indigène : *Des Sculpteurs de Tabourets*

Schnitzer von Hockern in Kamerun, Ansichtskarte

Elfenbeinschnitzer – mit Helfern und seinen Werkzeugen – aus dem Kongo, Ansichtskarte

Ob ein Schnitzer mit frischem oder abgelagertem Holz arbeitet, ist ohne größere Bedeutung. Es bleibt seiner Erfahrung mit den verschiedenen Hölzern und den möglicherweise vorhandenen Vorschriften und Herstellungsriten überlassen. Die meisten Schnitzer verwenden frisches Holz, da es sich wesentlich leichter bearbeiten lässt. Nach der Fertigstellung wird die Skulptur mit Öl eingerieben oder für längere Zeit gewässert. Beide Methoden verhindern ein zu schnelles Austrocknen und damit eine Rissbildung bei Holzarbeiten. Vom Fällen eines Baums bis zum letzten Feinschliff mit Blättern, die eine raue Oberfläche haben, liegen alle Arbeitsschritte in der Hand des Schnitzers. Dennoch stellt der Schnitzer nur in Ausnahmefällen eine „fertige" Kultfigur her. Er erhält einen präzisen Auftrag und fertigt aus Holz die gewünschte Skulptur an. Möglicherweise wird die Holzfigur noch eingefärbt, bemalt oder verziert. Aber damit endet seine Arbeit. Dann wird die Skulptur an den Zauberpriester des Stammes übergeben. In ihrem momentanen Zustand ist die Skulptur noch keine Kultfigur. Sie ist nur „einfaches Holz", das noch nichts bewirken kann. Erst danach wird, z. B. durch rituelle Bäder, Beopferung mit Tierblut, Behängen mit Zaubermaterial, belegen mit Sprüchen oder anderen „Initiationen", aus dem Schnitzwerk ein kraftgeladenes Kultobjekt. An dieser „Inbetriebnahme" durch den Zauberpriester (und seine Gehilfen) ist der Schnitzer in der Regel nicht aktiv beteiligt. Wenn der Schnitzer – was eher selten vorkommt – gleichzeitig auch Priester ist, liegen alle Möglichkeiten, auch die der Preisgestaltung, bei ihm. Für die geschnitzte Skulptur, das „einfache Holz", wird ein Preis ausgehandelt. Die „Inbetriebnahme" und die damit verbundenen Opfer können den Preis des einfachen Holzes um ein Vielfaches übersteigen, da Opfertiere, Medizin und anderes benötigt werden.

Ein Schnitzer-Priester ist daher nicht nur angesehener, sondern auch erheblich reicher als ein einfacher Schnitzer.

Bei allen Schnitzarbeiten setzt das Material die Grenzen des Machbaren. Die Stärke und Form eines runden Stammes oder eines dicken Astes bestimmen die daraus zu schnitzende Skulptur. Daher ist es verständlich, dass beispielsweise Figuren mit ausgebreiteten Armen eher zu den Ausnahmen gehören.

Wer wird Handwerker

In Afrika gibt es oftmals lang zurückreichende Traditionen, wenn es darum geht, wer innerhalb eines Stammes bestimmte Aufgaben übernimmt. So werden das Schnitzen, Weben, Metallgießen und Schmieden (fast immer) als „männlich" angesehen. Dazu gehört ebenfalls wie die Herstellung von Kultfiguren aus Terrakotta. Das Töpfern – die Herstellung von Krügen, Schalen und anderen Gefäßen – ist (fast immer) „weiblich". Beispielsweise werden nur von den älteren Frauen der Lobi (Elfenbeinküste) Schreintöpfe aus Terrakotta geformt, die mit Medizin, Wasser und anderen Zutaten gefüllt werden. Später können diese Töpfe auch mit Blut in Berührung kommen. Dadurch ergeben sich weitere Verbote und Vorschriften. Warum jemand eine bestimmte Tätigkeit erlernt und ausübt, kann verschiedene Gründe haben. Beispielsweise:

- Er hat eine besondere Fähigkeit dazu.
- Er wird von anderen oder seinem persönlichen Geistwesen dazu berufen. Hier spielt der Traum sehr oft eine wichtige und entscheidende Rolle.
- Es gibt festgelegte Regeln, die eine Vorbestimmung für die Tätigkeit darstellen. Wenn der Vater Metallgießer ist, dann gibt er sein Wissen nur an den Sohn weiter.
- Ein Meister kann ebenso einen Lehrling ausbilden, der sich bewirbt, ihm geeignet erscheint oder empfohlen wird. Doch eine Ausbildung ist auch immer eine Form der Weitergabe von Wissen. Für den Erwerb dieses Wissens muss der Lehrling bezahlen. Der Lehrling kann, falls es ihm möglich ist, eine vereinbarte Summe für seine mehrjährige Ausbildung vorab bezahlen. Hat er das Geld nicht, kann er auch durch zusätzliche Arbeiten für seinen Meister seine Schulden begleichen. Er kann aber auch, nach Beendigung seiner Ausbildungsjahre, noch einige Zeit (gegen Kost und Logis, aber ohne Bezahlung) für den Meister arbeiten und auf diese Weise seine Schulden abarbeiten.

Unter den Handwerkern nimmt der Schmied meistens eine besondere Rolle ein. Durch seine Tätigkeit ist er der Beherrscher des Feuers. Aus Eisen lassen sich Kultfiguren, Arbeitsgeräte oder auch Waffen schmieden. Oft ist der Schmied Handwerker und Priester in einer Person. In der Regel schmiedet er auch die Werkzeuge, mit denen die Kultmasken hergestellt werden. Daher ist er bei vielen Stämmen auch der Herr über die Masken, obwohl er diese nicht eigenhändig geschnitzt hat.

Da der afrikanische Schnitzer sich selbst nicht als Künstler – im Sinne einer Kunst schaffenden, individuellen und vorrangig dem eigenen Künstlerbild verpflichteten Persönlichkeit – versteht und von den Mitgliedern seines Stammes bzw. seiner Handwerkergruppe auch nicht so angesehen wird, begegnet einem die afrikanische Kunst oftmals mit nur sehr dürftigen, bruchstückhaften oder gar keinen Hintergrundinformationen. Anders als bei der europäischen Kunst bleibt der Hersteller afrikanischer Stammeskunst fast immer anonym.

Objekte werden einem Stamm oder einer Gegend, jedoch seltener einem bestimmten Schnitzer zugeordnet. Ausnahmen sind bekannte Schnitzschulen, wie z.B. die Schule von Oyo (Nigeria), welche sich durch die Schnitzerfamilie Igbuke und einen bestimmten Typ von Ibeji-Figuren (Zwillingsfiguren der Yoruba) einen Namen gemacht hat.[1] Schnitzer können innerhalb der Traditionen dennoch ihren eigenen und unverwechselbaren Stil entwickeln. Das lächelnde Gesicht, die detaillierte Frisur, die besondere Ausarbeitung der Hände oder anderes können einen bestimmten Schnitzstil prägen. Ein unsigniertes afrikanisches Stammesobjekt muss, und das ist fast immer der Fall, durch sich selbst sprechen. Hier zählen allein die Qualität, die Kraft und die Wirkung, die das Objekt als solches auf den Betrachter ausstrahlt.

Herkunft der Objekte am Beispiel der Kpelié-Masken

Die genaue Herkunft ist, wenn man Informationen darüber hat, eine wichtige Hilfe bei Erklärungen, Zuschreibungen oder Altersbestimmungen von Objekten. Kennt man den Schnitzer, sein Werk und seine Lebensdaten, lässt sich eine Schnitzarbeit sehr viel präziser ein- und zuordnen. Dennoch findet man in der Literatur (oder auch in Ausstellungen) zahlreiche Oberflächlichkeiten, die zu Missverständnissen führen. Beispielsweise sind die Kpelié-Masken der Senufo von der Elfenbeinküste ein sehr bekannter Maskentyp dieses Stammes. Die Masken werden also als „Kpelié-Maske, Senufo, Elfenbeinküste" bezeichnet. Fast immer erhält man keine weiteren Informationen zu den Stücken. Selten wird hinzugefügt, dass der Maskentyp hauptsächlich bei Totenfeiern bzw. Beerdigungen eingesetzt wird. Der beste Tänzer trägt dabei schönste Maske. Seinen Gegenpart übernimmt ein ungeübter Tänzer, der eine hässliche Maske – meistens eine alte, beschädigte oder weniger gelungene Kpelié-Maske – trägt. Die hässliche Maske dient in dieser traditionellen Aufführung eher zur Belustigung der Zuschauer. Zuletzt tritt ein Tänzer mit einer Kpelié-Maske aus gegossenem Metall (aus Messing oder Aluminium) auf.

Die Senufo sind in erster Linie Ackerbauern und Viehzüchter. Sie schnitzen bzw. gießen ihre Masken und Kultobjekte nicht selbst, sondern geben diese bei den verschiedenen Handwerkergruppen – wie z.B. den Kle – in Auftrag.

Alle Handwerkergruppen haben gemeinsam, dass sie sehr genaue Aufträge von den Senufo bekommen und die angefertigten Arbeiten somit allesamt höchst „Senufo-typische" Merkmale zeigen. Aber keines der Stücke wurde von einem Senufo eigenhändig hergestellt. Richtigerweise müsste es daher nicht „Kpelié-Maske, Senufo", sondern „Kpelie-Maske, von einem Kle für die Senufo geschnitzt", heißen. Hat man diese geringen Zusatzinformationen, betrachtet man eine Kpelié-Maske plötzlich mit anderen Augen.

Die fünf wichtigsten Handwerkergruppen im Senufo-Gebiet sind:

- Die Kle (Schnitzer, die für die traditionellen Kulte oder heute auch für den Touristenhandel arbeiten)
- Die Fono (hauptsächlich Schmiede, die auch Metall gießen, aber auch Holzskulpturen und Masken schnitzen)
- Die Loko (hauptsächlich Metallgießer, die auch Schmuck herstellen und Stoffe weben)

---

1 vgl. Klever, S. 36 ff; Stoll/Klever, S. 36 ff

- Die Nᴜᴍᴜ (Schmiede, die aber auch aus trockenem Holz Skulpturen und Masken schnitzen und mit Brandmalereien schmücken)
- Die Dʏᴇʟɪ (Handwerker, die Leder verarbeiten)

Arbeitsanregungen

In Afrika gibt es traditionelle Handwerkerberufe. Zu wissen, wie diese Handwerker arbeiten, führt zu einem besseren Verständnis der afrikanischen Kunst. Mögliche Themen sind beispielsweise:

12. Der afrikanische Schnitzer: Erstellen Sie eine Dokumentation über die Arbeitsweise eines Schnitzers. Planen Sie dazu eine Ausstellung mit Texten und Bildern. (Genauso kann die Arbeitsweise eines Gelbgießers, Webers oder Schmieds dargestellt werden.)

13. Museumsbesuch: Planen Sie einen Museumsbesuch und befragen Sie einen Experten (z. B. einen Museumspädagogen) zu den ausgestellten Stücken und den Handwerkern.

3.3.6 Patina und Farben

Schnitzarbeiten aus Holz werden eher selten im rohen Zustand belassen. Natürliche Farbstoffe, die aus Erde, Wurzeln, Baumrinde oder Pflanzen gewonnen werden, dienen zum

Griffpatina

Waschpatina

Weiße Kaolinerde und Griffpatina   *Bemalung mit Lackfarben*

Einfärben von Figuren und Masken. Auch eisenhaltiger Flussschlamm, der Holz, das vorher mit einem Pflanzensud bestrichen wurde, schwarz werden lässt, wird verwendet. Hier gibt es eine Fülle an bekannten und geheimen „Rezepten". Eine tiefschwarze Patina bekommen Figuren, die längere Zeit in der Nähe einer Feuerstelle aufbewahrt wurden. Bei ihnen hat der Ruß eine dicke krustige Haut gebildet. Andere Figuren, die regelmäßig gebadet werden und bei denen das Holz völlig glatt geworden ist, weisen eine sogenannte „Waschpatina" auf. Die alten Ahnenfiguren der Dogon, die in Grabhöhlen gefunden wurden, sind weitere Beispiele für besondere Patinabildung. Wenn eine Figur in der Nähe des Eingangs stand und täglich von der Sonne beschienen wurde, ist ihre Vorderseite fast schwarz. Die dem Licht abgekehrte Seite zeigt eine deutlich geringere Verfärbung des Holzes. Bedeutende Kultfiguren, die selten gezeigt, wenig berührt und an geheimen Orten verwahrt werden, können sehr wenig Patina zeigen. Manche Kultmasken werden möglicherweise nur im Rhythmus von mehreren Jahren zu bestimmten Feierlichkeiten hervorgeholt. Gut verpackt warten sie in einer Hütte auf ihren Auftritt. Solche Stücke können sehr alt sein, aber trotzdem wie neu wirken. Daher ist fehlende Patina nicht unbedingt ein sicheres Erkennungszeichen für ein neues Stück. Umgekehrt ist vorhandene Patina nicht immer ein Zeichen für ein hohes Alter oder gar Echtheit.

Mögliche Farben

Häufig anzutreffende Farben, die in den afrikanischen Glaubensvorstellungen vieler Stämme feste Bedeutungen haben, sind Schwarz, Weiß und Rot. Schwarz steht in der Regel für die Ahnen. Mit dieser Farbe wird eine Verbindung zu den Verstorbenen ausgedrückt. Weiß ist die Farbe der Geister. Beispielsweise sind Masken für eine Kontaktaufnahme mit den Geistern oder Vodou-Figuren der Ewe mit weißer Kaolinerde eingerieben. Rot ist die Farbe des Blutes. Eine Beopferung von bestimmten Kultfiguren ist bei fast allen Stämmen gebräuchlich. Blut (z. B. von Rindern, Hühnern, Ziegen oder Hunden) ist hier der „Lebenssaft", der dem Kultobjekt Kraft und Wirksamkeit verleihen soll. Eine Opferpatina von getrocknetem Blut gibt den Kultobjekten eine krustige, wie Rost wirkende Oberfläche. Daneben gibt es noch eine Vielzahl an Farben, wie z. B. kräftiges Indigoblau, mit dem die Mützchen der Ibeji-Figuren eingefärbt werden. Ölfarben, die mit den Europäern nach Afrika kamen, werden oft zum Bemalen von Colon-Figuren, Marionetten oder bestimmten Masken verwendet. Außer einer Bemalung mit Farben ist die Brandmalerei mit glühenden Klingen eine verbreitete Technik der Oberflächengestaltung von Holzskulpturen. Bei Arbeiten aus Metall sind weitere Arten von Patina zu finden. Gelbgussobjekte, wie z. B. Schmuckstücke, können durch ein jahrelanges Tragen und Berühren deutlich glänzende Abriebspuren aufweisen. Objekte aus Bronze zeigen, je nach Legierung bzw. Kupferanteil und Alter, Farbschattierungen von Grün über Braun bis fast Schwarz. Bei Arbeiten aus Ton spielt die Höhe der Brenntemperatur eine entscheidende Rolle. Niedrig gebrannte Terrakotten verlieren mit der Zeit die „weicheren" Anteile. Sie sind empfindlich, brechen leicht und oft bleiben von ihnen nur Fragmente übrig. Höher gebrannte und damit härtere Tonarbeiten zeigen meistens mehr Details bzw. Feindifferenzierungen der Plastik.

Auf der Fotografie sieht man drei Fetische aus Lehm mit eingearbeiteten Tontöpfen. Alle Fetische sind fest mit der Gebäudewand und dem Boden verbunden, Ansichtskarte

Arbeitsanregungen

In der afrikanischen Kunst gibt es Farben, die immer wieder auftauchen. Ihre Bedeutungen zu kennen führt zu einem besseren Verständnis der afrikanischen Kunst. Mögliche Themen sind beispielsweise:

14. Rot, Schwarz, Weiß: Suchen Sie (z. B. im Internet) nach Informationen über die Bedeutung der drei Farben in der afrikanischen Kunst. Planen Sie dazu eine Ausstellung mit Texten und Bildern.

15. Expertenbefragung: Versuchen Sie von einem Experten (z. B. einem Galeriebesitzer, der mit afrikanischer Kunst handelt) Informationen über afrikanische Farbgebung zu erhalten. Erstellen Sie dazu eine Dokumentation.

3.3.7 Proportionen der afrikanischen Figur

Kleinfiguren, von links: Lobi, Senufo, Baule, Lobi, Ewe, 9-12 cm hoch – Die zweite Figur von links stellt einen „yeah-yeah-boy" dar. Hier wird der Einfluss der 60er-Jahre bei den Senufo sichtbar.

Zahlreiche afrikanische Skulpturen sind nach dem Prinzip der „Bedeutungsproportion" ge-schnitzt. Das, was den Menschen ausmacht bzw. den Wohnort des Lebensgeistes darstellt, befindet sich, so die Annahme, wahrscheinlich im Kopf oder Leib. Daher werden Kopf und Leib im Verhältnis zu den übrigen Gliedmaßen fast immer besonders deutlich betont. Dies kann so weit gehen, dass der Kopf bis zu einem Drittel (oder mehr) der Gesamthöhe einer Figur einnimmt. Arme und Beine erscheinen dem Betrachter meistens als zu kurz, verküm-mert oder „kindhaft". Kinder sind aber so gut wie nie das Thema afrikanischer Stammes-kunst. Und selbst da, wo Kinder gemeint sind, werden eindeutig Erwachsene dargestellt. Ein Beispiel dafür sind die Ibeji-Figuren (vgl. S. 214) der Yoruba (Nigeria). Bei den Yoruba gibt es auffällig viele Zwillingsgeburten.[1] Stirbt einer der Zwillinge, wird eine männliche oder weibliche Figur geschnitzt. Falls beide sterben, werden zwei Figuren geschnitzt. Diese Figu-ren werden anstelle der toten Kinder umsorgt. Sie werden gewaschen, mit Schmuck be-hängt und mit kosmetischer Rotholzpaste eingerieben. Die Ibeji-Figuren werden von der Frau wie lebendige Kinder in einem Tragetuch mitgeführt. Ansonsten haben diese Figuren ihren Platz auf den Hausaltären der jeweiligen Familien.

Das Prinzip der „Bedeutungsproportion" zeigt sich vielfach auch bei anderen figürlichen Darstellungen, wie z. B. bei Gottheiten, Geistern, Geistwesen oder Ahnenfiguren als maß-gebende Gestaltungsidee. Eine Ähnlichkeit zu lebenden Personen wird mit den Schnitzar-beiten nicht beabsichtigt. Im Gegenteil, wenn es sich beispielsweise um eine Kultfigur handelt, die mit Blut in Berührung kommt, werden Ähnlichkeiten zu lebenden Personen bewusst vermieden.

Arbeitsanregungen

In der afrikanischen Kunst gibt es Proportionen der Figur, die typisch sind und immer wieder auftauchen. Mögliche Themen sind beispielsweise:

16. Proportionen der Figur in der afrikanischen Kunst: Vergleichen Sie fünf ausgewählte Fi-guren und stellen typische Gemeinsamkeiten dar.

17. Proportionen der europäischen Skulptur: Vergleichen Sie europäische Skulpturen aus verschiedenen Zeiten miteinander. Gehen Sie bei Skulpturen aus der Antike auf den Goldenen Schnitt ein.

18. Mit Kinderaugen sehen: Betrachten sie Kinderzeichnungen unter dem Gesichtspunkt der Proportionsgebung. Erstellen Sie eine Dokumentation über die verschiedenen Al-tersstufen und typischen Darstellungsweisen von Proportionen.

---

1 Stoll/Klever, S. 24 ff

3.3.8 Kunst, Fälschung, Kopie und Kitsch

Das echte Objekt

Ein afrikanisches Stammesobjekt wird als echt bezeichnet, wenn es innerhalb einer Volksgruppe bzw. eines Stammes zu einem bestimmten Anlass hergestellt und benutzt wurde. Also wenn, beispielsweise bei Masken oder Figuren, ein Gebrauch im Kult vorliegt. Dabei ist es erst einmal ohne Bedeutung, ob ein Objekt jahrzehntelang oder nur kurze Zeit im Gebrauch war.[1] Niemals wird so ein Stück für fremde Personen, für den Verkauf oder aus anderen Beweggründen hergestellt.

Echtheit heißt, dass eine bestimmte kultische Bedeutung, die in den spirituellen Glaubensvorstellungen einer Volksgruppe ihre Wurzeln hat, Anlass zur Schaffung des Objekts war. Ein solches Stück wird immer für den eigenen Bedarf und die eigenen Bedürfnisse geschaffen. Je nach den Fähigkeiten des Schnitzers können eine entsprechend unterschiedliche Qualität und Ausdrucksstärke dabei herauskommen. Für die Afrikanerin oder den Afrikaner hat das Stück als solches in erster Linie einen Zweck zu erfüllen. Dabei gibt es vielfältige Verwendungen und Abstufungen. Es gibt Kultobjekte, die mit besonders viel Kraft „geladen" sind und nach Blutopfern verlangen, da sie sich davon nähren. Andere, die man an geheimen Orten (z. B. in heiligen Hainen oder in den Hütten der Priester) aufbewahrt, werden nur zu bestimmten Anlässen gezeigt. Darunter gibt es Objekte, die nur von wenigen Personen (bzw. nur von einer Person) berührt werden dürfen. An manchen Kultfiguren, die als besonders gefährlich gelten, sind Metallstäbe angebracht. Mit diesen Stäben wird die Figur bewegt, da es niemals zu einer direkten Berührung kommen darf.

Zu den zahlreichen Typen von Tanzmasken gehören immer auch Kostüme, die den Tänzer völlig einhüllen und anonym machen. Kommt der Tänzer einer „gefährlichen" Maske in das Dorf, wird er von ausgesuchten und eingeweihten Helfern begleitet. Diese haben die Aufgabe Kostümteile (wie z. B. Federn, Baststreifen, Stoffstücke etc.), die während des Tanzes abfallen, aufzusammeln. Niemand sonst würde es wagen, diese Stücke zu berühren.

Alle authentischen und somit echten Objekte afrikanischer Stammeskunst werden auf irgendeine Weise verwendet. Daher bleibt es nicht aus, dass der Gebrauch verschiedene „Spuren der Zeit" oder Beschädigungen hinterlässt. Dazu gehören beispielsweise:

- Abrieb durch Anfassen und Verwendung
- Abrieb durch Waschen oder Füttern
- Risse in Holzskulpturen aufgrund von Temperaturschwankungen
- Verwitterung (weichere Holzteile werden durch Regen und Wind mit der Zeit herausgewaschen)
- Ratten- und Mäusefraß
- Termitenfraß und Wurmlöcher
- Mottenfraß bei Textilien
- Größere Fehlstellen durch abgebrochene oder weggefressene Teile
- Abgebrochene Teile, die wieder angenagelt oder geklammert wurden
- Brandspuren

---

1 vgl. Klever, S. 191 ff; Fischer, S. 60 ff

- Schabstellen (von manchen Figuren wird Holz zur Medizinherstellung abgeschabt)
- Rostbildung bei Metallfiguren aus Eisen
- Grünliche Patinabildung bei Bronzeobjekten
- Bruchstellen bei Objekten aus Ton oder Stein

etc.

Die Fälschung

Echte Ibedji-Figur der Yoruba, Nigeria, Holz, 27 cm hoch (vgl. S. 214)

„airport art" für Touristen im Ibedji-Stil, Holz, 21 cm hoch

Bei einer Fälschung handelt es sich um eine bewusste Irreführung, bei der es letztlich immer um die finanziellen Interessen des Verkäufers geht. Fälschungen können so gut gemacht sein, dass man es ihnen auf den ersten Blick nicht ansieht. Oft sind es Auftragsarbeiten, weil gerade bestimmte Stücke gefragt sind. Dabei reicht einem guten Schnitzer schon das Foto eines echten Stücks mit entsprechenden Größenangaben. Unter den „Nachschnitzern" gibt es wahre Meister. Allerdings wäre nicht richtig, diese voreilig als Fälscher zu bezeichnen. Erst dann, wenn der Schnitzer seine Arbeit beendet hat und den Holzrohling aus der Hand gibt, beginnt das eigentliche Fälschen. Der Schnitzer ist nur dann ein Fälscher, wenn er selbst den Rohling entsprechend präpariert und als authentisch und benutzt ausgibt. Dabei geht es vor allem um das Vortäuschen von Alter und langjähriger Benutzung durch eine entsprechende Patina von Beopferungs- oder Gebrauchsspuren. Wenn es darum geht bei Schnitzarbeiten Alter und Gebrauch vorzutäuschen, sind Fälscher äußerst erfinderisch. Beispielsweise werden alle hervorstehenden Teile von Holzfiguren mit sehr feinem Schleifpapier leicht abgeschliffen und später mit Öl oder Fett poliert, um den Eindruck der „Abgegriffenheit" zu erwecken. Abgegriffenheit und Patina müssen aber nicht unbedingt Zeichen von Echtheit sein. Ob ein Stück Patina besitzt oder nicht, ist auch eine Frage, in welcher Art – zum Beispiel durch die Geister oder einen Traum – der Besitzer angewiesen wurde, wie er mit seinem Objekt umgehen soll. Manchmal werden Teile einer Figur bewusst abgebrochen und dann mit rostigen Nägeln wieder angenagelt. So wird eine „afrikanische Reparatur" vorgegeben, wie sie auch bei einem echten alten Stück zu finden ist. Wenn Risse in Holzskulpturen auftreten, kann man an der Helligkeit des Holzes das Alter erkennen bzw. abschätzen. Aber auch altes Holz ist kein sicherer und eindeutiger Beweis für Echtheit. Gute Fälscher wissen das. Daher schnitzen sie beispielsweise aus einem alten dickwandigen Holztrog, der nicht viel wert ist, mehrere Masken, die im Verkauf wesentlich mehr Geld bringen. Fälschungen, die Kultfiguren zum Vorbild haben, erhalten mit Tierblut, Federn, Farbe oder Erde eine künstliche Patina. Es ist ebenfalls eine beliebte Methode, Schnitzarbeiten für kurze Zeit in der Nähe eines Termitenhügels zu vergraben. Schnell haben die immer hungrigen Tiere Teile der Figuren weggefressen. Solche Fraßspuren werden dann als Zeichen von Echtheit ausgegeben. Bei Masken werden meistens Trage- und Schweißspuren durch Einreiben der Innenseiten mit Fetten oder Ölen gefälscht. Kommt so ein professionell gemachtes Stück in den Handel, um dort als echt verkauft zu werden, wird von einer Fälschung gesprochen. Oft wundert sich ein Schnitzer, was mit seiner Arbeit passiert, wenn er sie weitergibt. Er kann nicht verstehen, dass ein dreckiges und teilweise kaputtes Stück besser sein soll als eine neue und ungebrauchte Skulptur.

Kopien

Neben echten und gefälschten Stücken gibt es noch eine wahre Flut von Schnitzarbeiten in unterschiedlicher Qualität. Diese werden in Mengen hergestellt und in alle Länder verschifft, in denen eine Nachfrage besteht. In der etwas „gehobeneren Qualität" findet man Arbeiten (wie beispielsweise Masken, Figuren oder Tierdarstellungen), die, unter Berücksichtigung traditioneller und typischer Stilelemente und Merkmale, recht gut gemacht sind und in erster Linie eine dekorative Wirkung haben. Dabei handelt es sich oft um Kopien von bekannten Museumsstücken. War ein guter Schnitzer am Werk, können solche Kopien handwerkliche Arbeiten von entsprechender Qualität sein. Beispielsweise Möbelgeschäfte oder Restaurants verwenden Kopien, um den Räumen eine „besondere afrikanische Stimmung" zu geben.

Kitsch

Am unteren Ende dieser Skala findet man Kitsch, die sogenannte „airport art". Diese Stücke, in Fließbandarbeit hergestellt, werden gern von Touristinnen und Touristen als Mitbringsel gekauft. Sie sind lieblos geschnitzt, haben keine Ausstrahlung und sind häufig Fantasieprodukte, die nichts mit traditioneller Stammeskunst zu tun haben. Solche Stücke sind meistens auf eine rein dekorative Wirkung mit besonderen Augenfälligkeiten „getrimmt". Beispielsweise sind sie untypisch groß, fantasievoll bemalt, mit aufgenagelten Blechstreifen „geschönt" oder mit Plastikperlen verziert. Selbst eine Patina, die manchmal „ein wenig Echtheit" vorgeben soll, wird schnellstmöglich hergestellt. Die schwarze Glanzpatina einer echten Baule-Figur wird oft und gern mit schwarzer Schuhcreme imitiert. Ein kurzes Reiben und Riechen an dem Objekt kann schnell über das, was man da in der Hand hält, Gewissheit bringen.

In vielen Großstädten Europas findet man Galerien, die afrikanische Kunst anbieten. Daneben findet man häufig auch große Flohmärkte mit einer afrikanischen „Abteilung". Vielleicht war es in früheren Zeiten einmal möglich, dort ein echtes Stück zu finden. Aber diese Zeiten sind längst vorbei. Beispielsweise findet man auf den Märkten in Paris nur noch Kopien oder lieblos geschnitzte Massenware. Die Straßenhändlerinnen und -händler bieten diese Stücke, oftmals sogar mit einer passenden Geschichte, den ahnungslosen Touristinnen und Touristen an. Da die meisten Arbeiten aber nicht den Anspruch der Echtheit erheben, kann man hier weder von Kunst noch von Fälschungen oder Kopien sprechen. Die Objekte sind einfach nur afrikanische Schnitzarbeiten minderer Qualität, die bedauerlicherweise das Bild des heutigen Afrika mitprägen. Genauso schlimm ist es in den Touristenshops der großen afrikanischen Flughäfen oder bei den Straßenhändlern in Flughafennähe. Hier angebotene Stücke kommen aus den großen Schnitzzentren, die ausschließlich für den Touristenhandel arbeiten. Hier wird besonders darauf geachtet, dass die Stücke klein sind und ins Handgepäck der Flugzeuge passen. Für jemanden, der nur ein wenig von afrikanischer Kunst versteht, sind diese minderwertigen Produkte allesamt ohne jedes Interesse.

Arbeitsanregungen

Bei der Frage nach Echtheit von Werken kann nur ein Experte Auskunft geben. Mögliche Themen sind beispielsweise:

19. Expertenbefragung: Versuchen Sie von einem Experten (z. B. einem Galeriebesitzer, der mit afrikanischer Kunst handelt) Informationen über die afrikanische Kunst zu erhalten.

20. Afrikanisches in deiner Stadt: Erstellen Sie mit der Kamera eine Dokumentation über Afrikanisches in der Stadt. Hier bieten sich die Auslagen von Geschäften, Möbelhäusern etc. an. Dabei geht es hier mehr um Dekoration als um Kunst.

3.4 Quellen: Beispiele afrikanischer Kunst

Auf den folgenden Seiten sind einige ausgewählte Beispiele aus der Vielfalt der afrikanischen Kunst zu sehen. Dabei handelt es sich um Objekte, die fast alle aus Holz geschnitzt sind. Da Holz der Hauptwerkstoff ist, wird bewusst auf Objekte aus anderen Werkstoffen verzichtet. An dieser Stelle können die wenigen Objekte nur einen ersten Blick auf die Stammeskunst geben. Die getroffene Auswahl wurde unter dem Gesichtspunkt von deutlichen Zweck- und Bedeutungsunterschieden zusammengestellt. Die Spanne reicht dabei von einem Schuh oder Löffel bis zu Kultmasken und -figuren. Die Namen der Stämme oder die Bezeichnungen der Objekte kann man hier auch als Suchbegriffe verstehen. Mit Hilfe des Internets oder durch die umfangreiche Literatur kann man sich weiter informieren. Wer Interesse an Werken aus anderen Materialien hat, wird ebenfalls in der Fachliteratur fündig werden. Am Ende des Bildteils sind drei neuere Metallarbeiten eines zeitgenössischen Künstlers aus Lomé in Togo zu sehen. Der Alltag und die Menschen in seiner Stadt geben DIDIER AHADSI die Inspirationen für seine Kunst. In der Bildunterschrift werden die Objekte beschrieben, der Stamm, das Land und weitere Informationen genannt.

3.4.1 Gebrauchsobjekte

Holzschuh, NUPE, Nigeria, 27 cm breit – Die Vertiefung in der Mitte dient zur Aufbewahrung von Münzgeld

Schloss, Dogon, Mali, 23 cm hoch – Türschloss einer Speichertür (Holz, Metall)

Schloss ohne Querriegel, Bambara, Mali, 35 cm hoch – stark verwittert (Holz)

4 Steinschleudern, Baule, Senufo, Mossi, Lobi (von links), Elfenbeinküste/Ghana/Burkina-Faso, 16–19 cm hoch (Holz, Lackfarben)

Löffel und Stößel, S<small>ENUFO ODER</small> K<small>ULANGO</small>, Elfenbeinküste, 31 cm hoch (Holz)

Werkzeug eines Schuhmachers, um Leder weich zu machen, wahrscheinlich aus Mali, 17,5 cm hoch (Holz)

Flöte, L<small>OBI</small>, Burkina-Faso, 9 cm hoch (Holz) – Flöten werden zur Verständigung bei der Jagd verwendet

Webrollenhalter, S<small>ENUFO</small>, Elfenbeinküste, 15 cm hoch (Holz) – ein schöner Webrollenhalter soll Erfolg bei der Arbeit bringen

3.4.2 Masken

Kpelié-Maske, Senufo, Elfenbeinküste, 32,5 cm hoch (Holz) – ein Maskentyp, der bei Totenfeiern verwendet wird

Büffelmaske, KULANGO, Elfenbeinküste, 28 cm hoch (Holz, Farben)

Maske, BAULE, Elfenbeinküste, 34 cm hoch (Holz, Lackfarben)

Hörnermaske, DAN, Elfenbeinküste/Liberia, 26 cm hoch (Holz, Stoff)

Maske mit Schnabel, DAN, Elfenbeinküste/Liberia, 43 cm hoch (Holz)

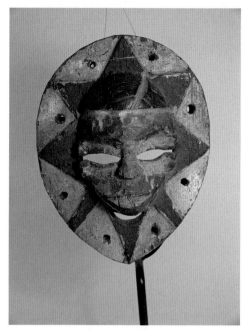

Hasenmaske, Dogon, Mali, 51 cm hoch (Holz, Farbreste)

Maske, Ibibio, Nigeria, 19 cm hoch (Holz, Farben)

Maske, Bini, Nigeria, 30 cm hoch (Holz)

Maske, Guro, Elfenbeinküste – eine schlichte und „modern" wirkende Maske, 21 cm hoch (Holz)

Aufsatzmaske, Suku, Kongo, 22 cm hoch/mit Bart 40 cm hoch (Holz, Farben, Bast) – eine typische Helmmaske der Suku

Maske, NGERE, Elfenbeinküste, 34 cm hoch (Holz, Lackfarben, Fasern, weitere Materialien) – Masken der Ngere bestehen oft aus zahlreichen und verschiedenen Materialien

Maske, GURO, Elfenbeinküste, 37 cm hoch (Holz, Lackfarben) – Maske vom Typ „gyela"

Brettmaske mit Tierkopf, Westafrika, 42 cm hoch (Holz, Farben)

Aufsatzmaske, IDOMA, Nigeria, 29,5 cm hoch (Holz, Farben)

3.4.3 Kultobjekte

Akua-ba, Ashanti, Ghana, 27–28 cm hoch (Holz, Perlen) – Wenn eine Fruchtbarkeitsfigur schön geschnitzt ist, wird auch das erwartete Kind hübsch werden.

Akua-ba, FANTE, Ghana, 20–29 cm hoch (Holz, Perlen)

Puppe, MOSSI, Burkina-Faso, 20 cm hoch (Holz)

Puppe, NAMCHI, Kamerum, 27 cm hoch (Holz, Perlen, Leder, Stoff, Muscheln) – Fruchtbarkeitspuppen der Namchi werden in einem Tuch oder Beutel auf dem Rücken getragen.

Puppe, EWE, Togo, 14 cm hoch (Holz)

Mäuseorakel, Senufo, Elfenbeinküste, 25 cm hoch (Holz). Das Mäuseorakel wird bei der Ahnenbefragung verwendet.

Vogel, Kulango, Elfenbeinküste, 22 cm hoch (Holz)

Vodou-Vogel, Ewe, Ghana/Togo, 33,5 cm hoch (Holz, Kaolin)

Hahn (mit Erdnuss) und Schildkröte, Baule, Elfenbeinküste, 22 cm hoch (Holz) – Wahrscheinlich wird hier ein Sprichwort dargestellt.

Ahnenfigur, ASHANTI, Ghana, 48 cm hoch (Holz, Perlen, Stoff)

Ahnenfigur, AKAN, Ghana, 31,5 cm hoch (Holz, Perlen, Stoff)

Kultfigur, TIV, Nigeria – der rechte Arm zeigt deutliche Brandspuren, 45 cm hoch (Holz, Bemalung)

Kultfigur, TIV, Nigeria, 26 cm hoch (Holz, Bemalung, Glasaugen)

Colon-Figur, SENUFO, Elfenbeinküste – der Tropenhelm ist ein Hinweis auf einen Europäer, 29 cm hoch (Holz, Perlen, weiße Bemalung)

Colon-Figur, LOBI, Elfenbeinküste/Ghana/Burkina-Faso, 27 cm hoch (Holz Farbreste) – Der Tropenhelm und die Kleidung zeigen, dass ein Europäer dargestellt wird.

Ahnenfigur, SENUFO, Elfenbeinküste, 14,5 cm hoch (Holz)

Kultfiguren aus Ostafrika, 49–55 cm hoch (Holz, Metall) – Figuren mit beweglichen Gliedern sind eher selten, die Figuren sind wohl keine Marionetten.

Ibedji-Figuren, YORUBA, Nigeria, 27–29 cm hoch (Holz, Perlen, Metall, Indigo, Rotholzpaste) – Figuren dieser Art werden zur Totenverehrung hergestellt.

Venavi, Kultfiguren der Ewe, Ghana/Togo, 17–19 cm hoch (Holz, Stoff) – Figuren dieses Typs werden innerhalb der Familie anstelle eines verstorbenen Kindes versorgt.

Venavi, Kultfiguren der Ewe, Ghana/Togo, 20–21 cm hoch (Holz, Lackfarben)

3 Mwana hiti-Figuren, ZARAMO, Tansania, 12–16,5 cm hoch (Holz) – Solche Figuren werden bei Initiationen verwendet.

Vodou-Boot, EWE, Ghana/Togo, 40 cm breit (Holz, Kaolin)

Vodou-Paar, Ewe, Ghana/Togo, 40–43,5 cm hoch (Holz, Lackfarben, Perlen)

3 Vodou-Figuren, Ewe, Ghana/Togo, 19–35 cm hoch (Holz, Stoff, Lackfarben) – Drei Köpfe können mehr sehen als einer, große Hände können mehr geben (oder auch nehmen).

Vodou-Figur, Ewe, Ghana/Togo, 50 cm hoch (Holz, Farben) – Ein Vater präsentiert seinen Sohn den Geistern.

Kultfiguren, Ewe, Ghana/Togo, 17,5–38 cm hoch (Holz, Kaolin, Indigo, Nägel)

Mami Wata(r), Ewe, Ghana/Togo, 53 cm hoch (Holz, Lackfarben)

Geisterfiguren, Baule, Elfenbeinküste, 29,5–30 cm hoch (Holz, Lackfarben)

Geisterfiguren, Baule, Elfenbeinküste, 17–19 cm hoch (Holz, Lackfarben)

Reiter auf einem Geistwesen, Ibo, Nigeria, 41 cm hoch (Holz, Kaolin)

Kopf, Iʙo, Nigeria, 17 cm hoch (Holz, Farben)

Kopf, Loʙɪ, Elfenbeinküste/Ghana/Burkina-Faso, 23 cm hoch (Holz)

Wächterfigur, Fᴀɴɢ, Kamerun, 44 cm hoch (Holz, Nägel)

Wächterfigur, Koᴛᴀ, Gabun/Kongo, 55 cm hoch (Holz, Metall)

Fetischfigur, YAKA, Kongo, 30 cm hoch (Holz) – Das magische Mittel wurde aus der Vertiefung entfernt.

Kultfigur, BAULE, Elfenbeinküste, 36 cm hoch (Holz) – Solche Figuren stellen den ungeborenen männlichen oder weiblichen Teil des Ichs bzw. Partners im Jenseits dar.

Schutzfigur, LULUA, Kongo, 29,5 cm hoch (Holz)

Shango-Stab, YORUBA, Nigeria, 39 cm hoch (Holz, Schnur, Kaolin) – Die Doppelaxt ist immer ein Hinweis auf Shango, den Donnergott.

Kultfigur, MOBA, Togo, 21 cm hoch (Holz)

Kultfigur, MOBA, Togo, 20,5 cm hoch (Holz)

Kultfiguren, MOBA, Togo, 25–25,5 cm hoch (Holz)

Kultfiguren, Dogon, MALI, 8,5–9,5 cm hoch (Holz) – Wahrscheinlich dienen die kleinen Figuren zum persönlichen Schutz.

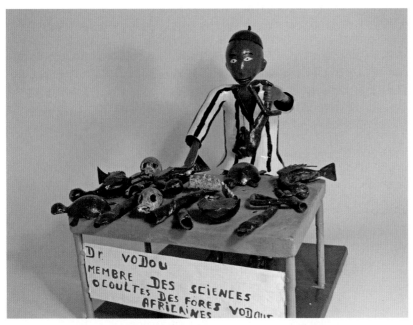

Blechfigur von DIDIER AHADSI, *Lomé/Togo, 28 cm hoch (Blech, Lackfarben) – Hier wird ein Verkäufer von Vodou-Artikeln dargestellt.*

Blechfigur von DIDIER AHADSI, *Lomé/Togo, 41 cm hoch (Blech, Lackfarben) – Moderne Kleidung und Statussymbole gehören heute zum Stadtbild von Lomé.*

Blechfigur von DIDIER AHADSI, *Lomé/Togo, 40 cm hoch (Blech, Lackfarben) – Ein Gitarrist, wie er heute in afrikanischen Bands zu finden ist.*

Arbeitsanregungen

Um afrikanische Kunst zu erleben ist ein Museumsbesuch die beste Möglichkeit. Eine gute Vorbereitung ist dabei wichtig und notwendig. Falls ein Experte (z. B. ein Museumspädagoge) vor Ort ist und möglicherweise eine Führung anbietet, sollte man diese Chance nutzen. Oft werden im Museum auch praktische Angebote für Kinder gemacht, um Erlebtes direkt umzusetzen. Mögliche Themen sind beispielsweise:

1. Die afrikanische Maske: Eine ausgewählte Maske (z.B eine der Masken auf S. 208) zum Anlass nehmen, um selbst tätig zu werden. Pappe, Pappmachee oder Gips können hier verwendet werden.

2. Die afrikanische Skulptur: Eine ausgewählte Skulptur (z. B. eine der Skulpturen auf S. 211) zum Anlass nehmen, um selbst tätig zu werden. Mit ältern Kindern könnte man die Skulptur beispielsweise aus Blasenbeton herstellen. Planen Sie dazu eine Ausstellung mit den Werken der Kinder.

3.4.4 Sammelnde Künstler – Einflüsse und Auswirkungen

Picasso und Afrika

PABLO PICASSO, „Les Demoiselles d'Avignon", 1907, Öl auf Leinwand, 244 x238 cm, The Museum of Modern Art, New York, aus: Rubin, William 1984, S. 248

Zu den bekanntesten Künstlerinnen und Künstlern, die immer wieder mit der afrikanischen Kunst in Verbindung gebracht werden, gehört sicherlich Pablo Picasso.[1] Wann Picasso anfing Stammeskunst zu sammeln, lässt sich nicht exakt sagen. Wahrscheinlich war es im Sommer des Jahres 1907, nach Fertigstellung seines Bildes Les Demoiselles d'Avignon (vgl. S. 224). Auch wer ihn damit zuerst in Berührung brachte, ist nicht völlig klar. Aber wenn man Gertrude Steins Äußerungen folgt, war es vermutlich Henri Matisse. Dafür spricht, dass Matisse bereits eine kleinere Sammlung besaß. Wenn Picasso den zwölf Jahre älteren Freund besuchte, wird er wohl die Objekte in dessen Atelier gesehen haben. Dabei bezeichnete Picasso alle Objekte als „art nègre". Er unterschied nicht, auch nicht im Verlauf seines späteren Lebens, zwischen afrikanischer, ozeanischer oder anderer außereuropäischer Kunst.

Beginn des Sammelns

Die Pariser Zeit um 1906/1907 stellte einen Wendepunkt in Picassos Leben dar. Er war auf dem Weg anerkannt zu werden. Galeristen und Privatsammler zeigten Interesse und seine Bilder erzielten gute Preise. Ein wichtiger Schritt zur finanziellen Unabhängigkeit war damit getan. 1906 hatte ihm der Pariser Galerist Ambroise Vollard 30 Bilder der „Rosa Periode" für eine Summe von 2000 Goldfrancs abgekauft. Der Verkauf verschaffte ihm für einige Zeit persönliche Freiheiten, die er sich sonst nicht leisten konnte. Mit einem Teil des Geldes von Vollard bezahlte er eine Reise nach Barcelona und in das spanische Bergdorf Gósol. Nach seiner Rückkehr wird er vermutlich mit dem Sammeln begonnen haben.

Erste dokumentierte Sammlerstücke

Ein Atelierfoto aus dem Jahr 1908 zeigt ihn im „Bateau-Lavoir", vor einem gusseisernen Ofen sitzend, eingerahmt von vier Objekten außereuropäischer Kunst. Zwei der Objekte kommen aus Afrika. Die beiden anderen sind aus Neukaledonien. Aus Afrika stammt eine Punu-Harfe mit einer kleinen Figur. Das zweite Objekt stellt eine Stütze für eine Handtrommel von den Yombe (oder Mayombe) dar. Auf drei Etagen sind hier bemalte Figuren zu sehen. Das Ganze wird von einem Kopf getragen, der wiederum auf einem Tier mit einer rechteckigen Sockelplatte steht. Rechts und links winden sich Schlangen herunter. Doch bei Picassos Stück fehlt oben die Öffnung für die Handtrommel. Aus Neukaledonien stammen zwei figürliche Dachbekrönungen. Diese vier Objekte gehören zu den ersten dokumentierten Stücken seiner Sammlung. Warum Picasso Stammeskunst dieser Art kaufte, lässt sich nur vermuten. Vielleicht war es die Bemalung der kleinen Harfe, die ihn ansprach und in der er Berührungspunkte zu seinen künstlerischen Interessen sah. Bei dem anderen Objekt reizte ihn möglicherweise die skurrile Darstellung der etagenartig angeordneten Figuren. Auch seine Besuche im Zirkus Médrano, wo er den Artisten zuschaute, spielten vielleicht eine Rolle bei seinen Kaufentscheidungen.

---

1 vgl. Rubin, S. 249 ff

Der Sammler Picasso

Das Sammeln von Stammeskunst war bei PICASSO eher als eine Begleiterscheinung zu seinem eigenen Werk, welches immer im Mittelpunkt stand, zu sehen. Wenn PICASSO gefragt wurde, ob sein Sammeln und damit die Stammeskunst einen Einfluss auf sein Schaffen habe, so stritt er dies immer ab. Nach seiner Aussage waren die Objekte für ihn lediglich „Zeugen einer fremden Kultur". Doch, entgegen dieser Herabspielung einer Bedeutung der Stücke, sammelte PICASSO wohl auch unter dem Gesichtspunkt der Bezüge zu seiner eigenen Arbeit. Was allerdings dabei herauskam, wenn er vielleicht doch in einem Detail eine Anregung fand, war wieder „typisch PICASSO". Gerade diese Fähigkeit, punktuell etwas aufzunehmen, wenn es ihm brauchbar erschien, und daraus eigenwillige Neuschöpfungen zu kreieren, gehörte zu seinem besonderen künstlerischen Talent. Der Einfluss der Stammeskunst in PICASSOS Werk reicht etwa bis in die 30er-Jahre. Doch die Diskussion über die besondere Bedeutung der „art nègre" bei PABLO PICASSO dauert bis heute an.

Sammelnde Künstlerinnen und Künstler

Neben Völkerkundlerinnen/-kundlern, Museumsleuten, Privatsammlerinnen/-sammlern oder an Kunst interessierten Abenteurerinnen und Abenteurern waren es vor allem die bildenden Künstlerinnen und Künstler des 20. Jahrhunderts, welche die den zahlreichen Kultobjekten innewohnende Kraft, Magie und Qualität schon sehr früh erkannten. Viele waren eifrige Sammlerinnen und Sammler außereuropäischer Kunst. Oft hatten sie sich, je nach Neigung, auf ein Sammelgebiet spezialisiert. Außer der afrikanischen Kunst wurde hauptsächlich indianische Kunst oder Kunst aus Ozeanien (Polynesien und Papua-Neuguinea) gesammelt. Dabei konnte das Sammeln ebenso unterschiedliche Gründe wie Auswirkungen auf die eigene Arbeit haben. Wenn man beispielsweise PICASSOS Äußerungen folgt, sah er zwischen den gesammelten Stücken und seiner eigenen Arbeit keinen direkten Zusammenhang.

Direkter Einfluss auf die Kunst

Andere Künstlerinnen und Künstler hingegen verwendeten manchmal außereuropäische Stammesobjekte als direkte Vorlagen für ihre Bilder.[1] Beispiele dafür sind das Stillleben mit Südseefigur von EMIL NOLDE (vgl. S. 229) aus dem Jahr 1915, Afrikanische Holzskulptur von MAX PECHSTEIN (s. S. 228) aus dem Jahr 1919 oder MAX WEBERS Kongo Statuette von 1910. PAUL GAUGUIN stellt in der Reihe der Kunstschaffenden eine Ausnahme dar. Er war der einzige, der tatsächlich einen großen Teil seines Lebens in einer fremden Kultur verbrachte und stark von ihr beeinflusst wurde. Im Jahr 1903 starb er auf Tahiti. HENRI MATISSE, der Hauptvertreter der Fauvisten, gehörte sicher zu den bekanntesten Sammlern der afrikanischen Kunst. Zeitgleich mit MATISSE sammelten auch PABLO PICASSO, GEORGE BRAQUES und ANDRÉ DERAIN. Im Umfeld von PICASSO gab es auch einige Schriftstellerinnen und Schriftsteller, die entweder afrikanische Stammeskunst sammelten oder sich zumindest dafür interessierten. In der

---

1 vgl. Rubin, S. 379 ff

Paul Gauguin, „Dort ist der Tempel", 1892, Öl auf Leinwand, 68 x 91 cm, Philadelphia Museum of Art, aus: Rubin, William 1984, S. 200

dadaistischen Kunst sind beispielsweise Hannah Höch oder Marcel Janco zu nennen. Max Ernst war ein bekannter Sammler von indianischen Kachina-Figuren. Der Künstler Corneille (Corneille Guillaume Beverloo), Mitbegründer der Gruppe Cobra, gehört zu den bekannten Künstlern der Gegenwart, die afrikanische Kunst sammeln.

Der Künstler Arman

Arman (Arman Fernandez) ist ein Künstler, der afrikanische Kunst sammelt, aber gleichzeitig auch auf eine sehr besondere Art damit umgeht. Erscheint es ihm sinnvoll, werden 15 Masken der Makonde (Tansania) senkrecht halbiert und mit den Schnittkanten nach außen vor einem dunklen Hintergrund präsentiert. Wenn man so will, wird hier Kunst zerstört, um Kunst zu schaffen. Ohne jeglichen Respekt bezieht Arman die Stammeskunst in die Konzeptionen seiner Werke mit ein. Damit folgt er einer dadaistischen Tradition, in der die Ehrfurcht vor anerkannten Kunstwerken ins Gegenteil verkehrt werden konnte (und sollte). Die konzeptionelle Ebene seines künstlerischen Handels ist sicher zu verstehen. Doch Kunstwerke zu zerstören, um die eigene Kunst zu schaffen, bleibt letztlich doch ein Tun, welches zum Nachdenken und zur persönlichen Stellungnahme auffordert.

Warum ein Künstler sammelt, was ihm die Dinge sagen und welchen Einfluss die Sammlungen auf das eigene Schaffen haben, bzw. welche Funken geistiger oder formaler Erkenntnis „überspringen", ist sicher von Fall zu Fall unterschiedlich zu sehen. Doch sowohl Künstlerinnen und Künstler der Vergangenheit als auch der Gegenwart waren und sind einer starken Sammelleidenschaft verfallen. Wenn man ihre Werke betrachtet, wird diese Tatsache oft nicht genügend beachtet oder schlichtweg übergangen. Dabei ist die Beschäftigung mit diesem Hintergrundwissen ebenso spannend wie aufschlussreich.

*Max Pechstein, „Afrikanische Holzskulptur",
1919, Öl auf Leinwand, 80 x 69 cm, Privat-
sammlung, New York, aus: Rubin, William
1984, S. 378*

*Hannah Höch, „Die Süße", aus der Serie
„Aus dem Völkerkundemuseum", 1926, Collage,
30 x 15,5 cm, Sammlung Rössner, Backnang, aus:
Rubin, William 1984, S. 550*

EMIL NOLDE, „Stillleben mit Südseefigur", 1915, Öl auf Leinwand, 88,5 x 73,5 cm, Stiftung Ada und Emil Nolde, Seebüll, aus: Rubin, William 1984, S. 403

PAUL KLEE, „Bilderbogen", 1937, Gouache auf Leinwand ohne Grundierung, 59 x 56,5 cm, The Phillips Collection, Washington, aus: Rubin, William 1984, S. 503

FERNAND LÉGER, Entwurf für das Bühnenbild der „Erschaffung der Welt", 1923, Tusche und Gouache, 42 x 57 cm, Sammlung Bob Guccione und Kathy Keeton, New York, aus: Rubin, William 1984, S. 493

Arbeitsanregungen

Mögliche Themen sind beispielsweise:

3. Von den Wunderkammern der Fürsten bis Branly[1]: Erstellen Sie eine Dokumentation über die Geschichte des Museums. Suchen Sie (z.B. im Internet) nach Informationen über das Entstehen von Sammlungen. Planen Sie dazu eine Ausstellung mit Texten und Bildern.

4. Wie das Sammeln von afrikanischer Kunst begann: Es gibt eine bekannte und oft abgedruckte Geschichte über den Beginn des Sammelns afrikanischer Kunst. In dieser Geschichte stellt sich der Künstler ANDRÉ DERAIN als „Entdecker" der afrikanischen Kunst vor. Suchen Sie (z.B. im Internet) nach dieser Geschichte. Die kurze Geschichte könnte man mit Illustrationen darstellen.

5. Künstler und ihre Sammlungen von außereuropäischer Kunst: Wählen Sie einen der sammelnden Künstler aus und erstellen Sie eine Dokumentation über seine Objekte. Suchen Sie auch nach Einflüssen des Außereuropäischen in seinen Werken. Beispielsweise über PAUL GAUGUIN oder PABLO PICASSO wird man viele Informationen finden. Planen Sie dazu eine Ausstellung mit Texten und Bildern.

6. Die moderne Kunst Afrikas: Suchen Sie (z.B. im Internet) nach moderner afrikanischer Kunst. Stellen Sie durch Vergleichen fest, ob es Einflüsse der traditionellen Kunst gibt oder heutige Künstler eigene Wege gehen. Planen Sie dazu eine Ausstellung mit Texten und Bildern.

---

1 Das Museum an der Seine in Paris zeigt ausgewählte Kunstobjekte aus verschiedenen Teilen der Welt

3.5 Arbeitsanregungen und Präsentation: Eintauchen in afrikanische Kultur

Nach etwa einer Woche und intensiven Nachforschungen weiß die Praktikantin Julia K. nun mehr über die Figuren, die auf Maries Foto zu sehen sind (vgl. S. 158). Figuren dieser Art findet man hauptsächlich beim Stamm der EWE im südlichen Togo und Ghana. Bei den Stammesangehörigen, die noch den traditionellen Glauben haben und leben, werden sie „Venavi" genannt. Venavi sind als ein Teil der Totenverehrung zu sehen. In der Regel bezeichnet man damit Zwillingsfiguren. Aber auch Einzelfiguren oder Drillinge (wie auf Maries Foto) können damit gemeint sein. Wenn ein Kind stirbt, wird eine Venavi-Figur in Auftrag gegeben. Die fertige Figur wird dann in die Familie aufgenommen und zu anderen, falls es schon welche gibt, dazugestellt. Regelmäßig werden die Figuren gefüttert und gewaschen. Oft bekommen sie auch ein einfaches Kleidungsstück oder Schmuck.

Im Glauben der EWE werden Leben und Tod als gleichwertig betrachtet und müssen in Balance gehalten werden. Verstorbene bleiben durch die Venavi-Skulpturen gegenwärtig und erhalten ihren Anteil am täglichen Leben in Form von Zuwendung, Speisen und Kleidung. Julia erinnert sich bei ihren Nachforschungen ein Foto gesehen zu haben, auf dem etwa 20 Venavi im Kreis aufgestellt waren. In der Mitte stand eine Plastikschale mit Brei. Dieses Bild ist ihr im Gedächtnis geblieben. Was für sie noch vor einigen Tagen fremd und merkwürdig war, bekommt auf einmal Sinn. Julia hat verstanden, dass die drei Figuren in Maries Familie als eine Erinnerung an Verstorbene bewahrt werden. Ihr kommt aber auch der Gedanke, dass eine solche Verehrung bei vielen Menschen in Europa möglicherweise auf Unverständnis oder sogar Ablehnung stoßen kann.

Bei ihren Nachforschungen hat Julia K. aber noch mehr gelernt. Sie hat herausgefunden, dass es noch bis in unsere Zeit traditionelle Glaubensvorstellungen in vielen Gebieten Afrikas gibt. Es ist ein Glaube an die Beseeltheit der Dinge. Die enge Verbundenheit mit der Natur bewirkt, dass die jeweilige Umgebung und die Lebensumstände der Menschen zu den animistischen Glaubensvorstellungen führen. Dennoch stehen in der heutigen Zeit vielleicht alle alten Formen des Glaubens schon an der Schwelle zur Vergessenheit. Wird der Glaube der Ahnen nicht mehr weitergegeben, gelebt und praktiziert, ist es nur eine Frage von wenigen Generationen, bis diese Traditionen und damit die alte Kunst Afrikas aussterben werden.

Auch haben sich Julias Blick und das Verständnis für Kunst im Allgemeinen erweitert. Die Objekte der afrikanische Stammeskunst haben Sinn und Zweck. Sie werden in Auftrag gegeben, von Spezialisten (Handwerkern) in der gewünschten Art hergestellt und ihrer Bestimmung zugeführt. In der Regel liegt dabei ein „Problem" zugrunde, das es zu lösen gilt. Bei ihrer Suche ist Julia auch auf viele Künstlernamen gestoßen. Mit Beginn des 20. Jahrhunderts haben zahlreiche Kunstschaffende Europas die Kunst Afrikas für sich „entdeckt" und Inspirationen für eigene Werke darin gefunden. Diesen Aspekt findet sie besonders interessant und spannend. Hier denkt sie schon an weitere persönliche Nachforschungen.

Anfangs hatte Julia an eine Ausstellung über Glaubensvorstellungen in Westafrika in der Einrichtung gedacht. Nun hat sie aber eine ganze Palette an Ideen und Arbeitsanregungen. Vielleicht wäre ja besser, wenn sie anders mit dem gefundenen Material umgeht? Es wären auch Aktivitäten denkbar (und durchführbar), bei denen die Kinder selbst tätig werden können. Sie beschließt ihrer Anleiterin eine Liste mit Arbeitsanregungen vorzustellen, um eine weitere Vorgehensweise abzustimmen. Dabei denkt die Praktikantin jetzt an einen Afrika-Tag, an dem die ganze Einrichtung teilnimmt und die Kinder verschiedene Aktivitäten vorbereiten und durchführen können. Auch die Eltern der Kinder könnten zu diesem Tag eingeladen werden.

Julias Idee eines Afrika-Tages in der Einrichtung beinhaltet zahlreiche Aktivitäten, die auf vielfältige Weise Informationen liefern und zum praktischen Tun auffordern können. Gleichzeitig werden auch die unterschiedlichen Interessenlagen der Kinder berücksichtigt.

Künstlerische, musikalische und viele andere Interessen und Fähigkeiten können eingebracht werden. Dabei wird das Gesamtziel – ein Lernen im weitesten Sinne – nie aus den Augen verloren. Es geht nach wie vor um die Beschäftigung mit dem Fremdem, um bei Kindern (oder auch Jugendlichen) ein Verständnis für ferne Kunst und Kulturen zu entwickeln. Hier sind einige Beispiele für mögliche Aktivitäten.

AFRIKA-TAG

- Gestaltung einer Einladungskarte und eines Plakats

- Ausstellungen:
  – die Kulturen Afrikas
  – alte/neue Kunst Afrikas

- Zeichnungen, Malereien oder Collagen zum Thema Afrika anfertigen

- Masken oder Skulpturen mit afrikanischem Einfluss herstellen

- Ein Museum, eine Galerie oder eine Ausstellung besuchen

- Einen Markt mit Produkten aus Afrika organisieren (mit Verkauf)

- Essen und Getränke mit afrikanischem „Geschmack" anbieten

- Musikalische Angebote und Tanzangebote zur traditionellen und modernen Musik Afrikas

Julia K. und ihre Freundin

Auf den folgenden Seiten werden künstlerische Verfahren aufgelistet, die sich besonders für ein praktisches oder theoretisches Arbeiten eignen. Die Seitenangaben verweisen auf weiterführende Beschreibungen in unserem Buch „Kreatives Handeln" (KH).

 Übersicht der künstlerischen Verfahren

Trommler am Afrika-Tag

Beschreibung/Präsentation

Bildanalyse	Bilder mit afrikanischen oder anderen außereuropäischen Motiven betrachten/Diskussion	KH S. 18 ff.
Bilder von/für Kinder(n) betrachten	Beispielsweise Bücher mit afrikanischen Märchen und Mythen betrachten und vergleichen/**Diskussion/Ausstellung**	KH S. 28 ff.
Zeichnung	Zeichnungen mit afrikanischen Motiven (z. B. Muster für Stoffe) mit Kohle, Kreide, Farbstiften, Faserstiften, Rötel, Tusche etc. anfertigen/**Ausstellung**	KH S. 44 ff.
Malerei	Szenen afrikanischen Lebens mit Aquarellfarben, Deckfarben, Dispersionsfarben oder Acrylfarben darstellen, „Schminkaktionen"/**Ausstellung**	KH S. 57 ff.
Collage	Die verschiedenen Formen von Collagen mit Bildern, Fotos, Grafiken oder Zeitungsartikeln aus Afrika anfertigen/**Ausstellung**	KH S. 72 ff.
Druckgrafik	Beispielsweise ein Buch oder eine Geschichte über Afrika mit eigenen Drucken illustrieren/**Ausstellung**	KH S. 82 ff.

Skulpturen	Skulpturen mit afrikanischen Proportionen aus Holz, Gips oder Blasenbeton herstellen – dabei afrikanische Proportionen berücksichtigen/**Ausstellung**	KH S. 90 ff.
Musikinstrumente	Afrikanische Musikinstrumente herstellen und eine Vorführung planen/**Aufführung**	KH S. 110 ff.
Spielfiguren	Afrikanische Figuren als Fingerpuppen, Handpuppen, Stabpuppen oder Marionetten herstellen – eine(n) Geschichte/Musiktitel auswählen/**Aufführung**	KH S. 144 ff.
Masken	„Afrikanische" Masken aus Gips oder Pappmaché herstellen – eine Geschichte, einen Bericht oder ein Märchen für ein Spiel auswählen/**Aufführung**	KH S. 154 ff.
Objekte	Afrikanische Alltagsobjekte aus verschiedenen Materialien herstellen/**Ausstellung**	KH S. 160 ff.
Fotografie	Beispielsweise allem „Afrikanischen" in einer Stadt mit der Kamera nachspüren und dokumentieren/**Ausstellung**	KH S. 168 ff.
Video	Interviews mit Experten, Sammlern und Galeristen führen/**Vorführung**	KH S. 182 ff.
Dokumentation	Dokumentationen zu afrikanischen Kulturen, zur Geschichte Afrikas oder alten und neuen Kunst zusammenstellen/**Ausstellung und Vortrag**	KH S. 236 ff.
Printmedien	Beispielsweise Plakate für ein afrikanisches Musikfest gestalten/**Ausstellung**	KH S. 190 ff.
Webdesign und Internet	Eine Seite (Forum) einrichten, wo man sich über afrikanische Kunst austauschen kann/**Internetauftritt**	KH S. 200 ff.
Architektur	Aus Lehm und Ästen traditionelle afrikanische Architektur nachbilden/**Ausstellung**	KH S. 208 ff.
Plakataktion	Eine Plakataktion in der Stadt zu aktuellen Themen Afrikas organisieren/**Öffentlichkeitsarbeit**	KH S. 235 ff.
Museum oder Galerie besuchen	Dauerausstellungen oder aktuelle Ausstellungen besuchen – jeder Besuch muss in angemessener Weise vorbereitet werden/**Planung/Durchführung**	KH S. 244 ff.

3.6 Reflexion: Öffnung zur Welt und weitere Auseinandersetzung mit Afrika

Wenn man etwas nicht weiß oder versteht, sucht man nach Antworten. Findet man diese nicht allein, dann sucht man nach Quellen, welche die fehlenden Antworten geben können.

Ist ein ernsthaftes Interesse an der afrikanischen Kunst erst einmal geweckt, dann öffnet sich eine Tür in eine neue, unbekannte und vielleicht bisher fremde Welt. Wer diese Welt betritt, sich darin bewegt und umschaut, wird es anfangs sicher sehr vorsichtig tun. Doch, je mehr man sich mit der Stammeskunst beschäftigt und durch die verwendet Quellen darüber lernt, desto vertrauter und verständlicher werden die Objekte und deren Zweckbestimmungen. Gleichzeitig wird man sich selbst prüfen können (und müssen), inwieweit persönliche Offenheit, Akzeptanz und Toleranz gegenüber einer fremden Kunst vorhanden sind.

Reflexion kann an dieser Stelle kein Fazit und Endergebnis sein, auf dem man sich, wie auf den sprichwörtlichen „Lorbeeren", ausruhen kann. Reflexion bedeutet in diesem speziellen Zusammenhang vielmehr, dass sich neue Fragen ergeben, die beantwortet werden wollen.

Dabei gibt es drei Schwerpunkte bzw. Fragestellungen für einen persönlichen Lernprozess.

1. Wie kann ich mir weiteres Wissen und Verständnis zur afrikanischen Kunst aneignen? (Fachkompetenz)
2. Wie kann ich mein Wissen über die afrikanische Kunst durch interessante und angemessene Angebote in der sozialpädagogischen Praxis umsetzen, um Kinder und Jugendliche mit dieser fremden Kunst vertraut zu machen? (Sozial-, Methoden- und Lernkompetenzen)
3. Welche Vorstellung von Kunst im Allgemeinen habe ich? Welchen Wert und welche „Funktion" erfüllt Kunst für mich und was gebe ich als Vermittler an Kinder und Jugendliche weiter? (Personalkompetenz)

Neugierig machen

Es liegt nahe, dass man durch die intensive Beschäftigung mit einem Thema irgendwann selbst zur Expertin oder zum Experten wird. Allerdings ist die afrikanische Kunst derart komplex, dass man jemanden, der sich in allen Gegenden des afrikanischen Kontinents auskennt und zu allem etwas sagen kann, nicht finden wird. Daher sind es immer „Puzzleteile" eines Gesamtbildes, welche man sich persönlich aneignen wird. Der Erwerb von Wissen über die afrikanische Kunst ist somit ein stetiger und nicht endender Lernprozess. Unter dem Gesichtspunkt der Vermittlung von künstlerischen Inhalten an Kinder und Jugendliche in der sozialpädagogische Praxis kann man einen Tipp in zwei Worte fassen: „Neugierig machen!" Neugier ist sicherlich die beste Triebfeder, um persönliche Fähigkeiten und Wissen zu erweitern. Wer neugierig ist, wird schnell selbst aktiv werden. Berichte über Afrika, Ausstellungen und andere Anlässe können die Auslöser sein, um künstlerische

Inhalte zu thematisieren, Lernangebote zu planen und Aktivitäten folgen zu lassen. Einfühlungsvermögen, persönliches Geschick und fachliche Kompetenz einer Erzieherin bzw. eines Erziehers sind hier gefragt, um Lernprozesse in Gang zu bringen und zu begleiten.

Im Verlauf des Lernens über die afrikanische Kunst werden wohl auch Fragen auftauchen, die möglicherweise das eigene Verständnis, welches man von Kunst im Allgemeinen hat, berühren, beispielsweise

- „Gibt es ein bestimmtes Künstlerbild in der Gesellschaft?"
- „Können Werke ohne Signatur dennoch Kunstwerke sein?"
- „Wo hört Kunst auf und wo beginnt Design?"
- „Sind KUNST UND LEBEN heute eine funktionierende oder gestörte Einheit?"

Es bleibt einem selbst überlassen, diesen und ähnlichen Fragen nachzugehen.

Die Reflexion bietet hier, wie oben erwähnt, keine Lösungen, sondern fordert den Lesenden am Ende dieses Beitrags auf, eigene Nachforschungen über Stammeskunst anzustellen, erworbenes Wissen in künstlerische Angebote umzusetzen und Lernprozesse zu initiieren, die ein Verständnis für außereuropäische Kunst schaffen.

3.7 Weitere Lernsituationen

3.7.1 Lernsituation: Galerie und Fachschule

Julia K. will Erzieherin werden. Sie besucht die Oberstufe einer Fachschule für Sozialpädagogik an einem Berufskolleg. Morgens kommt sie mit dem Bus zur Schule. Von der Haltestelle hat sie einen Fußweg von etwa 200 Meter, bis sie die Schule erreicht. Gegenüber der Bushaltestelle gibt es einen Eckladen, der lange Zeit leer stand. An einem Montagmorgen bemerkt sie, dass der Laden nicht mehr leer ist. Eine Galerie wurde am Wochenende hier eröffnet. Merkwürdige Dinge sind in den beiden Schaufenstern ausgestellt. Man sieht bemalte Masken, Skulpturen aus Holz, Stoffe, Keramikwaren und auch etwas Schmuck. Auf einem Schaufenster steht in großen Buchstaben KUNST AUS AFRIKA. So etwas hat Julia K. bisher nicht gesehen. Sie hat einen zweistündigen Kunstunterricht pro Woche in der Schule. Aber ihr Kunstlehrer hat nie erwähnt, dass es auch in Afrika Kunst gibt. Sicher, von der ägyptischen Kunst hat sie schon etwas gehört und einiges darüber gelesen. Aber das war schon alles.

An einem Morgen hört sie im Bus die Kommentare von anderen Schülern. Einer sagt: „Habt ihr schon die komischen Masken gesehen?" „Ich denke dabei nur an Karneval!" „Das soll Kunst sein?" „Nie im Leben!" Zwei andere Schüler stimmen ihm kopfnickend zu.

Julia ärgert sich ein wenig über diese oberflächlichen Bemerkungen. Wenn dort jemand eine Galerie eröffnet und seine Stücke als Kunst gezeichnet, wird das wohl einen Grund haben. Sie beschließt ihren Kunstlehrer zu fragen, ob er etwas über afrikanische Kunst weiß. Außerdem will sie morgen mit ihrer Freundin – allein traut sie sich nicht – in die Galerie gehen, um mit dem Besitzer zu sprechen und die Stücke aus der Nähe anzusehen.

3.7.2 Lernsituation: Kinder treffen einen Experten

Julia K. will Erzieherin werden. Sie besucht die Oberstufe einer Fachschule für Sozialpädagogik an einem Berufskolleg. Gerade absolviert sie ihr 3. Praktikum. Julia hat ihre Gewohnheiten. Bevor sie morgens in die Einrichtung geht, liest sie beim Frühstück die Zeitung. Aber an diesem Morgen hatte sie keine Zeit dafür. Beim Blättern ist ihr ist lediglich ein großes Farbfoto[1] aufgefallen. Es zeigt einen Mann mit weißem Haar und Bart inmitten von merkwürdigen Objekten. Tierschädel, Skulpturen aus Holz, glänzende Stoffe und weitere Objekte sind zu sehen. Das Bild wirkt auf sie ein wenig beängstigend und zugleich faszinierend. Julia nimmt die Zeitung mit, um den Bericht später in ihrer Pause zu lesen. Als sie in der Einrichtung angekommen ist, legt sie die Zeitung auf den Tisch.

In Julias Gruppe gibt es zwei pfiffige Jungen, die immer zusammen sind und sich für alles interessieren. Nach einiger Zeit haben sie Julias Zeitung entdeckt und blättern darin. Auf einmal sehen sie auch das Bild von Henning Christoph. Sie gehen zu Julia und bitten sie vorzulesen, was da gezeigt wird. Julia erzählt den beiden etwas über Henning Christophs privates Vodou-Museum in Essen-Rüttenscheid. Die beiden Jungen sehen sich an und sagen wie aus einem Mund: „Da wollen wir hin!" Anscheinend ist es den Jungen so ergangen wie ihr selbst. Die Magie und Faszination des Fremden lösen sofort ein Interesse aus. Zunächst gibt Julia den beiden keine Antwort. Aber nach einiger Zeit überlegt sie, ob es nicht doch möglich wäre, mit einer Kindergruppe das Museum zu besuchen. Da der Besuch (nach persönlicher Absprache) mit einer Führung von Herrn Christoph verbunden ist, bekäme man auch fach- und sachkundige Informationen aus erster Hand. Julia K. beschließt mit ihrer Anleiterin darüber zu reden.

 Literaturhinweise zum Thema „Afrikanische Kunst"

Augenfällige Gegenüberstellungen von afrikanischer und westlicher Kunst findet man in dem Buch „Primitivismus in der Kunst des zwanzigsten Jahrhunderts". Die Publikation gehört zu den „Standardwerken" bei Vergleichen von europäischer und außereuropäischer Kunst. Daher wird hier besonders dieses Buch für „Einsteiger" empfohlen. Für die praktische Umsetzung wird das Schulbuch „Kreatives Handeln" empfohlen. Dort findet man zahlreiche künstlerischen Verfahren und weitere Themen, die speziell in der sozialpädagogischen Arbeit eingesetzt werden können.

Rubin, William (Hrsg.): **Primitivismus in der Kunst des zwanzigsten Jahrhunderts**, München, Prestel, 1984

Cieslik-Eichert, Andreas/Jacke, Claus: **Kreatives Handeln**, Troisdorf, Bildungsverlag EINS, 2009

---

1 Abawi, Ilias: „Der Vodou-Sammler", in WAZ WLT_2, Nr. 304, 30.12.2008

Verzeichnis der Museen

Die Auswahl nennt Museen und Institute mit umfangreichen Sammlungen (in der alphabetischen Reihenfolge der Städtenamen). Dabei sind Institute eher auf Forschung ausgerichtet. Ihre Sammlungen sind für Besucher in der Regel nicht zugänglich. Auch einige große Museen können ihre sicherlich höchst interessanten Sammlungen aus Platzgründen nicht zeigen. Manchmal kann man Teile der Sammlungen in Sonderausstellungen sehen oder zumindest durch die angebotene Literatur des Museumsshops betrachten.

„Informieren Sie sich, ob es ein Museum oder eine Ausstellung mit afrikanischer Kunst in der Nähe gibt"

- Städtisches Museum Braunschweig (Abteilung Völkerkunde). Am Löwenwall – Postfach 3309 – **38023 Braunschweig**
- Übersee-Museum. Bahnhofsplatz 13 – **28195 Bremen**
- Naturwissenschaftliche Museum der Coburger Landesstiftung – Abteilung für Völkerkunde-. Park 6 – **96450 Coburg**
- Voudo-Musem – Rüttenscheider Str. 36 – **45128 Essen** – Führungen nach Absprache
- Museum für Völkerkunde. Schaumainkai 29 – **60275 Frankfurt am Main**
- Museum für Völkerkunde. Adelhauser Str. 33 – **79098 Freiburg i. Br.**
- Oberhessische Museum. Asterweg 9 – **35390 Giessen**
- Institut und Sammlung für Völkerkunde der Universität Göttingen. Theaterplatz 15 – **37073 Göttingen**
- Museum für Völkerkunde. Binderstr. 14 – **20148 Hamburg**
- Niedersächsische Landesmuseum Hannover. Am Maschpark 5 – **30169 Hannover**
- Völkerkundliche Sammlung der J. und E. von Portheim-Stiftung -Palais Weimar-. Hauptstr. 235 – **69117 Heidelberg**
- Museum für Völkerkunde. Hegewischstr. 3 – **24105 Kiel**
- Rautenstrauch-Jost-Museum. Ubierring 45 – **50678 Köln**
- Museum für Völkerkunde zu Leibzig -im Grassimuseum-. Täubchenweg 2 -Postfach 969- **04009 Leipzig**
- Missions-Museum der Pallottiner. Wiesbadener Str. 1 – **65549 Limburg/Lahn**
- Museen für Kunst- und Kulturgeschichte der Hansestadt Lübeck. Düvekenstr. 21 – **23552 Lübeck**
- Reiß-Museum -Völkerkundliche Sammlungen. Zeughaus C 5 – **68030 Mannheim**
- Kugelhaus Völkerkundliche Sammlung der Universität. Kugelgasse 10 – **35037 Marburg**
- Staatliche Museum für Völkerkunde. Maximilianstr. 42 – **80538 München**
- Haus der Völker und Kulturen. Arnold-Janssen-Str. 26 – **53754 St. Augustin**
- Linden-Museum Stuttgart -Staatliches Museum für Völkerkunde-. Hegelplatz 1 – **70174 Stuttgart**
- Völkerkundemuseum der Franziskaner (Forum der Völker). Meisterstr. 15 – **59457 Werl**

(Wer einmal – z. B. bei Klassenfahrten – in andere Länder und Städte Europas kommt, kann sich vorher informieren, ob es dort Ausstellungen zur afrikanischen Kunst gibt. Beispielsweise findet man in Paris, London, Lissabon oder Antwerpen interessante und sehenswerte Sammlungen.)

Literaturverzeichnis

Abawi, Ilias: Der Vodou-Sammler, in: WAZ WLT_2, Nr.304, 30.12.2008

AP/dpa/hai/ssc: Gala des Deutschen Fernsehpreises. Reich-Ranicki sorgt für Eklat, in: Süddeutsche Zeitung, 11.10.2008, unter: http://www.sueddeutsche.de/kultur/807/313712/text/, [12.01.2009]

Baacke, Dieter: Was ist Medienkompetenz? in: Medienkompetenz. Grundlagen und pädagogisches Handeln, hrsg. v. Fred Schell, München, KoPäd Verlag, 1999, S. 19 f.

Bamert, Arnold: Afrika - Stammeskunst in Urwald und Savanne, Olten, Walter Verlag, 1980

Baumgärtel, Tilman: Bananen fallen vom Himmel. Künstler entdecken Computerspiele als Medium und Ort für ihre Arbeit, in: KUNST+UNTERRICHT, Nr. 329+339/2009, S. 8 f.

Benjamin, Walter: Das Kunstwerk im Zeitalter seiner technischen Reproduzierbarkeit <zweite Fassung>, in: Gesammelte Schriften. Werkausgabe Band 2, hrsg. v. Rolf Tiedemann und Hermann Schweppenhäuser, Frankfurt am Main, Suhrkamp Verlag, 1980, S. 471 f.

Beumers, Erna/Koloss, Hans-Joachim: Kings of Africa. Art and authority in Central Africa, Collection Museum für Völkerkunde, Foundation Kings of Africa, Maastricht 1992

Bilang, Karla: Bild und Gegenbild. Das ursprüngliche in der Kunst des 20. Jahrhunderts, Stuttgart, Berlin/Köln, Verlag Kohlhammer, 1990

Bippus, Elke: Forschen in der Kunst. Anna Oppermanns Modell der Welterschließung, in: Ensembles 1968-1992, hrsg. v. Ute Vorkoeper und Anna Oppermann, Stuttgart, Hatje Cantz Verlag, 2007, S. 55-64

Bolz, Norbert: Wirklichkeit ohne Gewähr, in: DER SPIEGEL, Nr. 26/2000, S. 130-131

Büchner, Joachim: Kurt Schwitters und MERZ, in: Kurt Schwitters 1887-1948, Frankfurt am Main, Propyläen Verlag, 1986, S. 10 f.

Buhr, Elke: Am Fließband der Kunst, in: art. Das Kunstmagazin, Nr. 1/2009, S. 42-51

Busse, Klaus-Peter: Atlas: Bilder kartografieren, in: Kunst+Unterricht, 285+286/2004, S. 3-37

Cieslik-Eichert, Andreas/Jacke, Claus: Kreatives Handeln in Fachschulen für Sozialpädagogik, Troisdorf, Bildungsverlag EINS, 2009

Cieslik-Eichert, Andreas: „Das Museum ist ein Laboratorium für das Bewusstsein", Interview mit Jan Hoet, ehemaliger Direktor des Museum MARTa in Herford, Herford 2009

Diederichsen, Diedrich: Harun Farocki. Deep Play. Medieninstallation, in: documenta 12. Katalog documenta Kassel 16/06-23/09 2007, hrsg. v. documenta und Museum Fridericianum Veranstaltungs-GmbH, Köln, TASCHEN, 2007, S. 242

documenta und Museum Fridericianum Veranstaltungs-GmbH: d12 2007, unter: http://www.documenta12.de/d120.html, o. S., [31.12.2007]

documenta und Museum Fridericianum Veranstaltungs-GmbH: documenta 12. Katalog documenta Kassel 16/06-23/09 2007, Köln, TASCHEN, 2007

documenta und Museum Fridericianum Veranstaltungs-GmbH: über documenta, unter: http://www.documenta12.de/geschichte0.html, o. S., [03.01.2009]

Drewal, Henry John/Pemberton, John (a.a.): Yoruba. Nine Centuries of African Art and Thought, New York, Center for African Art in Association with Harry N. Abrams Inc., Publisher, 1989

Ecarius, Jutta: Biografie, Lernen und Gesellschaft. Erziehungswissenschaftliche Überlegungen zu biografischem Lernen in sozialen Kontexten, in: Biographieforschung und Kulturanalyse. Transdisziplinäre Zugänge qualitativer Forschung, hrsg. v. Ralf Bohnsack und Wienfried Marotzki, Opladen, Leske + Budrich, 1998, S. 129-151

Einstein, Carl: Afrikanische Plastik (Band 7), Berlin, Verlag Ernst Wasmuth, 1921

Elger, Dietmar: Gerhard Richter, Maler, Köln, DuMont Verlag, 2002

Eyo, Ekpo/Willet, Frank: Kunstschätze aus Alt-Nigeria, Mainz, Verlag Philipp von Zabern, 1983

Ferchhoff, Wilfried: Aufwachsen heute. Veränderte Erziehungs- und Sozialisationsbedingungen in Familie, Schule, Beruf, Freizeit und Gleichaltrigengruppe, in: Medienkompetenz. Grundlagen und pädagogisches Handeln, hrsg. v. Fred Schell (a.a.): München, KoPäd Verlag, 1999, S. 200-219

Fischer, Eberhard/Homberger, Lorenz: Die Kunst der Guro – Elfenbeinküste, Zürich, Publikationsstiftung für das Museum Rietberg, 1985

Frieling, Rudolf/Herzogenrath, Wulf (Hrsg.): 40JAHREVIDEOKUNST.DE, Digitales Erbe: Videokunst in Deutschland von 1963 bis heute, Ostfildern, Hatje Cantz Verlag, 2006

Fröscher, Wolf-Dieter: Die Frau mit den Scherenhänden, in: Meisterwerke der Kunst. Kunst und Fotografie, 56/2007, hrsg. v. Landesinstitut für Schulentwicklung Stuttgart, Neckar-Verlag, 2007, S. 5

Golinski, Hans-Günter/Hiekisch-Picard, Sepp: Corneille und Afrika. Ausstellungskatalog Museum Bochum/Rupertinum Salzburg, Frankfurt am Main, Die Galerie, 1998

Gressel, Inka: Hu Xiaoyuan 2006. The Times, in: documenta 12. Katalog documenta Kassel 16/06-23/09 2007, hrsg. v. documenta und Museum Fridericianum Veranstaltungs-GmbH, Köln, TASCHEN, 2007, S. 182 f., S. 338

Groys, Boris: Topologie der Kunst, München, Carl Hanser Verlag, 2003

Groys, Boris: Unter Verdacht. Eine Phänomenologie der Medien, München, Carl Hanser Verlag, 2000

Groys, Boris: Vom Bild zur Bilddatei – und zurück, in: 40JAHREVIDEOKUNST.DE, Digitales Erbe: Videokunst in Deutschland von 1963 bis heute, hrsg. v. Rudolf Frieling und Wulf Herzogenrath, Ostfildern, Hatje Cantz Verlag, 2006, S. 50-57

Gruschka, Andreas: Wie Schüler Erzieher werden, Giessen, Büchse der Pandora, 1985

Gudjons, Herbert/Pieper, Marianne/Wagener, Birgit: Auf meinen Spuren. Das Entdecken der eigenen Lebensgeschichte, Vorschläge und Übungen für pädagogische Arbeit und Selbsterfahrung, 2. überarbeitete Auflage, Wiesbaden, 1996, S. 21

Halder, Johannes: Zu Gast im eigenen Gesicht, in: Meisterwerke der Kunst. Kunst und Fotografie, 56/2007, hrsg. v. Landesinstitut für Schulentwicklung Stuttgart, Neckar-Verlag, 2007, S. 10

Herzogenrath, Wulf: Der ost-westliche Nomade im globalen Netz – zurückgezogen, in: Name June Paik Fluxus/Video, hrsg. v. Wulf Herzogenrath, Bremen, Verlag der Buchhandlung König, 1999, S. 10-17

Hoet, Jan (Hrsg.): Pascale Marthine Tayou. Rendez-vous, Herford, Museum Marta, 2005

Homfeldt, Hans Günther/Schulze-Krüdener, Jörgen: Handlungsfelder der Sozialen Arbeit, Baltmannsweiler, Schneider Verlag Hohengehren, 2003

Jäger, Susanne: 2007 – Jürgen Stollhans: Caput mortuum. Strahlen Kreuz fünfzehn, in: documenta und Museum Fridericianum Veranstaltungs-GmbH, Kassel: DOCUMENTA KASSEL 16/06 – 23/09/2007, Köln, TASCHEN, 2007, S. 314

Jahn, Jens: Colon – das schwarze Bild vom weißen Mann. München, Rogner & Bernhard Verlag, 1983

Kahrmann, Klaus-Ove: Die Rückkehr der vergessenen Bilder, Modelle und Methoden zur ästhetischen Biografie, 14.07.2005, unter: http://www.uni-bielefeld.de/lili/kumu/publika tionen/Kahrmann/aestbio.html, [10.01.2009]

Kämpf-Jansen, Helga: Ästhetische Forschung: Wege durch Alltag, Kunst und Wissenschaft, Köln, Salon Verlag, 2001

Kirchner, Constanze: Kinder & Kunst. Was Erwachsene wissen sollten. Seelze-Velber, Klett/Kallmeyer, 2008

Klever, Ulrich: Handbuch der afrikanischen Kunst, München, Bruckmann Verlag, 1975

Koloss, Hans-Joachim (Hrsg.): Die Kunst der Senufo – Elfenbeinküste, Düsseldorf, Museum Preußischer Kulturbesitz, 1990

Korczak, Janus: Wie man ein Kind lieben soll. Warschau, Göttingen, 1967, S. 156

Krieg, Karl-Heinz/Lohse, Wulf: Kunst und Religion bei den Gbato-Senufo, Hamburg, Hamburgisches Museum für Völkerkunde, 1981

Krieg, Karl-Heinz: Kunst und Kunsthandwerk in Westafrika, Leverkusen, Volkshochschule Leverkusen, 1980

Krieger, Kurt: Ostafrikanische Plastik, Berlin, staatliches Museum Preußischer Kulturbesitz, 1990

Kühn, Alexander: Hier werden Sie ins Grab geschunkelt! in: Stern, Nr. 51/2008, unter: http://www.stern.de/unterhaltung/tv/:ARD-Hier-Sie-Grab/649630.html, 01.06.2009

Küls, Holger (u. a.): Lernfelder Sozialpädagogik Band 2, Troisdorf, Bildungsverlag EINS, 2006

Kunstverein Aalen e. V. (Hrsg.): Kunst der Akan – Kanon und Freiheit, Aalen, Kunstverein Aalen e. V., 1995

Leuzinger, Elsy: Die Kunst von Schwarzafrika, Recklinghausen, Verlag Aurel Bongers, 1976

Lohse, Wulf/Zwernemann, Jürgen: Aus Afrika – Ahnen – Geister – Götter. Hamburg, Christians, 1985

Martin, Sylvia/Grosenick, Uta (Hrsg.): Viedo Art Köln, Taschen GmbH, 2006

McLuhan, Marshall: The Global Village. Der Weg der Mediengesellschaft in das 21. Jahrhundert, Paderborn, Junfermann, 1995

McLuhan, Marshall: Die Magischen Kanäle. Understanding Media, Düsseldorf/Wien, Fischer Bücherei, 1970.

Meyer, Piet: Kunst und Religion der Lobi, Zürich, Museum Rietberg, 1981

Ministerium für Schule und Weiterbildung des Landes Nordrhein-Westfalen (Hrsg.): Richtlinien und Lehrpläne zur Erprobung. Fachschulen des Sozialwesens. Fachrichtung Sozialpädagogik, Düsseldorf 2006

Müller, Silke: Nam June Paik, in: Kunstmagazin ART, Nr. 12/1999, S. 52-53

Nill, Annegreth/Nobis, Beatrix: Die Zeitgeschichte. Die Weimarer Republik und das Thema der Liebe in Kurt Schwitters' „Das Bäumerbild", in: Kurt Schwitters 1887-1948, hrsg. v. Joachim Büchner, Frankfurt am Main, Propyläen Verlag, 1986, S. 126

Oßwald, Anja: „Electronic Collages". Paiks Videobänder, in: Name June Paik Fluxus/Video, hrsg. v. Wulf Herzogenrath, Bremen, Kunsthalle Bremen, 1999, S. 160-168

Paik, Nam June: Video Synthesizer Plus, in: Name June Paik Fluxus/Video, hrsg.v. Wulf Herzogenrath, Bremen, Kunsthalle Bremen, 1999, S. 137

Phillips, Tom: Africa – the art of a continent. München/New York, Prestel, 1996

Preuss, Sebastian: Nun kommt der Tempelgang, in: Berliner Zeitung, 08.10.2001, unter: http://www.berlinonline.de/berliner-zeitung/archiv/.bin/dump.fcgi/2001/1008/feuilleton/0006/index.html, [18.01.2009]

Ross, Doran H. (Hrsg.): Elephant. The Animal and Its Ivory in African Culture, Los Angeles, University of California Los Angeles, 1995

Rubin, William (Hrsg.): Primitivismus in der Kunst des zwanzigsten Jahrhunderts, München, Prestel, 1984

Sabisch, Andrea/Seydel, Fritz: Biografieren. Biografische Prozesse im Kunstunterricht, in: KUNST+UNTERRICHT, Nr. 289/2004, S. 4-10

Schaedler, Karl-Ferdinand: Erde und Erz. 2500 Jahre afrikanische Kunst aus Terrakotta und Metall, München, Panterra Verlag, 1997

Schmalenbach, Werner (Hrsg.): Afrikanische Kunst aus der Sammlung Barbier-Mueller, München, Prestel, 1988

Schmidt, Sabine Maria: Am richtigen Ort zur richtigen Zeit? Kurzer Bericht zur aktuellen Videokunst, in: 40JAHREVIDEOKUNST.DE, Digitales Erbe: Videokunst in Deutschland von 1963 bis heute, hrsg. v. Rudolf Frieling und Wulf Herzogenrath, Ostfildern, Hatje Cantz Verlag, 2006, S. 34-39

Schöllhammer, Georg: Nedko Solakov 1989 Top Secret, in: documenta 12. Katalog documenta Kassel 16/06-23/09 2007, hrsg. v. documenta und Museum Fridericianum Veranstaltungs-GmbH, Köln, TASCHEN, 2007, S. 130

Siemes, Christof: Ist das deutsche Fernsehen Blödsinn? in: DIE ZEIT, Nr. 43, 16.10.2008, unter: http://www.zeit.de/2008/43/Contra-Reich-Ranicki, [20.10.2008]

Sommer, Manfred: Sammeln. Ein philosophischer Versuch, Frankfurt am Main, Suhrkamp 1999, S. 26

Steinberg, Claudia: Zauber und Hygienewahn. Interview mit Pipilotti Rist über ihre Ausstellung im MoMA, in: Kunstzeitung, Nr. 149, 1/2009, S. 12

Stelle, Dominique: Die Affichisten. Die personifizierten Namenlosen oder Die kurze Geschichte der Affichisten, in: Nouveau Realisme. Revolution des Alltäglichen, hrsg. v. Ulrich Krempel, Hannover, Hatje Cantz Verlag, 2007, S. 30-53

Stiller, Edwin: Dialogische Fachdidaktik. Band 2, Paderborn, Schöningh, 1999

Stoll, Mareidi/Stoll Gerd: Ibeji. Zwillingsfiguren der Yoruba, Düsseldorf, o.A., 1980

Strauss, Botho: Der Maler löst den Bann, in: Der Spiegel, Nr. 30/2008, S. 144

Verein der Freunde der Nationalgalerie (Hrsg.): Nicolaus Lang, unter: http://www.freunde-der-nationalgalerie.de/ankaeufe/galerie/lang.html, [22.02.2009]

Vogel, Susan/N'Diaye, Francine: African masterpieces. New York, 1985

Volprecht, Klaus: Sammlung Clausmeyer – Afrika. Köln, E. J. Brill Verlag, 1972

Vorkoeper, Ute: Anna Oppermann. Ensembles 1968-1992, Stuttgart, Hatje Cantz Verlag, 2007

Wassing, René: Die Kunst des schwarzen Afrika, Stuttgart/Berlin/Köln/Mainz, Kohlhammer, 1977

Weizenbaum, Joseph/Wendt, Gunna: Wo sind sie, die Inseln der Vernunft im Cyberstrom? Auswege aus der programmierten Gesellschaft, Freiburg im Breisgau, Verlag Herder, 2006

Wieczorek, Wanda: Danica Dakić. El Dorado. Medieninstallation, in: documenta 12. Katalog documenta Kassel 16/06-23/09 2007, hrsg. v. documenta und Museum Fridericianum Veranstaltungs-GmbH, Köln, TASCHEN, 2007, S. 230

Personenverzeichnis

Abe, Shuya 62
Ahadsi, Didier 197
Baacke, Dieter 25
Bäumer, Ludwig 44
Benjamin, Walter 27, 42, 76
Beuys, Joseph 67
Beverloo, Corneille Guillaume 223
Bippus 117
Bippus, Elke 116
Bolz, Norbert 24
Braque, George 40
Braques, George 222
Buergel, Roger M. 122
Cage, John 62, 67, 68
Christo 37
Christoph, Henning 233
Cieslik-Eichert, Andreas 233
Claude, Jean 37
Close, Chuck 49
da Gama, Vasco 163
Dakić, Danica 72
d'Aveiro, João Affonso 169
De Maria, Walter 35
Derain, André 222
Duchamp, Marcel 55
Dufrêne, François 46
Ecarius 97
Eliasson, Olafur 39
Ernst, Max 223
Fagg, Bernard 167
Farocki, Harun 73
Ferchhoff, Wilfried 17
Fernandez, Arman 223
Friedrich, Caspar David 37
Frieling, Rudolf 32
Gauguin, Paul 222
Griaule, Marcel 179
Grosz, George 43
Groys 76

Groys, Boris 29, 33, 76
Gruschka, Andreas 98
Gudjons 97
Gudjons, Herbert 97
Hains, Rymond 46
Hausmann, Raoul 43
Herzogenrath, Wulf 32, 64
Höch, Hannah 43, 44, 223
Hoet, Jan 34
Homfeldt, Hans Günther 97
Huelsenbeck, Richard 43
Igbuke 187
Jacke, Claus 233
Janco, Marcel 223
Kahrmann 105, 127, 128, 129, 138
Kahrmann, Klaus-Ove 104
Kämpf-Jansen 100, 121
Kämpf-Jansen, Helga 99
Klee, Paul 225
Korczak 97
Korczak, Janusz 97
Krieg, Karl-Heinz 172
Lang, Nikolaus 118, 119, 120, 121, 133, 134, 142
Léger, Fernand 226
Lichtenstein, Roy 52
Maciunas, George 66
Matisse, Henri 221
McLuhan, Marshall 41
Meese, Jonathan 38
Melenik II 164
Moorman, Charlotte 62
Napoleon 165
Nolde, Emil 222
Oppermann, Anna 106, 107, 113, 114, 115, 116,
    117, 121, 136, 137, 138, 142
Paik, Jam June 67
Paik, Name June 38
Paik, Nam June 59, 62, 68, 69
Pechstein, Max 222

Picasso 28
Picasso, Pablo 40, 221
Pollock, Jackson 37
Rauschenberg, Robert 55
Reich-Ranicki, Marcel 19, 21
Richter, Gerhard 52
Rist, Pipilotto 74
Rotella, Mimmo 46
Rubin, William 233
Sabisch 120
Schwitters, Kurt 42
Seydel 120
Sherman, Cindy 140
Siemes, Christof 19
Solakov, Nedko 121, 125, 126
Solakow, Nedko 136, 142

Stein, Gertrude 221
Stiller 92
Stockhausen, Karlheinz 38
Stollhans, Jürgen 51
Strauss, Botho 55
Superflex 35
Tayou, Pascale Marthine 73
Villeglé, Jacques 46
Vollard, Ambroise 221
von Bismarck, Otto 164
Vostell, Wolf 46, 67
Warhol, Andy 56
Weber, Max 222
Weizenbaum, Joseph 22
Wendt, Gunna 22
Xiaoyuan, Hu 121, 123, 124, 142

Sachwortverzeichnis

4-Ebenen-Modell 111, 120

Abgegriffenheit 195

Abklatschverfahren 55

abstrakter Expressionismus 39

Affichisten 46

afrikanische Reparatur 195

Ägyptomanie 165

airport art 195

Aktion 67

All-over-Paintings 39

Analyse 86

art nègre 221, 222

ästhetisch 104, 105

ästhetische Biografie 96, 121, 125, 129, 130, 131, 133, 134, 136, 138, 139, 140, 141, 142, 143, 144, 145, 147, 148, 149

ästhetische Forschung 96, 99, 100, 101, 102, 103, 106, 117, 121, 130, 131, 144, 145, 149

ästhetische Kompetenz 11

ästhetisches Biografieren 103, 104, 127, 137, 143

Aura 28

Avantgarde 41

Basler Mission 174

Bateau-Lavoir 221

Bedeutungsproportion 192

Bewertung 86

Bezugsfeld Alltag 101, 131

Bezugsfelder 100, 131, 145

Bezugsfelder der ästhetischen Forschung 100, 131, 145

Bezugsfeld Kunst 101, 131

Bezugsfeld Wissenschaft 102, 131

Biografie 92, 95, 96, 97, 120, 149

Biografieforschung 104

Biografieren 103

Biografisches 120

biografisches Lernen 96, 98, 106, 149

Blick in die Kiste zu den verschwundenen Geschwistern Götte 118

Closed-Circuit-Installationen 71

Collage 40

Colon-Figuren 190

Combine Paintings 55

Computerspiele 77

Dadaismus 42

Décollage 40, 46

Dekalkomanie 55

Deterritorialisierung 30

digitale Bildtechnik 24

Digitalisierung 75

documenta 108, 113, 121, 122, 123

documenta 6 120

documenta 8 120

documenta 12 123

documenta IX 34

Dokumentieren 102, 120, 131, 142, 145

Dreieckshandel 163

Dripping-Technik 39

Ebenholz 184

einfaches Holz 185

Elfenbeinküste 159

Ensemble 113, 114, 115, 116, 117, 136

Entortung 30

erziehungswissenschaftliche Biografieforschung 97

Evaluation 86

Fälscherwerkstatt: Dokumente alt machen 131, 133

Fernsehen 19, 67

Fluxus 66

Fotobearbeitungen 81

Fotocollagen 44

Fotografie 24, 49, 76

Fotoübermalung 54

Fragmentierung 40

Gipsabdrücke 131, 137

Glanzpatina 195
Goldküste 159
Gruppe Cobra 223
Happeningkünstler 39
Hominiden (= Menschenartigen) 158
Indigoblau 190
Installation 111, 113, 115, 117, 124, 131, 137, 139,
    140, 144
installieren 140
Inszenieren 140
Inszenierung 131, 140, 141
Internet 22, 75
Interviews 131, 143, 144
Iroko 184
Kachina-Figuren 223
Kalligrafie (= Schönschreibkunst) 159
Kaolinerde 190
Karavelle 163
Karracken 163
Kolonialausstellungen 175
Kolonialismus 164
Kommunikationskünstler 63
Kontexte 102, 120
Kontextualisieren 113
Kontextualisiert 117
Kopie 29
Kpelié-Masken 187
Kubismus 41
Künstlerbild 39
künstlerische Produktionsweise 39
künstlerische Verfahren 82
Künstlerrolle 39
Kunstpraxis 39
Kunstschaffende/r 38
Kunstwerk 27
Lernprozess Kunst und Medien 10
Lernsituation 11
Lerntagebuch 99, 130, 131, 133, 134, 136, 138,
    140, 146, 147, 149
Mami Wata (oder Mammy Water) 177
Manipulation 24
MARTa 34
Massenkommunikation 17

Massenmedium 23
Materialcollagen 55
Mäuseorakel 172
Mediengestaltung 26
Medieninstallation 73
Medienkompetenz 11, 25
Medienkritik 26
Medienkunde 26
Medienkunst 59, 66
Medienkunstwerk 59
Mediennutzung 26
Mediennutzungskompetenz 17, 75
Medienwelten 17
Médrano 221
MERZ-Bilder 43
MERZ-Zeichnungen 43
Methoden 127
Methoden des ästhetischen Biografierens
    127
moderne Kunst 33
Montage 40
mummy-brown (= Mumien-Braun) 166
Museum 34
Napoleonische Feldzüge 165
Netzkunst 75
Neue Musik 62, 69
Nouveau Réalisme 46
Objekt 126, 131, 136, 139
Objekte aus der Kindheit 130
Original 27, 29
Originalisierung 76
Orte der Erinnerung 129
Orte kartografieren/Mapping 131, 144
Participation TV 71
Pathosgeste 115, 117
Pathosgeste MGSMO 108, 111
Performance 40, 131, 141
Petroglyphen (= Steinritzungen) 158
Pfefferküste 159
Piktographen (= Felsmalereien) 158
Pop-Art 56
Präsentation 131, 147, 148
Präsentationformen 85

Prinzip Collage 40
Produktionsmethoden 39
Ready-mades 55
Recherchen 142
Recherchieren 131, 141, 142
Reflexion 86, 149
Reoriginalisierung 76
Reproduktion 27
Reproduzierbarkeit 27, 76
rhythmische Malerei 65
Rosa Periode 221
Sachkompetenz 15
Sammeln 120, 131, 132, 133
Selbstkompetenz 15
Selbstporträt 49
Selbstreflexion und Ich-Erfahrung 102, 145, 146
Siebdrucktechnik 55
Sklavenküste 159
S.M.A.K. 34
Sozialkompetenz 15
Spurensicherer 120
Spurensicherung 118, 120, 121, 133, 134, 136, 142

Texte/Schriften 131, 135, 137
Thermolumineszenz-Methode 167
The Times 124
Topologie 29
Top Secret 126, 127, 136
Venavi 227
Verfahren zum ästhetischen Biografieren 132
Verfremdung 49
Verlorene Form 170
Videoclip 84
Videoinstallation 40, 72, 74
Videokunst 32, 58
Videolabor 38
Videoprojektionen 72
Video-Synthesizer 59
visuelle Musik 65
Vodou-Figuren 190
Völkerschauen 175
Waschpatina 189
World Wide Web 23
Youtube 35
Zeichnen 131, 138
Zeichnungen 138

Bildquellenverzeichnis

akg-images: S. 37 (links), 46, 52 (rechts)

akg-images / Brigitte Hellgoth: S. 38 (links)

akg-images / Harald Fronzeck: S. 38 (rechts)

akg-images / Pechstein – Hamburg /Toekendorf: S. 228 (oben)

akg-images / © Robert Rauschenberg / VG Bild-Kunst, Bonn 2009: S. 56

akg-images / © Succession Picasso / VG-Bild-Kunst, Bonn 2009: S. 41

akg.images / VG-Bild-Kunst, Bonn 2009: 43, 45, 46, 48 (rechts), 154

akg-images / © Andy Warhol / www.arsny.com: S. 57 (2x)

A. Cieslik Eichert: S. 9, 10, 13, 14, 15 (2x), 16, 34, 77 (4x), 78, 81 (3x), 82 (2x), 86 (2x)

Chuck Close, courtesy PaceWildenstein, New York Photograph by Ellen Paige Wilson: S. 50

Danica Dakic, El Dorado, Giessbergstrasse, 2006/2007 / © VG Bild-Kunst, Bonn 2009: S. 72

H. Dunker: S. 92, 95, 96, 98, 99, 100, 115, 133, 134, 136 (2x), 140 (2x), 142, 147 (3x), 148, 149, 151 (2x)

Harun Farocki Filmproduktion: S. 73

C. Jacke: S. 157, 158, 161, 162, 164, 165, 166, 168, 170, 173, 175, 178, 179, 180, 182, 184 (2x), 186 (2x), 187, 188, 189, 192 (2x), 193 (2x), 194, 195, 198 (2x), 201, 202 (3x), 203 (4x), 204, 205 (4x), 206 (4x), 207, 208 (4x), 209, 210 (4x), 211 (4x), 212 (4x), 213 (4x), 214, 215 (2x), 216 (2x), 217, 218 (2x), 219 (4x), 220 (4x), 221 (4x), 222 (4x), 223 (3x), 232, 233

Ryszard Kasiewicz / documenta Archiv: S. 127, 129

NAM JUNE PAIK STUDIOS: S. 59, 61, 62, 68 (2x unten), 69, 70

picture-alliance / akg-images: S. 63

picture Allinace / dpa: S. 37 (unten), 39, 48 (links), 49, 125

picture-alliance / KEYSTONE: S. 74

picture Alliance / KPA: S. 32 (mitte)

Gerhard Richter: S. 52 (links), 54

Sammlung Bob Guccione und Kathy Keeton, New York: S. 230

Städtische Galerie im Lenbachhaus München: S. 121, 122

Stiftung Ada und Emil Nolde, Seebüll: S. 229 (oben)

Jürgen Stollhans / VG-Bild-Kunst, Bonn 2009: S. 51 (2x)

© Succession Picasso / VG Bild-Kunst, Bonn 2009: S. 224

VG Bild-Kunst, Bonn 2009: S. 38 (2x), 47, 51 (2x), 67, 68 (oben), 227, 228 (unten)

Württembergischer Kunstverein Stuttgart / Gert Elsner: 106, 107 (2x), 108, 109, 110, 116